대망론 代望論

대한민국
새로고침 프로젝트

김용남, 김종대, 박영식, 신인규

해品 media

들어가는 글

대한민국을 새로 설계하겠다는 열망

2024년 12월 3일, 대한민국은 충격과 공포에 휩싸였습니다. 평범한 시민이 놀란 가슴을 붙잡고 국회 앞으로 모여들었고, 계엄군과 맞서 싸웠습니다.

결국 윤석열 전 대통령의 친위 쿠데타 시도는 국민의 저항 앞에 좌절되었습니다. 그날 이후, 국회의 탄핵소추 의결부터 헌법재판소의 탄핵 인용 결정까지 5개월이라는 긴 시간 동안 국민은 고통을 감내해야 했습니다.

응원봉을 들고 거리로 나온 학생, 매주 헌법 수호를 외치던 시민, 그리고 이 나라의 주권자임을 확인한 국민이 애국심을 품고 윤석열 탄핵과 새로운 나라의 건설을 위해 하루하루 목소리를 높였습니다.

헌법재판소는 윤 전 대통령의 계엄 선포를 중대한 위헌으로 규정하였고, 조기 대선 국면이 열렸습니다. 우리는 다시, 박근혜 탄핵 당시를 뛰어넘는, 진정한 국민 주권의 실현을 향한 길 위에 서 있습니다.

이제 새로운 대한민국을 향해 나아가야 합니다. 이 시대의 요청에 응답하기 위해 대한민국을 새롭게 설계하겠다는 열망을 품은 네

명의 설계자가 모였습니다.

2017년 박근혜 전 대통령의 탄핵은 국민적 열망에도 미완성에 그쳤습니다. 레거시 미디어와 국정농단 특검이 주도했던 과정은 시민의 목소리를 온전히 담지 못했고, 그 결과 개혁의 에너지는 소멸되었습니다. 그 후 다시 윤석열 정권이 들어서며, 대한민국은 또다시 위기를 맞이했습니다.

반면, 2025년 윤석열 탄핵은 완성형 탄핵이었습니다. 검찰권력과 기존 언론의 지원 없이, 오직 평범한 시민과 뉴미디어의 힘으로 만들어낸 위대한 성취였습니다. 시민은 단순한 저항을 넘어 스스로 역사의 주인이 되었습니다.

이제 필요한 것은 분명합니다. 새로운 대한민국을 향한 비전과 개혁의 우선순위를 세우는 일입니다.

이 책은 바로 그 질문에 대한 우리의 대답입니다. 이 책은 공동 저자 4인이 참여한 대한민국 새로고침 프로젝트 시즌1을 통해 지난 2월부터 4월까지 세 차례 토론회에서 발표한 글을 기초로 하여 집필하였습니다.

경제와 안보, 두 축은 국가를 지탱하는 근간입니다. 김용남 전 의원은 경제 분야를 맡아 보수적 관점 속에서도 국민적 공감을 이끌어내는 방식으로 주요 경제 이슈들을 심도 있게 풀어냈습니다.

김종대 전 의원은 국내 최고 안보전문가로서, 탄핵 이후의 안보 상황을 성찰하고, 특히 2030 세대에 맞춘 새로운 솔루션을 제시했습니다.

정치와 언론, 이 두 영역은 떼려야 뗄 수 없는 관계입니다. 18년간 현장에서 언론을 지켜온 박영식 앵커는 언론 개혁을 향한 뜨거운 목소리를 통해 '언론이 바로 서야 정치가 바로 선다'는 신념을 생생하게 전달합니다.

정당 혁신과 정치 개혁은 새로운 시대의 출발점입니다. 신인규 변호사는 "정치의 입구를 열고 정치도 경쟁하게 하자"는 소신으로 '정당 바로 세우기'를 창립했습니다. 오염된 청년정치를 바로잡고, '기회다원주의 모델'이라는 새로운 시대정신을 통해 미래 정치의 새로운 길을 제시하고 있습니다.

  이 책이 세상에 나오기까지 많은 사람의 숨은 헌신과 지대한 노력이 있었습니다. 이용승 편집인의 치밀한 조율과 3개월간 프로젝트 실무를 담당해 준 정당 바로 세우기 김현수(간사) 부대표 및 이요한 국장과 바른소리 청년국회 관계자 및 봉사자 분들, 행사 때마다 유튜브 생중계를 해준 오마이TV와 많은 관심을 보내준 언론인 분들, 그리고 국회의원 전용기 의원실의 아낌없는 지원에도 깊이 감사 드립니다.

  우리는 바랍니다. 이 책이 새 정부의 국정과제에 무겁게 반영되기를, 그리고 대한민국의 주권자들께서 이 책을 통해 우리 앞에 놓인 길을 함께 고민하고, 새 시대의 청사진을 함께 그려나가기를.

  이 책을, 위대한 헌법 수호 혁명을 이룩한 대한민국의 주권자 여러분께 바칩니다.

2025. 5. 10.

공동 저자 김용남, 김종대, 박영식, 신인규

content

들어가는 글

대한민국을 새로 설계하겠다는 열망 김용남, 김종대, 박영식, 신인규 ······ 002

PART 1 · 경제 개혁 김용남 ··· 009

   1장 주주민주주의 실현을 위한 자본시장 개혁 ············· 010

   2장 '똘똘한 한 채' 현상의 구조적 고찰 ························· 032

   3장 사모펀드는 정말 '악' 인가? ···································· 057

PART 2 · 안보/사회 개혁 김종대 ······································ 075

   1장 파벌 없는 국민의 군대 ··· 076

   2장 한국판 분노의 빅텐트와 네오파시즘 ····················· 095

   3장 2030 청년들에게 보내는 위로와 고언 ···················· 116

PART 3 · 언론 개혁 박영식 ··· 137

   1장 시민 주도 언론 개혁의 시대 ····································· 138

2장 뉴미디어와 레거시 미디어의 건강한 공존 ············· 157
3장 기만적 중립을 넘어서는 언론의 진화 ··················· 172

PART 4 · 정치 개혁 신인규 ··· 187
1장 탄핵 이후 한국 정치가 나아갈 길 ························· 188
2장 기회다원주의 시대, 대한민국을 다시 설계하다 ······· 207
3장 AI 거버넌스와 인간 중심의 새로운 사회계약 ········· 233

PART 5 · 저자 토크 Q & A ·· 251

나가는 글
대안과 희망의 노래 김용남, 김종대, 박영식, 신인규 ································ 264

PART
01

경제 개혁
김용남

1장
주주민주주의 실현을 위한 자본시장 개혁

2장
'똘똘한 한 채' 현상의 구조적 고찰

3장
사모펀드는 정말 '악'인가?

1장 주주민주주의 실현을 위한 자본시장 개혁

1. 주식시장의 저성과 구조와 주주민주주의 결핍

한국 주식시장의 지난 10년간 연평균 수익률은 1.9%에 불과하다. 이는 미국(12.6%), 대만(10.3%), 인도(7.6%)는 물론, 일본(5.5%), 중국(5.1%)보다도 현저히 낮은 수준이다.

이러한 수치는 단순히 시장의 일시적 침체나 외부적 요인 때문이 아니라, 한국 자본시장의 구조적 취약성에 근거한 문제라는 점에서 매우 심각한 시사점을 가진다. 연평균 1.9%의 수익률은 물가상승률에도 미치지 못하는 실질 수익률 마이너스 상태이며, 국민이 주식 투자로 자산을 불리기 어려운 환경임을 방증한다.

또한 주가순자산비율(PBR)은 선진국 평균이 2.8, 미국은 4.2에 달하는 반면, 한국은 1.0도 채 되지 않는 수준이다. 이는 기업의 장부상 순자산 가치보다 시장에서의 평가가 현저히 낮다는 것을 의미하며,

'코리아 디스카운트' 현상이 구조화되어 있음을 나타낸다. 예를 들어 장부상 자산이 1조 원인 기업이 선진국 평균대로라면 시가총액이 2.8조 원 이상이어야 하지만, 한국에서는 1조 원 미만에 머무르는 경우가 허다하다. 이는 자산의 실질 가치 대비 기업의 수익성에 대한 신뢰 부족, 거버넌스에 대한 우려, 그리고 주주 권익 보호 체계의 미비 등이 복합적으로 작용한 결과다.

이처럼 수익률과 PBR 모두에서 극심한 저조함을 보인다는 것은 한국 주식시장이 단순히 경쟁력이 부족하거나 기술력이 약하다는 의미가 아니라, 제도적 신뢰 부족과 구조적 불투명성으로 인해 제 가치를 인정받지 못함을 의미한다.

이는 국민의 투자 기회 축소와 더불어 외국 자본의 이탈, 환율 불안정 등의 문제로 이어지며, 국가 전체의 경제 역동성을 위축하는 요인으로 작용한다. 따라서 이러한 지표는 단순한 경제 통계가 아닌, 자본시장 전반에 대한 구조적 개혁의 시급성을 강하게 시사한다.

특히 주식 보유자가 그 기업의 이익에서 실질적으로 배당이나 자사주 소각 등을 통해 이익을 공유받는 구조가 미약하다는 점은 한국 주식시장의 근본적 취약성을 드러낸다. 한국 기업은 전체 이익의 약 28%만을 주주에게 환원하는 반면, 미국의 경우 이 비율이 평균적으로 90%에 달한다.

이는 단순히 수치의 차이를 넘어, 자본시장에 대한 철학과 거버넌스 체계의 질적 차이를 반영한다. 미국 기업들은 배당과 자사주 소각을 통해 투자자와의 신뢰를 유지하며, 이를 통해 장기 투자자의 유입을 유도한다. 반면 한국 기업은 내부 유보에 집중하고, 주주 이익을 소외시키는 경향이 짙어 주가의 상승 여력이 제한될 수밖에 없다.

또한 자사주를 매입한 뒤 소각하지 않는 관행 역시 기업의 이익을 실제로 주주와 나누는 것이 아니라, 이사회의 재량권 확대 또는 지배구조 방어 수단으로 활용되는 경우가 많다. 이처럼 실질적인 주주가치 제고보다는 사내 유보금 적립에 치중하는 구조는 투자자에게 지속적인 실망을 안기며 한국 시장을 회피하는 요인이 됐다. 이러한 낮은 주주환원율은 장기 투자자에게 불리한 시장 환경을 조성하고 단기 차익을 노린 투기성 자본만이 활개 치는 왜곡된 생태계를 낳고 있다.

결과적으로 이러한 구조는 장기투자 유인이 없는 자본시장을 고착하며, 국민의 자산 증식 기반을 약화하는 동시에 해외 투자자들의 지속인 자본 이탈을 유도한다. 이는 결국 환율 변동성을 키우는 불안정 요인으로 작용하며, 무역수지와는 별개로 원화 가치의 약세를 고착하는 구조적 배경이 된다. 즉, 낮은 주주환원율은 단순한 기업의 재무 정책 문제가 아니라, 국가 전체의 금융시장 경쟁력과 통화 안정성에까지 영향을 미치는 중대한 시스템 리스크로 간주해야 할 것이다.

2. 코리아 디스카운트의 핵심 원인

지배구조의 기형성과 기업 사익 추구

한국의 지배구조는 세계 주요국 중에서도 유례없이 복잡하고 비효율적인 형태로 운영된다. 특히 지주회사와 자회사, 손자회사가 동시에 상장된 '다층 상장 구조'는 기업 경영의 투명성을 심각하게 훼손하며, 오너 일가가 낮은 지분율로 전체 기업을 실질적으로 지배할 수 있는 여건을 제공한다. 이는 단순한 법적 형식의 문제를 넘어 기업 경영의 책임성과 시장의 감시 기능을 약화하는 구조적 문제로 작용한다.

이러한 지배구조에서는 주주총회의 실질적 영향력은 미미하고, 오너 일가 중심의 '내부자 경영'이 고착돼 있다. 기업의 주요 의사결정이 소수의 폐쇄적 네트워크를 통해 이루어지며, 이사회는 경영진의 거수기로 전락하는 경우가 빈번하다. 이러한 구조는 외부 투자자들, 특히 장기적 관점에서 투자하려는 연기금이나 기관투자자들에게 큰 불신을 야기하며, 한국 자본시장의 구조적 저평가, 즉 '코리아 디스카운트'의 주요 원인이 된다.

이와 더불어 물적분할에 이은 동시상장, 이른바 '쪼개기 상장'은 기존 주주의 권리를 본질적으로 침해하는 사익 추구형 수단으로 반복 활용되고 있다. 기업이 유망한 사업부를 물적분할한 후 이를 별도 법인으로 상장하면, 본래 모회사의 주주들은 신설 법인의 성장 가치에 대한 권리를 갖지 못하게 된다.

이는 결과적으로 기존 주주의 가치 희석을 초래하며, 주주와 경영진 간 신뢰를 근본적으로 훼손한다. 특히 이러한 구조는 기업의 성과가 시장에서 공정하게 평가되기보다는, 지배주주의 이해관계에 따라 조작될 수 있는 구조적 리스크를 내포한다.

나아가 이러한 분할 및 상장 전략은 단기적으로는 재무제표를 개선하거나 대규모의 외부 자금을 투자받으면서도 지분율 희석에 따른 경영권의 약화를 생기지 않는, 이른바 '꿩 먹고 알 먹는 식'의 경영권 방어 수단으로 기능하지만, 장기적으로는 시장 전체의 신뢰 기반을 훼손하며, 결과적으로 국내외 투자자의 이탈과 자본 유출을 가속하는 결과를 초래하게 된다. 따라서 현재의 한국형 지배구조는 단순한 기업 내 의사결정 문제를 넘어, 국가 경제 차원의 구조 개혁 대상으로 인식되어야 하며, 이를 교정하기 위한 강도 높은 정책적 개입이 절실한 상황이다.

법제도의 비호성과 주주 보호의 취약성

현재 한국의 법제도는 소액주주가 기업의 불공정한 행위에 맞서 권리를 주장하고 손해배상을 청구하는 데 구조적으로 매우 불리한 환경에 놓여 있다. 집단소송제도는 형식적으로는 존재하지만 실질적으로는 작동하지 않는 경우가 많다.

소송 절차가 지나치게 복잡하고 사전 절차로 '집단소송 자격 인정'이라는 1-2-3심의 독립된 소송을 거쳐야 하기에 실질적인 구제가 이루어지기까지는 상당한 시간과 비용이 소요된다. 이러한 이중삼중의 구조는 원고에게 과도한 부담을 지우며, 기업의 불공정 행위에 대해 실질적인 책임을 묻기 어렵게 만든다.

더불어 한국에서는 미국식 증거개시제도(discovery)가 존재하지 않기 때문에, 원고인 소액주주가 기업 내부의 의사결정 과정, 이사회 회의록, 내부 감사 자료, 또는 계열사 간의 자금 이동 내역 등을 확보하기가 거의 불가능하다. 이로 인해 기업의 경영진이 내부 정보를 은

폐하거나 조작해도 입증 책임이 원고에게 있다는 풍토에서는 법적 책임을 묻기 어려워진다. 이는 불법적이거나 편법적인 경영 행위에 면죄부를 주는 구조로 작동할 위험이 크다.

결국 이러한 법적 환경은 기업의 불공정 행위에 대한 견제 기능을 상실하게 만들며, 시장 전반에 대한 투자자 신뢰를 떨어뜨리는 결과를 초래한다. 미국, 영국, 독일 등의 주요 선진국에서는 이러한 문제를 해결하기 위해 집단소송제도의 실효성을 높이고, 증거개시제도를 도입함으로써 정보 비대칭을 완화하고 소액주주의 권리를 실질적으로 보장하려고 노력한다. 한국도 이제는 단순한 제도적 도입을 넘어서, 실제로 작동할 수 있는 법적 환경을 조성하는 데 국가적 차원의 결단이 요구되는 시점이다.

3. 경제 개혁 아젠다: 10대 제도 개혁 과제

국회의원을 할 때부터 한국 자본시장에 만연한 구조적 불균형과 투자자 불신을 직접 목격하고 문제의식을 느꼈다. 특히 우리 주식시장의 장기 수익률이 세계 주요국 대비 현저히 낮고 소액주주의 권리가 빈번히 침해되는 현실은, 단지 시장의 기능 저하에 그치지 않고 국민 재산권의 침해이자 국가경제 성장의 잠재력 저하로 이어진다고 판단하였다.

한국 자본시장의 근본적인 체질을 개선하고, 선진국 수준의 투명하고 공정한 투자 환경을 조성하기 위해 열 가지 제도 개혁 과제를 제시하였다. 이 과제들은 단순히 제도적 미비를 보완하는 수준이 아니라, 자본시장에 참가하는 모든 구성원, 특히 일반 투자자와 연기금, 기관투자자, 기업의 경영진으로서 책임과 권한을 명확히 하고, 그 속에서 장기적 신뢰와 협력의 생태계를 복원하기 위한 중장기적 개혁 전략이다.

내가 제안한 이 열 가지 개혁 과제는 크게 세 가지 부문으로 정리할 수 있다. 첫째, 주주권 강화와 지배구조 투명화를 통해 기업의 책임경영을 유도하고, 주주의 권익을 제도적으로 보호하는 틀을 마련하는 것이다. 둘째, 기업의 불공정한 행위에 대해 주주가 실질적으로 대응할 수 있도록 법적 제재 수단과 정보 접근 체계를 강화하는 제도 개혁이다. 셋째, 시장 참여자 간 공정한 관계를 형성하고, 제도적 신뢰를 회복하기 위한 금융 생태계 기반 조성을 포함한다.

이 세 가지 틀 안에서 각각의 과제가 유기적으로 작동할 때, 한국 자본시장이 단기 투기 중심의 구조에서 벗어나 장기 투자 중심의 선진형 자본시장으로 도약할 수 있다고 확신한다. 이는 단지 금융시장만의 문제가 아니라 국민의 자산 증식 기반, 국가 경쟁력 강화, 나아가 경제민주주의 실현이라는 거대한 목표와도 연결된 문제다. 이 개혁은 선택의 문제가 아니라 이제는 대한민국이 세계 속에서 공정하고 지속 가능한 자본주의 국가로 도약하기 위해 반드시 실현해야 할 필수 과제다.

주주권 강화 및 지배구조 투명화

이사의 주주 이익 고려 법제화

이사회 구성원이 기업의 경영 과정에서 주주의 이익을 최우선으로 고려해야 한다는 원칙을 법률로 명문화하는 것은 주주민주주의 실현의 핵심 기초 중 하나다. 현재의 상법은 이사에게 선량한 관리자의 주의 의무 및 충실 의무를 부여하고 있으나, 이러한 규정은 추상적이고 모호하여 실제로 주주의 이익을 침해하는 행위에 대해 명확한 법적 제재를 가하기 어렵다. 따라서 이사의 의무를 구체적으로 '주주의 공동 이익을 보호하고 증진하는 방향'으로 명시함으로써 이사회 구성원의 행동 기준을 보다 명확히 하고 경영진의 책임성을 강화할 필요가 있다.

이러한 법제화는 단순한 선언적 의미를 넘어 실제로 기업의 경영 의사결정 과정에서 이사가 소액주주나 기관투자자의 이익을 고려하지 않고 오너 일가의 사익만을 대변하는 결정을 할 경우 법적 책임을 물을 수 있는 제도적 근거를 제공한다.

예를 들어, 이사가 특정 계열사에 부당한 특혜를 주는 방식으로 그룹 차원의 이익을 조정하거나, 기업의 이익을 내부자 거래 또는 편법 상속 등 사익 추구 수단으로 활용하는 경우, 주주들은 명문화된 법 조항을 바탕으로 이사의 책임을 묻는 소송을 제기할 수 있게 된다. 이는 단순히 경영 투명성을 높이는 것에 그치지 않고, 기업의 지속가능한 성장을 유도하고 시장의 공정한 질서를 회복하는 데 기여할 것이다.

자사주 소각 의무화

매입한 자사주를 단순히 보유하는 데 그치지 않고 의무적으로 소각하도록 법제화함으로써, 기업의 주가 및 주당 가치의 실질적인 상승을 유도할 수 있다. 현재 한국의 기업들은 자사주를 매입한 이후 이를 오랜 기간 보유하거나 경영권 방어 수단으로 활용하는 경우가 많은데, 이는 본래 자사주 매입이 지니는 주주환원 목적을 퇴색하는 결과를 낳는다.

물론, 지금도 자사주에 대해서는 의결권이 부여되지 않는다. 하지만 한국의 이른바 재벌기업들은 자사주를 보유하고 있다가 경영권 분쟁의 기미가 보이거나 사모펀드 등을 비롯한 외부 자금이 해당 상장기업의 주식을 매집하는 일이 벌어지면 다른 재벌기업과 자사주를 교환하는 방식으로 우호 지분을 늘리거나 블록딜(block deal)의 형태로 자사주를 넘기면서 의결권을 다시 살리는 '마법'을 부리곤 한다. 재벌기업이 아닌 소유분산 기업의 경우에도 장학재단을 설립하여 그 재단에 자사주를 출연하면서 의결권을 되살리고 경영진 출신들이 그 재단을 장악하는 등의 다양한 형태로 자사주가 악용되고 있는 것이 현실이다.

주식 자사주 소각은 유통 주식 수를 감소하고, 이에 따라 주당 이익(EPS)을 증가하는 효과를 가지며, 이는 결과적으로 주주가치의 실질적 제고로 이어진다.

법적으로 자사주 소각을 의무화할 경우, 기업은 주가 부양을 위한 일회성 자사주 매입이 아니라 장기적인 가치 환원을 고려한 전략을 수립하게 될 것이며, 이는 투자자와의 신뢰를 구축하는 데 중요한 역할을 한다. 특히 소각된 자사주는 다시 유통될 수 없기 때문에 기업이 자사주를 소각한다는 행위 자체가 강한 시장 신호(signal)로 작용하여 해당 기업의 주식에 대한 긍정적 재평가를 유도할 수 있다.

또한 소각 의무화는 기업 경영진이 자사주를 활용하여 우호 지분을 확보하거나, 특정 이해관계인의 영향력을 강화하는 데 악용하는 부작용을 차단할 수 있는 제도적 장치로 작용한다. 이는 지배구조의 건전성 확보와도 직결되는 요소이며, 결과적으로 시장 전체의 투명성과 신뢰도 제고에도 크게 기여할 것이다. 따라서 자사주 소각 의무화는 단지 회계적 수단이 아니라, 한국 자본시장의 체질을 바꾸는 중요한 제도 개혁의 한 축으로 인식되어야 한다.

전자투표제 및 위임장 시스템 도입

전자투표제는 주주가 물리적으로 주주총회 현장에 참석하지 않더라도, 인터넷이나 모바일 환경을 통해 자신의 의결권을 행사할 수 있도록 하는 시스템이다. 전자위임장은 주주가 본인이 참석하지 못하는 경우 타인에게 자신의 의결권을 위임할 수 있도록 하는 수단으로, 두 제도 모두 주주의 참여율을 높이는 데 필수적이다. 특히 국내 상장사 대부분이 주주총회를 평일 오전에 개최하며, 서면 투표나 현장 참석만을 고수하는 현실에서 전자투표와 위임장은 참여 장벽을 낮추는 매우 유효한 수단으로 평가된다.

전자적 수단을 활용한 주주 의결권 행사는 단지 편리성 차원을 넘어 주주민주주의의 실질적 구현을 가능하게 한다. 전통적인 방식으로는 물리적 거리, 생업에 따른 시간 제약, 정보 부족 등으로 인해 소액주주의 참여가 극히 제한되었고, 이는 결과적으로 대주주 및 경영진에게 과도한 권한을 부여하는 결과를 낳았다. 반면 전자투표제 도입은 실시간 정보 공개와 연계되어 주주의 정보 접근성을 높이고, 기업의 경영 결정에 대한 감시 및 견제 역할을 강화할 수 있다.

실제 일부 선진국의 경우 전자투표제 도입 이후 주주총회 참여율이 평균 2~3배 증가하였으며, 그에 따라 기업의 배당 정책, 이사회 구성, M&A 결정 등 주요 사안에서 주주 의견이 보다 강하게 반영되기 시작했다. 한국도 금융당국과 거래소가 중심이 되어 상장사에 대한 전자투표 및 위임장 시스템 도입을 법제화하고, 이를 의무화할 필요가 있다. 궁극적으로는 기술적 인프라와 제도적 강제력을 바탕으로, 주주권이 형식이 아닌 실질로 작동하는 자본시장 생태계를 조성하는 데 이 제도의 도입이 핵심적인 역할을 하게 될 것이다.

불공정 행위의 법적 제재 강화

쪼개기 상장(물적분할 상장) 금지

쪼개기 상장은 본래 기업의 사업부를 효율적으로 분리하고, 각 부문의 성장을 독립적으로 도모하기 위한 목적에서 사용되는 경영 전략이다. 그러나 한국의 자본시장에서는 이 제도가 주로 지배주주에게 유리하게 작용하는 방식으로 왜곡됐다. 특히 물적분할 후 신설 자회사를 상장하는 경우, 기존 모회사의 소액주주는 신설 법인의 주식을 전혀 배정받지 못함으로써, 회사 전체의 성장 과실로부터 배제되는 불합리한 상황이 빈번히 발생한다.

이러한 물적분할 상장은 기업의 본질적인 가치를 훼손하지 않음에도 기존 주주의 지분가치를 급격히 희석하는 결과를 초래하며, 주주 입장에서는 실질적인 손실로 이어질 수 있다. 이는 단순한 자산 재편 수준이 아닌, 경영진이 주주가치에 대한 고려 없이 자의적으로 회사를 재구성하는 행위로 간주될 수 있으며, 시장 신뢰를 심각하게 훼손하는 요인이 된다. 특히 이러한 구조가 반복되면서 일반 투자자들 사이에 '국내 주식은 믿고 장기 보유할 수 없다'는 인식이 확산하고, 이는 자본시장의 전반적 역동성 약화로 이어진다.

따라서 단순한 공시 강화나 가이드라인 수준의 규제에 머무르지 않고, 물적분할 이후 자회사 상장을 일정 기간 강력히 제한하거나, 기존 모회사 주주에게 신설 자회사에 대한 일정 지분을 배정하도록 의무화하는 입법적 조치가 반드시 필요하다. 이를 통해 소액주주의 권익을 실질적으로 보호하고, 기업이 자본시장의 신뢰 속에서 지속가능한 성장을 도모할 수 있는 제도적 기반을 마련해야 한다.

집단소송제도 개혁 및 증거개시제도 도입

현행 집단소송제도는 한국 자본시장 내에서 투자자 보호 기능을 충분히 수행하지 못한다. 제도는 명목상으로 존재하지만, 실제로는 소송 자격의 인정 절차가 지나치게 복잡하고, 소송 자체가 장기간 지연되는 구조로 인해 실효성이 크게 떨어진다. 특히 사전 단계에서 '소송 적격성'을 입증하는 데 소요되는 시간과 비용이 과도하여 일반 소액주주가 참여하기에는 현실적인 장벽이 너무 높다. 결국 이러한 제도적 제약은 기업의 불공정 행위나 배임, 회계 조작 등의 행위에 대해 실질적인 제재를 가하는 데 실패하고 있으며, 투자자 신뢰의 붕괴로 이어진다.

또한 한국 법제에는 미국식 증거개시제도가 없어 기업 내부 정보를 외부 주주가 확보하기 어려운 구조다. 이는 기업의 지배주주나 경영진이 이사회 의사록, 경영 보고서, 내부 감사 자료, 컨설팅 계약서 등의 중요 자료를 외부에 비공개함으로써 법적 책임에서 자유롭게 되는 결과를 초래한다. 미국, 영국, 캐나다 등 선진국들은 이러한 정보 비대칭 문제를 해소하기 위해 소송 전 또는 소송 중 단계에서 상대방에게 문서 제출을 강제하는 절차를 제도화했고, 이는 기업의 투명성 제고에 이바지한다.

한국도 이제 이러한 제도를 도입하여 소액주주가 기업의 위법 행위에 대해 실질적 정보를 기반으로 소송을 제기하고, 기업은 이에 대한 책임을 지는 문명화된 시장 구조로 전환해야 한다. 이 제도는 단지 법적 수단의 하나로서가 아니라, 한국 자본시장의 신뢰 회복과 글로벌 스탠더드로의 정착을 위한 핵심 인프라로 기능하게 될 것이다.

동시에 법무부와 금융당국은 집단소송제도의 도입 범위를 확대하고, 이를 주식 관련 분쟁뿐 아니라 금융 사기, 기업 부실 공시 등 다양한 영역으로 확장할 필요가 있다. 투자자 보호가 실질적으로 작동하는 시장만이 지속가능한 성장과 국제 경쟁력을 보장할 수 있다는 점에서, 이 제도의 개혁은 더 이상 미룰 수 없는 과제다.

경영권 매각 시 공개매수 의무화

경영권 매각 시 공개매수 제도를 의무화하는 것은 한국 자본시장의 고질적 불공정 구조를 해소하기 위한 핵심 제도적 개혁 중 하나다. 현재의 관행에 따르면, 경영권을 인수하는 측은 지배주주 또는 오너 일가의 지분만을 프리미엄을 얹은 가격에 사들이고, 나머지 일반주주는 이러한 거래에서 철저히 배제된다. 이로 인해 미국 사람을 비롯하여 한국을 제외한 다른 나라 사람들은 전혀 이해하지 못하고, 심지어 영어 번역도 안 되는 '경영권 프리미엄'이라는 대단히 '한국적인' 초과 이익이 특정 소수 집단에만 귀속되며, 이는 투자자 간의 형평성과 시장의 공정성에 심각한 왜곡을 초래한다.

공개매수제도의 핵심은 경영권 이전이 발생할 경우, 동일한 조건과 가격으로 모든 주주에게 매각 기회를 제공하도록 강제하는 것이다. 이는 미국, 영국 등 선진국 자본시장에서 오랫동안 자리 잡은 관행이며, 시장 참여자 간 공정한 경쟁과 주주 평등의 원칙을 구현하는 핵심 장치다. 만약 동일한 조건의 공개매수 절차가 법제화된다면, 지배주주의 경영권 프리미엄 획득에 대한 정당성이 강화되는 동시에 소액주주 역시 기업의 구조 변화에서 실질적인 이익을 공유받을 수 있게 된다.

이 제도는 단지 형식적 평등을 넘어, 주주 간 이해관계의 충돌을 완화하고, 기업의 구조조정이나 인수합병(M&A) 과정에서 불투명하게 작동하는 내부자 정보 거래와 특혜를 억제하는 효과도 기대할 수 있다. 경영권 거래의 투명성과 주주의 신뢰 확보는 결국 한국 자본시장이 성숙하고 선진화된 구조로 이행하는 데 필수적인 토대가 될 것이다. 따라서 경영권 매각 시 공개매수 의무화는 단순한 기업 매매의 기술적 절차가 아니라, '회장님의 1주'와 소액주주의 1주는 똑같은 1주라는 자본시장의 근본적 정의 실현을 위한 핵심 과제로 다루어져야 한다.

제도적 기반 조성

주주민주주의 전담 기구 설립

주주민주주의의 제도적 실현을 위해서는 단순한 법령 정비나 권고 수준의 가이드라인만으로는 부족하며, 이를 실질적으로 감독하고 조정할 수 있는 상설 기구의 설립이 필수적이다. 현재 금융감독원이나 공정거래위원회 등 일부 기관이 기업의 불공정 행위에 단편적인 제재를 가하고 있으나, 이들은 주주들의 보호를 전담하는 기관이 아니기 때문에 대응 속도와 전문성이 제한적이다. 이에 따라 주주 권익 보호와 관련한 사안에 일관된 기준을 적용하고, 실질적인 조사와 중재 기능을 수행할 수 있는 독립적 기구가 필요하다.

이 전담 기구는 주식시장 내에서 발생하는 각종 주주권 침해 사례,

예컨대 물적분할에 따른 주주가치 희석, 경영권 프리미엄의 불균등 분배, 주총 절차의 불투명성, 자사주 남용 등에 대해 사전적 예방은 물론 사후적 구제 기능을 수행해야 한다. 이를 위해 상설 법률 자문단과 회계 감사 조직, IT 기반의 주주 민원 시스템을 갖추고, 필요한 경우 징벌적 조치를 발동할 수 있는 권한도 부여해야 한다.

해외 사례로는 대만의 '금융소비자보호센터(Financial Ombudsman Institution)'가 대표적이다. 이 기관은 분쟁 조정, 권리 구제, 금융교육, 정책 제안 등 다양한 기능을 통합적으로 수행하며, 금융 투자자들의 신뢰 회복에 중요한 기여를 하고 있다. 한국도 이러한 사례를 참고하여 주주민주주의를 실현하기 위한 전담 기구를 구축함으로써 장기적으로는 금융시장 전반의 투명성과 효율성, 공정성을 동시에 제고할 수 있을 것이다.

소액주주 행동 플랫폼 활성화

소액주주의 집단적 행동을 촉진하고 실질적인 영향력을 행사할 수 있도록 지원하는 디지털 플랫폼의 구축과 활성화는 주주민주주의 실현에 필수적인 과제다. 오늘날 주주총회나 기업 의사결정 과정에서 소액주주 개개인은 개별 의견을 반영하기 어렵고, 정보 비대칭으로 인해 실질적인 참여가 제한되는 경우가 많다. 이러한 구조적 한계를 극복하기 위해서는 소액주주들이 자신의 의견을 공유하고 연대할 수 있는 온라인 기반의 행동 플랫폼이 필요하다.

이 플랫폼은 주식 보유 인증 시스템을 기반으로 하여 특정 기업에 대한 주주 의견을 수렴하고 공동 행동을 조직할 수 있는 기능을 갖추어야 한다. 예를 들어, 일정 수 이상의 주주들이 동일한 안건에 문제 제기를 하면, 해당 기업의 IR 담당자 또는 이사회에 공식 질의할 수 있는 채널이 자동으로 활성화되는 구조로 설계될 수 있다. 또한 전자투표, 온라인 공청회, 실시간 설문 기능 등을 통해 주주의 의사 표현 수단을 다각화하고, 주주총회 이전에 사전 의견을 집계해 제안서 형식으로 기업에 제출하는 방식도 가능하다.

해외에서는 이미 '세이 온 페이(Say on Pay)'나 '온라인 프록시 포럼(online proxy forum)' 같은 형태로 이와 유사한 시스템이 운영되고 있으며, 이는 기업의 거버넌스를 감시하는 데 중요한 기능을 수행한다. 한국 역시 금융당국이 중심이 되어 플랫폼의 중립성과 공공성을 확보하고, 민간 플랫폼과의 연계를 통해 정보 확산과 사용자 접근성을 높여야 할 것이다. 이러한 플랫폼이 정착될 경우 단순한 여론 형성을 넘어 실제 기업 의사결정에 영향력을 행사할 수 있는 소액주주의 집단지성이 본격적으로 발현될 수 있다.

4. 대안적 사례: 메리츠금융의 실험과 성공

메리츠금융지주는 한국의 왜곡된 지주회사 체계를 정상화한 선도적 사례로 평가받는다. 기존에는 메리츠화재, 메리츠증권, 메리츠금융지주 세 법인이 모두 상장된 전형적인 한국식 지주회사 체계를 유지했지만, 그룹 차원에서 과감한 구조 개편을 단행하여, 메리츠화재와 메리츠증권을 상장 폐지하고 지주회사인 메리츠금융 단일 법인만을 상장 상태로 유지하는 미국식 단일 상장 구조로 전환하였다. 이는 지배주주가 단기적 이해관계를 넘어 장기적 관점에서 기업 가치를 제고하고, 경영 투명성과 시장 신뢰를 획기적으로 향상하는 데 방점을 둔 결정이었다.

이와 더불어 메리츠금융은 자사주 매입과 소각을 지속적으로 실행하고, 고배당 정책을 통해 주주환원율을 극대화하는 전략을 일관되게 추진했다. 이러한 정책은 단기 주가 부양을 넘어 주주와의 신뢰를 기반으로 한 장기적 기업 가치 제고에 초점을 맞춘 것으로, 그 결과 메리츠금융의 주가는 동종업계 대비 월등히 높은 수익률을 기록하고 시가총액도 대폭 확대되었다.

이러한 성장의 결실은 대주주에게도 반영되어 오너 일가의 주식 평가액이 한국 전체 재벌가 순위에서 최상위권에 오르는 성과로 이어졌으며, 이는 단순한 자산 증식이 아니라 거버넌스를 개선한 기업의 미래에 대한 시장의 긍정적 평가가 실현된 사례로 평가된다.

더 나아가 이러한 메리츠의 전략은 '주주이익 환원'과 '경영권의 건전성 강화'라는 두 마리 토끼를 모두 잡은 모범적인 사례로 꼽히며 단지 소액주주의 권리를 보호하는 차원을 넘어 지배주주에게도 지속 가능한 부의 창출이 가능하다는 점을 입증해 보였다.

이는 거버넌스 개혁이 결코 '반(反)자본가적' 조치가 아니며, 자본주의 질서 내에서 소유자와 투자자가 모두 '윈윈(win-win)'할 수 있는 경로임을 보여주는 사례다. 결국 메리츠금융은 한국 자본시장이 직면한 구조적 병폐를 극복할 수 있는 방향성을 선제적으로 제시하며, 정책적 대안의 실증적 근거를 제공하는 귀중한 모델로 자리매김하였다.

5. 정책적 제언과 제도화 방향

거버넌스 개혁과 세제 개편의 연계

상장기업의 지배구조가 선진국형으로 개편되는 것을 조건으로 상속세 제도의 개편도 병행하는 방안은 단순히 세제 완화라는 차원을 넘어서 기업 거버넌스 개선과 시장 투명성 제고를 동시에 촉진할 수 있는 전략적 접근이다.

현행 상속세는 피상속인의 보유 주식을 시가 기준으로 평가하여 과세함으로써, 지배주주는 상속 시점에 주가가 과도하게 상승하는 것을 꺼리는 경향이 강하다. 이로 인해 상속세 회피 목적의 인위적인 주가 억제, 자사주 보유 확대, 또는 배당 회피 등이 자행되며, 이는 결과적으로 자본시장 전체의 효율성과 투명성을 훼손하는 결과로 이어진다.

하지만 지배구조가 개혁되고 기업 경영의 투명성과 책임성이 확보된다면, 상속세 제도 역시 '세율'이라는 수단보다 '기업 가치 평가'의 기준을 공정하게 조정하는 방식으로 전환될 수 있다. 예컨대 기업의 거버넌스 수준, 주주환원 정책, 사회적 책임 실현 여부 등을 복합적으로 반영한 다층적 평가 체계를 도입함으로써 투명하게 경영하고 장기적으로 시장의 신뢰를 얻는 기업일수록 더 공정한 과세를 적용받을 수 있는 인센티브 구조를 설계할 수 있다.

또한 거버넌스 개혁과 연동된 상속세 개편은 지배주주에게 시장 신뢰 확보와 자산 승계의 유연성이라는 이중 혜택을 제공할 수 있어, 결과적으로 주주 전체의 이익을 증대하는 선순환 구조로 이어질 수 있다.

이는 세금을 줄이기 위해 기업 가치를 왜곡하거나 사익을 편취하는 방식에서 벗어나 투명한 기업 운영을 통해 기업과 시장, 그리고 사회 전체가 공동의 이익을 추구할 수 있도록 유도하는 방향이기도 하다. 따라서 상속세 개편은 단순한 조세정책이 아니라, 기업 구조 혁신을 촉진하는 지렛대로 기능할 수 있다.

국민연금의 스튜어드십 코드 강화

국민연금과 같은 공적 연기금이 적극적으로 스튜어드십 코드(수탁자 책임)를 행사하도록 유도해야 한다. 스튜어드십 코드란 연기금과 같은 기관투자자가 자신이 투자한 기업의 경영에 적극적으로 관여하여 기업의 장기적 가치와 지속가능성을 제고하도록 책임을 다하는 일련의 원칙과 행동 지침을 말한다.

한국은 2018년 국민연금이 스튜어드십 코드를 도입했지만, 실제 기업에 대한 주주권 행사에는 소극적이라는 비판이 지속됐다. 이는 공적 자금이 기업의 지배구조 개선이나 책임경영 유도에 실질적인 영향을 미치지 못함을 방증한다.

국민연금은 세계 최대 수준의 공적 연기금으로, 국내 주식시장에서 차지하는 지분 비중이 매우 크기 때문에, 스튜어드십 코드의 실질적 실행 여부는 기업의 경영 투명성과 주주친화적 정책의 실현에 결정적 영향을 미친다. 단기 수익률 중심의 투자보다는 연기금 본연의 장기 투자자로서 책무를 이행하는 방향으로 전략을 전환해야 한다. 구체적으로는 이사 선임 및 해임 의결권 행사, 배당 정책에 대한 의견 개진, 비윤리적 경영 행위에 대한 제재 표명 등 실질적인 권한 행사가 필요하다.

장기적으로 스튜어드십 코드가 제대로 작동하면, 이는 단순히 시장 전체의 신뢰도를 회복하는 데 그치지 않고 기업의 ESG(환경, 사회, 지배구조) 경영 확산, 자본시장의 선진화, 그리고 투자자 권익 보호 강화로 이어질 수 있다. 나아가 연기금의 적극적인 주주권 행사는 한국 자본시장에 대한 글로벌 투자자의 신뢰도 회복에도 긍정적인 영향을 줄 것이다. 따라서 국민연금의 스튜어드십 코드 강화는 단순한 수탁자 역할을 넘어 한국 자본주의의 질적 전환을 이끌 핵심 수단으로 기능해야 한다.

요약과 성찰

주주민주주의는 곧 경제민주주의다

주주민주주의는 단순히 자산가 보호를 위한 도구가 아니라, 국민 다수의 금융자산을 안정적으로 보호하고 증식하기 위한 핵심 장치다. 이는 재산권 보장을 넘어 시장의 투명성과 공정성에 대한 신뢰 회복을 통해 투자와 생산의 선순환을 창출하고, 자본시장을 통한 국민의 부의 형성과 사회적 평등을 실현하는 수단으로 기능할 수 있다.

따라서 주주민주주의를 확립하는 것은 경제민주주의의 근간을 다지는 일이며, 나아가 이는 대한민국이 자본주의 사회로서 더욱 성숙하고 공정한 질서를 구축해 나가기 위한 필수적 과제라 할 수 있다.

김용남 전 의원의 개혁안은 단지 기술적인 자본시장 개혁의 영역을 넘어 경제적 시민권 실현이라는 더 큰 맥락에서 해석되어야 한다. 자본시장은 단지 돈이 오가는 공간이 아니라, 국가경제의 정체성과 신뢰, 그리고 국민의 자산 축적과 직결되는 핵심 인프라다. 따라서 주주민주주의와 거버넌스 개혁은 시장 참가자들의 수익률 문제를 넘어서, 국민의 자산 보호와 양극화 완화, 나아가 세대 간 부의 이전과 관련된 중대한 사회적 과제이기도 하다.

이러한 인식하에 다음 정부는 이와 같은 구조적 개혁을 단순히 경제 관련 법안이나 금융시장 제도를 개선하는 차원에 그쳐서는 안 되며, 오히려 국정 철학의 핵심 의제로 채택해야 한다. 주주민주주의의 제도화는 대한민국이 성숙한 자본주의 국가로 도약할 수 있는 계기를 마련하는 동시에 외국 자본의 신뢰를 회복하고 글로벌 투자 유치의 기초를 다지는 데 결정적 역할을 할 것이다.

그렇지 않다면 대한민국 자본시장의 미래는 여전히 외국 자본의 저평가 대상이자 국내 투자자의 신뢰를 받지 못하는 비효율적 시장으로 남게 될 것이며, 국민의 자산 형성과 국가 경쟁력 확보라는 두 과제 모두에서 실패할 위험이 크다. 이제는 과감한 철학적 전환과 정책적 집행력이 필요한 시점이다.(편집자)

2장 '똘똘한 한 채' 현상의 구조적 고찰

1. 다주택자 규제 정책의 구조

대한민국의 다주택 규제 정책은 주택을 둘러싼 전 생애주기에 걸쳐 총체적으로 적용된다. 이는 단순한 한두 가지 제한 수준을 넘어, 주택의 취득 시점부터 보유 중인 기간, 금융을 통한 자산 운용, 마지막으로 매각 및 양도 과정에 이르기까지 모든 단계에서 규제가 촘촘하게 얽힌 구조다.

결과적으로 이 네 가지 취득, 보유, 금융, 양도라는 연결고리는 다주택자를 제도적으로 고립시키는 폐쇄적 프레임을 구성하고 있으며, 1가구 1주택 외의 형태를 선택하는 행위는 거의 불가능한 지점까지 이르렀다.

취득 단계의 규제

취득 단계에서의 규제는 다주택자를 정책적으로 선별해 배제하려는 의도가 분명히 반영된 영역이다. 현재 대한민국의 주택 취득세 체계는 보유한 주택 수에 따라 큰 차이가 나는 가파른 누진 구조다. 이는 조세 정책의 일환이라기보다는 사실상 행정적 억제 수단으로 기능한다.

1주택자의 경우 주택 가격에 따라 대체로 1~3% 수준의 취득세가 적용된다. 이는 일반적인 부동산 거래에 부과되는 적정 세율로 받아들여질 수 있는 범위다.

그러나 동일한 거래 행위를 두 번 세 번 반복하는 경우, 즉 다주택자로 분류되는 순간 상황은 급변한다. 조정대상지역 내 주택을 보유한 상태에서 추가로 조정대상지역 내 주택을 취득할 경우, 그 세율은 8%로 상승한다. 이는 이미 기존 주택에 대한 취득세를 납부했음에도 단지 보유 주택 수 증가를 이유로 추가 부담을 강제하는 방식이다. 여기에 그치지 않고, 2주택 이상 보유자가 동일 지역에서 세 번째 주택을 추가로 취득할 경우 12%의 중과세가 적용된다.

이는 단순한 거래세 수준을 넘어선다. 일반적인 상거래나 금융자산에 부과되는 세율을 고려할 때, 12%의 거래세는 자산 이전 행위 자체를 지극히 비경제적으로 만들며, 실질적으로는 '거래 불가'를 의미하는 신호로 작용한다.

한편, 법인의 경우에는 더욱 엄격한 규제가 가해진다. 법인이 주택을 취득할 경우 주택 수와 무관하게 12% 단일 세율이 일괄 적용된다. 즉, 법인의 부동산 자산 운용 전략은 애초부터 고율 세금이라는 장벽에 막혀 있다. 법인의 경제활동은 일반적으로 자산 운용의 효율성을 제고하고 시장 안정에 기여할 수 있는 방향으로 설계되어야 함에도 주택이라는 자산을 취급하는 순간 그 기능 자체가 차단된다.

이처럼 취득 단계에서의 규제는 단순히 다주택자의 자산 증식을 억제하려는 차원을 넘어 거래 자체를 억누르고 시장의 유동성을 근본적으로 저해하는 방향으로 설계되어 있다. 결과적으로 취득세 중과는 다주택자에 대한 규제라는 정책적 목적을 달성하는 동시에 시장 내에서 자율적 자산 이동과 지역 간 균형적 투자의 기회를 구조적으로 차단하는 요인으로 작동한다.

보유 단계의 규제

보유 단계에서는 종합부동산세가 실질적인 핵심 규제 수단으로 기능한다. 종부세는 기본적으로 일정 수준 이상의 고가 주택을 보유한 경우에 적용되는 세금이지만, 그 구조는 다주택자에 대한 차별적 과세를 목적으로 더욱 정교하게 설계되어 왔다. 특히 문재인 정부에서 이러한 경향이 더욱 두드러졌으며, 3주택 이상 보유자 또는 조정대상지역 내 2주택 이상 보유자에게는 매년 최고 6%의 세율이 적용되었다.

이는 단순한 재산 과세의 범위를 넘어 보유 자체를 억제하는 수단으로 전환된 셈이다. 종부세는 기본적으로 공시가격을 기준으로 산정되는데, 일정 기준을 초과하는 경우 누진세 구조가 적용되어 주택 수가 늘어날수록 급격한 세 부담 증가가 나타난다. 가령 공시가격 기준 15억 원 이상의 주택을 여러 채 보유한 경우, 세 부담은 단순 합산이 아니라 가중적 누진 구조에 의해 실질적으로 감당하기 어려운 수준으로 상승한다.

더욱이 법인의 경우에는 보유 주택 수와 무관하게 최고세율인 6%가 단일로 적용된다. 이는 법인의 임대사업 혹은 자산 운용 활동 자체를 구조적으로 억압하는 결과를 낳으며, 민간이 공급 주체로서 기능하는 시장 환경을 원천적으로 차단하는 방향으로 작용한다. 과거 법인 등록 임대사업자에게 제공되던 일부 세제 혜택은 갑작스럽게 폐지되었고, 이에 따라 제도 신뢰마저 훼손된 상태다.

현행 종부세 구조는 "세금이 아니라 징벌"이라는 비판을 받을 정도로 고율이고 급진적인 측면이 있다. 이는 단순히 특정 계층의 자산 보유를 억제하는 데 그치지 않고, 자산의 지역 간 분산 및 세대 간 이전, 임대 시장의 공급 기반까지도 동시에 붕괴하는 결과로 이어진다. 주택을 보유한 상태에서 장기간 임대를 하거나 지역 내 장기 거주를 통해 부동산을 안정적으로 관리하려는 행위마저도 세금 부담으로 인해 사실상 불가능해진다.

결국 이러한 과세 구조는 다주택 보유를 제도적으로 억압하려는 정책 기조를 반영하고 있으며, 이는 단지 조세 정의 실현이라는 원칙을 넘어서 국민의 재산권과 거주 이전의 자유에까지 영향을 미친다.

부동산을 통한 자산 축적의 길을 막는 것뿐 아니라 주거의 다양성과 선택권을 제한하며, 동시에 전월세 시장의 공급 기반을 위축하는 구조적 원인으로 작용한다.

금융 단계의 규제

금융 단계에서의 규제는 다주택자를 실질적으로 자산 운용의 무력화 상태로 몰아넣는 데 핵심적인 역할을 한다. 현재 금융기관은 대출 승인 여부를 판단할 때 LTV(Loan to Value, 담보인정비율), DTI(Debt to Income, 총부채상환비율), DSR(Debt Service Ratio, 총부채원리금상환비율)과 같은 복수의 비율 지표를 기준으로 삼는다. 이 지표들은 일견 금융 건전성을 위한 원칙처럼 보일 수 있으나, 다주택자의 경우 이 기준선이 일반 대출자보다 훨씬 더 엄격하게 적용된다.

LTV 비율은 보통 주택 가격의 60~70%에서 책정되지만, 다주택자에게는 30~40% 이하로 제한되는 경우가 많다. 이는 동일한 담보 가치를 지닌 주택을 두고도 실제 대출 가능 금액에 있어 커다란 격차를 유발한다. DTI나 DSR 역시 마찬가지로, 다주택자에게는 추가적인 가산 규제가 덧붙어 소득 대비 부채 비중이 일정 수준을 넘는 순간 사실상 대출이 차단된다. 문제는 이러한 규제가 단지 추가 대출을 제한하는 것에 그치지 않고, 이미 보유 중인 부동산의 자산 운용 유연성을 전면 봉쇄하는 효과를 낳는다는 점이다.

이러한 상황에서 금융기관은 다주택자가 신규 대출을 신청할 경우, 기존 보유 주택의 처분 계획서를 요구하는 방식으로 대출 조건을 더욱 엄격히 설정한다. 이는 곧 주택을 '팔아야 빌릴 수 있는 구조'로 만들어 다주택자의 자산 확대나 활용을 사실상 불가능하게 만들고, 결과적으로는 시장 내 유동성 공급 자체를 제약한다. 심지어 일부 금융기관에서는 다주택 보유 사실만으로 대출 한도를 대폭 축소하거나 고위험군으로 분류해 이자율을 인위적으로 상승시키는 조치까지 한다.

이러한 금융 억제는 단순히 대출 리스크를 회피하려는 목적을 넘어 정책적으로 다주택자의 경제적 활동 자체를 위축하는 방향으로 설계되어 있다. 이는 자산의 분산 투자를 어렵게 만들고, 동시에 임대주택 공급자이자 지역경제 순환의 주체로서 기능할 기회를 박탈하는 결과로 이어진다. 주택을 소유하면서도 유휴 자산처럼 방치하는 상황. 이는 자산의 비효율성을 증대시키고 결국 시장 전체의 비탄력성과도 연결된다.

결과적으로 금융 규제는 세금 규제와 결합하여 다주택자의 시장 진입을 봉쇄하고 있으며, 이는 구조적 자산 편중과 지역 간 격차 심화를 유도하는 핵심 메커니즘으로 작동한다. 이러한 억제 정책이 가져올 장기적 시장 왜곡과 사회적 비용을 직시해야 할 때다.

양도 단계의 규제

양도 단계에서의 과세는 단순히 세금의 개념을 넘어 실질적인 징벌적 성격을 띤다. 현재 조정대상지역 내에서 3주택 이상을 보유한 상태로 주택을 양도하면 발생한 양도차익의 최대 75%를 세금으로 납부해야 한다. 이와 같은 고율의 양도소득세는 단순한 자본이득 과세 범위를 완전히 초과하는 수준이며, 자산 보유자의 자율적 처분 행위를 사실상 구조적으로 봉쇄한다.

이러한 양도세 중과는 주택 시장의 유동성을 심각하게 저해하며, 자산 이동성 측면에서도 시장의 정상적 작동을 마비시키는 주요 요인으로 작용한다. 주택을 매도하는 행위가 투자 손실이나 실거주 여건의 변화에 따라 필요한 행위임에도 과세 부담으로 인해 실질적인 매각이 불가능한 상황에 직면하는 것이다. 특히 고가 주택이거나 오랜 기간 보유된 주택일수록 양도차익 규모는 커지며, 이로 인해 실현 가능한 자산 가치가 세금에 의해 절반 이하로 축소된다.

게다가 이러한 세율 구조는 거래 시점이나 보유 기간과 같은 중요한 변수들을 충분히 고려하지 않은 채 일률적으로 적용되기 때문에 자산 소유자에게는 지나치게 가혹한 조건으로 작용한다. 예를 들어, 장기보유 공제나 실거주 요건이 일부 적용되더라도 다주택자에게는 해당 혜택의 적용 범위가 현저히 제한되며, 이는 정책의 초점이 조세 형평보다는 억제 목적에 맞춰졌음을 명확히 보여준다.

양도세의 이러한 구조는 다주택 보유를 단념하게 만드는 효과를 넘어 주택 거래 자체를 위축한다. 결국 이러한 과세 체계는 시장 전체의 활력을 저해하고, 주택 공급의 재분배 구조를 마비시키며, 지방과 수도권 간 자산 이동의 기회를 차단하는 결과를 낳는다.

자산을 매각하여 재투자하거나 거주지를 이전하고자 하는 개인의 의사결정은 이러한 과세 장벽 앞에서 더 이상 자유롭지 못하다. 이는 국민 개개인의 재산권 행사와 거주 이전의 자유를 중대한 제도적 장벽 속에 가두는 결과로 이어진다.

부동산 규제의 문제점

이 모든 규제는 개별적으로 보면 각각 나름의 정책적 명분을 갖는다. 조세 형평성의 실현, 금융시장 안정성 확보, 투기 억제와 같은 문구들은 언뜻 보기엔 정책 목적의 정당성을 담보하는 것처럼 보인다. 그러나 문제는 이러한 규제들이 상호 독립적이지 않고, 하나의 시스템으로서 유기적으로 결합하여 국민 개개인의 주거 선택을 구조적으로 제약한다는 데 있다.

취득세 중과로 인해 다주택 보유를 시도하는 순간 거래의 문턱이 급격히 높아지고, 보유세와 종부세를 통해 해당 자산의 유지 자체가 고통스러운 부담이 되며, 금융 규제는 자산 운용의 자유를 박탈하고, 양도세 중과는 자산의 처분조차 어렵게 만든다. 이처럼 주택 생애주기의 전 과정에 걸쳐 작동하는 다층적 억제 장치는 종합적으로 작동할 때 국민 다수에게 "한 채만 보유하라"는 메시지를 강제하는 정책 효과를 창출한다.

이는 단순히 주택 수를 제한하는 수준을 넘어서, 자산 구성의 다양성을 훼손하고, 지역 간 균형적 자산 분산을 불가능하게 만들며, 정상적이고 건강한 주택 시장의 유동성 기반 자체를 무너뜨리는 결과로 이어진다. 특히 자산 재배분이 필요한 중산층과 자산을 축적해야 할 청년층에게는 주택을 통한 자산 형성의 사다리를 제거하는 결과를 낳는다.

결국 이러한 정책 구도는 시장의 선택지를 제한하고, 결과적으로는 '똘똘한 한 채'라는 왜곡된 전략을 유일한 대안처럼 만들었다. 고가 지역의 핵심 입지 아파트 한 채에 모든 자산을 몰아넣는 방식이 정책의 구조적 압력 속에서 가장 '합리적인' 선택으로 굳어진 것이다. 이는 정책 당국이 바라던 방향이 아닐 수 있으나 현실에서는 오히려 정책이 만든 역설로 작동한다. 이와 같은 구조적 강제는 주택 시장을 기형적으로 재편하며, 부동산 양극화와 지역 소멸, 전월세 시장 불안정이라는 사회 전체의 구조적 리스크로 확대되고 있다.

2. '똘똘한 한 채'의 등장

다주택자에 대한 전방위적 규제가 지속됨에 따라 시장은 점차 그 대응 전략을 수정할 수밖에 없는 구조로 이행되었다. 단순히 한두 개의 규제 강화가 아니라 취득 단계부터 보유, 금융, 양도에 이르기까지 모든 주택 생애주기에 걸쳐 고강도의 중첩 규제가 지속적으로 누적된 결과, 다주택 보유의 문턱은 매우 높아졌고, 사실상 다주택이 허용되지 않는 정책 환경이 조성되었다.

이러한 조건 속에서 시장 참여자들은 생존 전략의 일환으로 자산을 집중할 새로운 선택지를 찾게 되었고, 그 결과물이 바로 '똘똘한 한 채'라는 현상이다. 이는 단지 고급 아파트를 선호하게 되었다는 소비 트렌드의 문제가 아니라, 다주택 보유를 실질적으로 불가능하게 만든 정책 환경에 대응하여 사람들이 가장 적은 규제로 가장 높은 자산 방어력을 가질 수 있는 단일 주택에 자산을 몰아넣는 현명한 최적화 전략이라 볼 수 있다.

정책의 누적 효과는 매우 명확하다. 주택을 두 채 이상 보유하는 순간부터 불합리한 수준의 취득세, 보유세, 양도세, 금융 차단에 직면하게 되며, 이로 인해 주택을 분산하여 보유하려는 모든 시도는 경제적으로 비합리적인 선택이 된다. 따라서 다수의 국민은 자산의 보전성과 성장 가능성을 동시에 만족시킬 수 있는 지역, 즉 입지와 학군, 교통망, 환경 등의 복합 가치가 높은 특정 지역의 고가 주택 한 채를 선택할 수밖에 없는 환경에 놓여 있다.

이는 단순히 부동산을 자산으로 보는 시각의 전환이라기보다는, 국가 정책이 실질적으로 허용한 유일한 형태의 부동산 보유 방식이라 할 수 있다. 과거에는 자산 여력이 있는 국민이 지역을 분산하여 자산을 구성하거나 실거주와 임대를 병행하는 방식으로 합리적인 주택 운용을 시도할 수 있었지만, 지금은 이러한 구조 자체가 법적/제도적으로 봉쇄되어 있다.

따라서 '똘똘한 한 채' 현상은 개인의 선택이라기보다 정책적 강제의 산물이다. 자산의 최적 분산이 아닌 자산의 최후 집중이라는 이 전환은 정책 당국이 의도하지 않았을 수는 있으나, 결과적으로는 그들이 설계한 규제 프레임이 만든 직접적 결과물이며, 시장은 그 안에서 자신이 선택할 수 있는 유일한 경로를 따라 움직이고 있을 뿐이다.

이와 같은 '똘똘한 한 채' 전략은 단순히 실거주 목적에 국한되지 않고 자산 방어적 목적이 짙게 반영된 현상이다. 현재 대한민국의 부동산 정책은 다주택자에 대해 취득, 보유, 금융, 양도에 이르기까지 고강도 규제를 중첩 적용하고 있으며, 이로 인해 주택을 여러 채 보유하는 것이 사실상 제도적으로 차단되어 있다. 이러한 환경 속에서 시장 참여자들은 한정된 선택지 가운데에서 가장 효율적인 전략을 모색하게 되었고, 그 결과가 바로 '똘똘한 한 채'에 자산을 집중하는 방식이다.

실제로 이 전략은 경제적 효율성과 정책 회피성을 동시에 만족시키는 최적화된 대응 모델로 기능하고 있다. 다주택 보유 시 발생하는 중과 취득세, 가파른 종부세 누진율, 대출 한도 축소, 양도세 중과 등을 회피하면서도 자산 가치를 일정 수준 이상으로 유지하거나 상승시킬 수 있는 유일한 경로가 바로 입지가 우수하고 희소성이 높은 고가 주택 한 채에 투자하는 것이기 때문이다. 이러한 전략은 국민이 자산의 손실을 방어하고 장기적 보유를 통해 시장 리스크를 최소화하려는 합리적 판단의 결과물이다.

정책이 시장에 주는 신호는 분명하다. 다수의 주택을 보유할 경우 복합적 제재와 과세의 대상이 되며, 그에 따르는 경제적 불이익은 단순히 세금 납부에 그치지 않고 자산 전체의 유동성과 가치 형성 과정에 심대한 타격을 준다.

반면, 고가 아파트 한 채를 보유하는 경우에는 종합부동산세 대상이 되더라도 상대적으로 세금 부담을 조절할 수 있으며 양도세나 금융 규제에 있어서도 제약의 폭이 좁다. 더불어 해당 주택이 위치한 지역의 입지적 가치는 시간이 지남에 따라 더욱 강화되는 경향이 있기 때문에 자산 보존 효과 역시 극대화된다.

결국 시장은 이러한 신호를 분석하고 대응할 수밖에 없다. '똘똘한 한 채'는 단지 선호도가 높은 주택에 대한 쏠림 현상이 아니라, 제도적으로 허용된 유일한 자산 운용 루트이자 정책 회피를 위한 방어 기제다. 이는 국민이 부동산 정책을 통해 얻은 메시지에 대한 집단적이고 전략적인 반응이며, 정책 설계자가 의도하지 않았더라도 결과적으로는 정책의 부작용으로 귀결된다.

이러한 경향은 결국 사회 전체적으로 다음과 같은 구조적 부작용을 초래한다. 가장 두드러진 현상은 고가 주택이 밀집된 서울 강남 3구를 비롯한 핵심 선호 지역에 자산이 비정상적으로 집중된다는 점이다. 이는 단순히 기존의 실수요층뿐 아니라 투자 목적의 자산까지 해당 지역에 몰리면서 발생한 결과로, 주택 가격이 수요/공급의 원칙을 넘어 일종의 심리적 프리미엄과 제도적 회피 효과에 기반하여 급등하게 되는 구조로 굳어진다.

과거에는 주거지 선택이 교통, 교육, 생활환경 등 복합적인 요인을 바탕으로 분산되었으나, 현재는 정책적으로 허용되는 유일한 자산 보유 수단이 '한 채'라는 제약 아래서 가장 유리한 입지를 가진 특정 지역만이 집중적으로 선택되는 실정이다.

이로 인해 강남 3구의 신축 아파트는 단순한 주거 공간이 아니라 '정책 회피와 자산 방어'의 기능을 복합적으로 수행하는 일종의 금융상품이자 계층 상징으로 전환되었다. 특히 반포 래미안 원베일리 같은 단지는 이러한 구조를 단적으로 보여주는 대표적 사례로, 평당 2억 원이라는 가격은 일반 실수요자가 접근할 수 없는 수준이며, 사실상 자산 편중의 극단적 결과를 상징하는 지표로 작용한다.

아파트 한 채의 실매매가액이 100억 원을 상회하는 거래가 이뤄졌다는 사실은 단순히 고가 아파트가 존재한다는 사실을 넘어 정책 구조의 왜곡이 얼마나 심각한지 보여주는 신호다. 세제 회피, 자산 집중, 지역 간 격차 심화가 하나의 단일한 정책 구조 속에서 파생된 것이며, 이는 주택 시장 전반에 걸쳐 자산 불균형과 계층 간 이동의 단절이라는 구조적 문제를 더욱 고착한다. 고가 주택에 대한 쏠림은 단지 특정 지역의 문제가 아니라 대한민국 부동산 정책 전반의 실패가 압축적으로 드러나는 지점이다.

이와 더불어 최근에는 거래 단절 현상이 갈수록 두드러진다. 주택 거래가 단절된다는 것은 단순히 거래량이 줄어드는 것이 아니라 시장 자체가 실질적으로 기능을 상실한다는 의미다.

이러한 현상의 중심에는 양도소득세의 과도한 부담이 있다. 조정대상지역에서 3주택 이상 보유한 상태로 주택을 양도할 경우, 기본세율에 30%가 가산되어 최고 75%의 세율이 적용된다. 이는 사실상 수익의 대부분을 세금으로 환수당하는 구조이며, 자산 처분 자체가 제도적으로 억제된다는 방증이다.

예를 들어, 강남권 고가 아파트를 매각하여 다른 지역으로 이사하려는 경우 수억 원에서 수십억 원에 달하는 양도세가 발생한다. 이러한 상황에서는 실거주 목적의 이주조차 경제적으로 불가능해지며, 이로 인해 주택 소유자는 기존 주택을 그대로 유지할 수밖에 없는 상황에 몰린다.

그뿐 아니라 새로 주택을 취득할 경우 또 다른 취득세 중과가 기다리고, 금융 규제로 인해 대출도 원활하지 않다. 이 모든 요소가 복합적으로 작용하면서, 결과적으로 국민은 이동의 자유를 상실한 채 자산에 갇히게 된다.

이러한 구조 속에서는 주택 유통 속도가 급격히 저하되며, 거래 회전율이 낮아져 시장의 유동성 자체가 마비된다. 주택은 본래 실수요자의 수요 변화나 지역 여건 변화에 따라 순환되어야 하지만, 현재는 '한 번 사면 못 팔고 못 옮기는' 자산으로 전락하는 실정이다. 특히 고가 주택을 보유한 1주택자들조차 양도세 부담 때문에 이사를 단념하고, 이는 자연스럽게 매물 부족 현상을 유발하여 가격 상승 압력을 더욱 자극하는 악순환 구조로 이어진다.

결국 이러한 거래 단절은 단지 시장의 침체가 아니라 국민 삶의 유연성과 선택권 자체를 억압하는 구조적 문제다. 거주 이전의 자유는 헌법적 권리이며, 자산의 순환은 시장경제의 핵심이다.

그러나 현재의 부동산 정책은 이 두 가지를 동시에 차단한다. '똘똘한 한 채'에 모든 것을 걸고 움직이지 않는 주택 시장은 그 자체로 정책 실패의 거울이다.

결과적으로 '똘똘한 한 채'는 단순히 개인의 선택에서 비롯된 현상이 아니다. 그것은 명백히 현재의 부동산 정책이 만들어낸 제도적 산물이며, 시장 참여자들이 생존과 자산 방어를 위해 고안해 낸 전략적 해답이다.

정책의 다층적 억제 메커니즘이 취득, 보유, 금융, 양도의 모든 국면에서 다주택을 배제하고 단일 주택 보유만을 사실상 허용하는 방향으로 구축된 이상, 시장은 이에 적응하기 위해 규제 회피 가능성과 자산 방어력을 극대화할 수 있는 유일한 경로를 선택하게 되었다. 그 유일한 경로가 바로 '똘똘한 한 채'다.

시장 참여자들은 입지, 학군, 교통, 지역 선호도, 미래가치 등 모든 요소를 종합적으로 고려한 끝에 자신이 선택 가능한 '최소 리스크, 최대 효율'의 조합을 찾아낸다. 그 결과는 고가 입지의 신축 아파트 한 채에 자산을 몰아넣는 방식으로 귀결된다.

이는 더 이상 단지 거주의 문제가 아니라 제도에 의해 허용된 유일한 자산 형성 방식이라는 점에서 선택이 아닌 구조적 귀결이다. 그리고 그 구조를 만든 주체는 다름 아닌 현재의 정책 시스템이다.

따라서 '똘똘한 한 채' 현상을 단순한 심리적 군중행동이나 시장의 비이성적 쏠림으로 해석하는 것은 매우 위험한 접근이다. 이 현상은 정책 구조가 만들어낸 강제 선택의 결과이며, 동시에 현재 부동산 시장의 가장 극명한 왜곡 지점이다. 고가 신축 주택 한 채를 선택하는 것이 합리적이고 예측 가능한 전략이 되는 순간, 시장은 자율을 상실하고 제도 설계의 틀 안에 갇히게 된다. 이로 인해 지역 간 불균형이 심해

지고, 자산 격차가 구조화되며, 중산층의 계층 상승 사다리는 사실상 제거된다. 이 모든 현상은 단순한 개인의 선택이 아니라, 구조적 정책 실패의 거울이다.

3. 지방 부동산의 몰락과 주택 양극화

'똘똘한 한 채' 현상이 서울과 수도권의 특정 지역으로 자산이 집중되는 경향을 강화하는 동안 지방의 부동산 시장은 구조적인 침체 국면에 빠져들고 있다. 이는 단지 지역 간 일시적 수요 차이가 아니라 제도적으로 지방에 불리하게 작용하는 부동산 정책의 직접적인 결과로 해석해야 한다.

정책이 사실상 '1주택 집중 전략'을 유일한 생존 방식으로 허용한 이후 국민 대다수는 자연스럽게 가장 입지가 우수하고 가치가 유지될 가능성이 높은 수도권 또는 서울의 특정 지역에 자산을 몰아넣게 되었다. 그 반대급부로 지방 부동산은 수요의 절대적 부재 상태로 내몰리게 되었다.

대표적 지방 고급 주거지로 알려졌던 부산 해운대조차도 예외가 아니다. 최근 해당 지역의 경매 시장에서는 낙찰가율이 70%를 하회하는 수준으로 떨어졌다. 이는 단순히 경기 불황의 문제가 아니라 지방 부동산에 대한 신뢰 자체가 흔들리고 있음을 방증한다.

매물은 증가하나 거래는 극도로 위축되었고, 실거래가 자체가 급감함에도 수요가 반등할 조짐은 거의 없다. 이는 특정 지역의 문제가 아니라 지방 전반의 구조적 침체를 의미하는 것이며, 결국 부동산 시장의 이중 구조화를 고착한다.

더 큰 문제는 이러한 부동산 시장 침체가 지역 경제 전반, 나아가 국가 인프라의 존속 가능성에까지 직결된다는 점이다. 지방의 부동산 시장은 단순한 자산 거래의 공간이 아니라, 그 지역의 산업, 교육, 복지, 생활서비스 인프라와 긴밀하게 연결된다.

그러나 부동산 가격의 장기 하락과 거래 실종은 인구 유입의 감소와 함께 지역 공동체의 붕괴로 이어지며, 그 결과 지방 소멸의 속도는 더욱 가속화된다. 특히 총인구 감소와 고령화라는 인구 구조적 요인이 맞물리면서, 지방은 이제 단순한 '쇠퇴'가 아닌 '해체'의 단계로 진입하고 있다.

결국 이는 대한민국 전체의 공간 구조 재설계 문제로 확장된다. 부동산 정책이 자산의 수도권 집중을 조장하는 방향으로만 작동하게 되면 지방의 기능은 약해지고 그 지역 주민의 삶의 질은 급격히 저하될 수밖에 없다.

이러한 흐름을 방치할 경우, 수도권 과밀 문제는 더욱 심화하고 지방은 경제적 사회적 문화적으로 무력화되는 '공간적 불균형의 총체적 위기'를 맞이하게 된다. 지금 필요한 것은 '똘똘한 한 채'를 유도한 규제의 프레임을 전면 재검토하고, 자산이 전국적으로 순환할 수 있게 하는 새로운 정책 질서의 정립이다.

4. 다주택자=투기꾼? 시각 전환의 필요성

그간 다주택자는 사회적 낙인과 함께 '투기 세력'이라는 비난의 대상이 되어 왔다. 특히 문재인 정부에서는 다주택 보유 자체는 부도덕한 행위처럼 간주되고 다주택자는 시장 질서를 어지럽히는 존재로 매도되기 일쑤였다.

하지만 이와 같은 시각은 현실의 주택시장 구조와 기능을 간과한 단편적 인식에 불과하다. 다주택자는 단지 자산을 축적하려는 계층이 아니라, 시장에서 전월세를 공급하는 실질적 공급자 역할을 담당한다.

애덤 스미스의 『국부론』은 개인의 이기적 행위가 사회적 효용을 창출하는 시장의 메커니즘을 설명한다. 이러한 관점에서 볼 때 다주택자의 존재는 단지 사적 이익을 추구하는 것이 아니라 결과적으로는 주택 공급의 유연성을 높이고 전월세 시장의 안정화에 기여하는 구조적 기반이다. 다주택자가 없다면 임대 물량은 줄어들고, 수요는 상대적으로 고정되어 있기 때문에 전세가 상승, 월세 전환 가속화, 주거비 부담 가중이라는 연쇄적 파장이 불가피하게 발생하게 된다.

실제로도 주택을 여러 채 보유한 이들은 그 모든 주택에 직접 거주할 수 없다. 따라서 나머지 주택은 자연스럽게 전세 또는 월세 형태로 공급되며, 이는 시장에서 안정적이고 지속적인 임대 물량으로 작용한다. 다시 말해, 다주택자의 퇴출은 곧 전월세 공급 기반의 약화를 의미하며, 이는 궁극적으로 무주택자 또는 1주택 실거주자들의 주거 안정을 위협하는 요소가 된다.

그럼에도 정책은 다주택자를 투기꾼으로만 간주하며 강한 규제와 과세를 적용해 왔다. 그러나 다주택 보유 여부 자체가 투기의 본질을 결정하지 않는다. 매매 빈도, 보유 기간, 실제 용도 등 보다 정교한 지표 없이 단순히 주택 수만으로 투기와 비투기를 가르는 이분법적 인식은 현실과 동떨어진 정책 오류를 유발할 뿐이다.

그뿐 아니라 주택 거래에 수반되는 과도한 세금은 투자뿐만 아니라 주거의 자율성 자체를 해치는 결과를 낳는다. 이는 지방 부동산의 몰락, 청년층의 자산 형성 차단, 그리고 국가적 차원의 사회 양극화 구조 고착화로 이어진다.

5. 새로운 정책 방향 제안

현행 부동산 정책이 빚은 구조적 왜곡과 시장 기능의 마비 현상을 바로잡기 위해서는 단순한 규제 완화나 세율 조정 수준을 넘는 근본적인 정책 기조의 전환이 필요하다.

현재의 부동산 규제는 조세 정의 실현이나 투기 억제라는 구호 아래에서, 시장의 본질적 기능, 즉 자산의 유통과 주거 공급, 지역 간 균형 발전을 방해하는 방향으로 설계되어 왔다. 이러한 구조에서는 시장이 자율적으로 작동할 수 없으며, 결국 국민 개개인의 삶과 자산 형성 기회마저 제한되는 상황이다.

따라서 필요한 것은 수단의 문제를 넘어 철학의 전환이다. 즉, 다주택 보유를 일괄적으로 억제의 대상으로 삼기보다는 주택이 가진 다양한 기능 거주의 수단, 자산 형성 수단, 임대 공급의 수단을 분리하여 정교하게 다루어야 한다. 이를 통해 단순히 주택 수에 따라 선악의 이분법적 잣대를 들이대는 것이 아니라, 해당 주택이 실제로 어떻게 활용되는지를 기준으로 제도를 설계하는 방향으로 나아가야 한다.

특히 거주용 주택과 임대용 주택, 실거주 목적과 자산 운용 목적이 혼재된 현실을 고려할 때 다주택 보유자 전체를 일률적으로 규제 대상으로만 간주하는 현재의 방식은 지속가능하지 않다. 실거주자가 두 채를 보유한 경우와 임대사업자가 지방 중소도시에 주택을 공급하는 경우를 동일하게 취급하는 것은 정책의 정합성과 시장의 합리성을 동시에 훼손한다.

따라서 앞으로의 정책은 거주, 운용, 공급이라는 세 가지 기능을 분리하여 각각의 목적에 부합하는 규제/세제 설계를 도입해야 하며, 이를 통해 부동산 시장의 왜곡을 바로잡고 국민 삶의 유연성과 선택권을 회복시키는 것이 필수적 과제가 되어야 한다.

이를 전제로 다음과 같은 구체적 정책 방향을 제안한다.

다주택 장려의 전환적 발상

현재의 부동산 정책 기조가 전국적으로 동일한 억제 중심의 기준을 적용한다는 점에서, 지역 실정과 구조를 반영하지 못하는 일률적 접근이 문제로 지적된다. 특히 인구 감소와 부동산 수요 위축으로 침체의 늪에 빠진 지방에 대해서는 정반대의 접근이 필요하다. 서울과 수도권처럼 과밀 과열 양상이 나타나는 지역과는 달리, 지방은 공급 부족이 아니라 수요 부재와 거래 정지라는 문제를 겪고 있으며, 그로 인해 주택 가격 하락과 지역 공동체 붕괴가 동시에 발생한다.

이러한 현실을 고려할 때 지방 부동산에 한해서는 다주택 보유를 억제할 것이 아니라 오히려 장려하는 방향의 세제 개편이 요구된다. 예를 들어, 지방 소재 주택에 대해서는 취득세와 보유세를 감면하거나 면제하는 차등 세율 구조를 설계하고, 일정 기간 이상 보유 시 양도세를 대폭 인하하는 방식이 검토될 수 있다. 또한 지방 소재 주택을 2채 이상 보유한 경우, 임대사업 등록을 조건으로 종부세 산정 대상에서 제외하는 등의 유인책을 병행할 수 있다.

다주택자에 대한 일률적 규제는 수도권과 지방의 부동산 양극화를 심화하는 핵심 원인 중 하나다. 따라서 지역 간 균형 발전을 유도하고 지방의 부동산 수요를 회복하려면 수도권 외 지역에 대해 적극적인 다주택 보유 인센티브를 제공함으로써 자본의 지방 순환을 촉진해야 한다. 이는 단순히 세금 혜택을 넘어 지역경제의 생존을 위한 직접적 수단이 될 수 있으며, 궁극적으로는 수도권 과밀 해소와 지방 분산이라는 국가 공간정책의 장기적 방향과도 일치한다.

법인 임대사업 활성화

과거 정부가 추진했던 등록 임대사업자 제도는 일정 기간에 안정적인 임대주택 공급과 전월세 시장의 예측 가능성을 확보하는 데 일정 부분 기여한 바 있다. 그러나 해당 제도가 충분한 제도적 설계 없이 도입된 후 정책의 신뢰성이 뿌리내리기도 전에 갑작스럽게 폐지되면서 시장의 혼란과 법인 투자자들의 대규모 이탈을 초래하였다. 이는 정책 일관성의 붕괴뿐 아니라, 임대주택 공급 기반을 구조적으로 약화하는 결과를 가져왔다.

따라서 지금 필요한 것은 법인을 통한 임대사업 모델의 신뢰를 회복하고, 다시금 제도권 안에서 안정적 공급자로 기능할 수 있도록 지원하는 것이다. 이를 위해 우선 법인 등록 임대사업자에 대한 세제 혜택을 제도적으로 명확히 하고, 중도 폐지나 소급 변경이 불가능하도록 입법 안정성을 보장해야 한다. 예컨대 등록 요건을 강화하되, 등록 이후 일정 기간 이상 임대 목적을 유지하는 경우 취득세 감면, 종합부동산세 합산 배제, 양도세 장기보유 공제 확대 등의 혜택을 확정적으로 제공하는 방안을 고려할 수 있다.

특히 지방 중소도시나 공급 감소가 우려되는 도심 외곽지역에서 임대주택 공급은 민간 법인에 의해 훨씬 효율적으로 이루어질 수 있다. 공공이 감당하기 어려운 수요 예측과 공급 속도를 민간이 보완함으로써 전월세 시장의 급등을 방지하고 취약계층의 주거 안정을 도모할 수 있다. 임대차 3법의 부작용으로 전세 품귀 현상과 월세 전환 가속화가 두드러진 지금, 법인을 통한 임대 공급 기능은 더욱 강화되어야 한다.

결국 법인을 임대사업의 주요 주체로 인정하고 제도권 내로 복귀시킴으로써 전월세 시장의 안정성을 제고하고 장기적으로는 무주택

서민의 주거 접근성을 높이는 데 기여할 수 있을 것이다. 이는 다주택자 규제와는 별개로, 민간 임대시장 활성화라는 측면에서 실효성 있는 대안이 될 수 있다.

농지 소유 완화

경자유전 원칙은 농지 정책의 근간으로 오랜 기간 유지됐지만, 현재의 농촌 현실과는 괴리가 커지고 있다. 실제로 전국의 많은 농촌 지역에서는 농지를 소유한 고령층이 농업 생산 활동을 지속할 여력이 부족한 상황이며, 청년층이나 외부 인구 유입 또한 제한적이다. 그 결과 방치된 유휴 농지와 공실화한 농촌 부동산이 증가하고, 이는 농촌 경제의 침체를 가속한다.

이러한 문제를 해결하기 위해서는 경자유전 원칙에 대한 부분적 재해석과 유연한 적용이 필요하다. 농업의 본래 목적이 유지되도록 하면서도 현재 농촌의 인구 구조와 경제 환경에 맞는 유통과 활용이 가능하도록 법적 제도를 개선해야 한다. 예컨대 일정 기준을 갖춘 비농업인이나 법인에도 일정 조건으로 농지 취득을 허용하거나 농업 외 활용 가능한 복합적 이용 계획을 제출한 경우에 한해 농지 소유를 인정하는 방안 등을 검토할 수 있다.

이와 같은 농지 소유 완화는 단순히 자산 거래의 자유를 확대하는 데 그치지 않고 지방의 정주 여건을 회복하고, 유휴 자산의 활용도를 높이며, 지방 경제에 활력을 불어넣는 역할을 할 수 있다. 특히 도심 외곽이나 소멸 위기 지역에서는 외지인의 자본 유입이나 법인의 장기 투자 유도 없이는 사실상 재생이 불가능한 상태에 이르렀다. 그럼에도 현행 법체계는 농지 활용을 제한하고 있어 실질적으로 지역 회복의 길을 스스로 차단하는 셈이다.

따라서 지방 농촌의 사유 부동산을 실질적으로 순환할 수 있도록 경자유전의 원칙은 헌법적 취지를 존중하되 시대에 맞는 입법적 조정이 불가피하다. 농지에 대한 시장 기능의 회복과 새로운 수요 창출이 이루어져야 지방 소멸을 막고 농촌 경제의 지속가능성이 확보될 것이다.

요약과 성찰

이제는 관점의 전환이 필요하다

김용남 전 의원이 제안한 대한민국의 부동산 정책은 단순한 세금 문제나 금융 조정의 차원을 넘어 국가 전체의 공간 구조, 지역 간 균형, 국민의 자산 형성과 이동 자유까지 깊게 연결됐다.

한 집만 보유하도록 유도하는 현행 정책은 다주택 보유를 전면적으로 억제하는 방식으로 설계되어 있으며, 그로 인해 실질적으로는 시장의 다양성과 유연성이 사라지고 있다. 결과적으로 사람들은 자신의 자산을 지키기 위해 하나의 전략, 즉 '똘똘한 한 채'에 모든 것을 걸게 되었고, 이로 인해 자산은 수도권 고가 아파트에 집중되고, 지방 부동산은 거래가 끊기고 가격이 급락하는 악순환이 시작되었다.

이러한 흐름은 국민의 거주 이전의 자유를 제약할 뿐 아니라 자산 격차를 확대하고, 청년층과 무주택자들에게는 자산 축적의 사다리를 제거하는 결과를 낳았다. 거래가 단절된 부동산 시장은 이제 실수요자와 공급자가 만나지 못하는 '비효율의 집합소'로 전락하고, 이는 대한민국 경제 전반의 활력을 갉아먹는 요인으로 작용한다. 수도권과 지방 간의 격차는 더욱 벌어지고, 중산층은 정책 구조 안에서 점점 더 선택지가 줄어드는 상황에 놓였다.

김 전 의원이 이 글을 통해 제시한 분석과 정책 대안은 단순한 제도 비판을 넘어 구조적 전환의 방향을 제시하는 데 목적이 있다. 다주택자를 무조건 규제의 대상으로만 삼을 것이 아니라, 전월세 공급자, 지역경제 순환의 주체로 바라보는 시각이 필요하며, 정책 또한 이와 같은 관점을 바탕으로 다시 설계되어야 한다. 수도권과 지방을 동일한 잣대로 평가하지 않고, 지역 실정에 맞는 차등형 정책이 도입되어야 하며, 법인을 통한 임대 공급 활성화, 농지 제도의 유연화 등도 장기적이고 지속가능한 해법으로 추진되어야 한다.

결국 국민의 삶과 자산, 지역 균형 발전을 위한 정책이 되려면 지금까지의 억제 중심 기조에서 벗어나 선택의 자유와 유통의 자유, 그리고 공간의 다양성을 보장하는 방향으로 전환해야 한다.(편집자)

3장 사모펀드는 정말 '악'인가
—자본시장 선진화를 위한 오해와 진실

1. 사모펀드란 무엇인가?

사모펀드는 '소수의 투자자로부터 자금을 모집하여 특정 투자에 활용하고 수익을 나누는 형태의 펀드'다. 일반적으로 참여 가능한 투자자 수는 법적으로 49인 이하로 제한되어 있다.

이로 인해 사모펀드는 공모펀드에 비해 정보의 비대칭성과 운용자의 재량권이 상대적으로 더 크다. 이러한 구조적 특성은 때때로 투명성과 공정성에 대한 우려를 낳기도 하지만, 반대로 이를 감수할 수 있는 전문 투자자들에게는 고수익 기회를 제공하는 매력적인 구조로 작동한다.

사모펀드는 특히 자산의 집중 운용과 전략적 기업 지배 구조 개입이 가능한 구조 덕분에, 전통적인 투자 방식과는 다른 방식으로 기업 가치를 제고하고 수익을 창출할 수 있는 도구로 인식된다. 2021년 자본시장법 개정 이후에는 이러한 사모펀드가 '기관 전용형'과 '일반형'으로 이원화되었다.

일반형의 경우에는 일정한 자산 요건이나 투자 경험을 충족하는 고액 자산가 개인도 사모펀드에 참여할 수 있도록 규정하면서 투자자 보호를 위해 기관 전용형에 비해 다소 규제를 많이 받는 점에서 구별된다. 다만, 사모펀드에 투자할 수 있는 주체에 의한 구별보다는 다음에서 살펴보는 바와 같이 전통적으로 투자 목적이나 대상에 의한 구별 기준이 더 통용된다고 볼 수 있다.

또한 사모펀드는 투자 전략의 유연성과 구조화된 설계를 통해 개별 펀드마다 다양한 목적과 운용 전략을 구현할 수 있다. 일부는 기업 경영에 깊이 관여하여 M&A나 구조조정을 주도하고, 다른 일부는 파생상품이나 공매도 등 고도의 금융 기법을 활용해 수익을 창출한다. 결과적으로 사모펀드는 자산 운용 수단일 뿐만 아니라, 기업의 구조 재편, 산업 생태계의 재조정, 그리고 성장산업에 대한 장기투자의 경로로서도 중요한 역할을 한다.

사모펀드는 크게 경영참여형(PEF, private equity fund)과 전문투자형(hedge fund)으로 나뉜다. 경영참여형은 기업의 지분을 인수하고 이사회 구성, 경영진 교체, 구조조정 등 실질적인 경영 개입을 통해 기업의 체질을 개선하고 수익을 극대화한 뒤 엑시트(exit), 즉 투자 회수로 이어지는 전략을 따른다. 이는 일반적인 주식 투자나 채권 투자와 달리, 기업 내부에 전략적 영향력을 행사하는 '적극적 투자자(active investor)'의 형태로 기능하며, 기업 경영의 일대 수술을 통해 가치를 재구성하는 데 초점을 둔다.

반면 전문투자형, 일명 헤지펀드는 다양한 금융 기법을 활용해 수익을 추구하는 구조로, 파생상품, 공매도, 차익거래, 통화 및 금리 변동성 등 고도의 전략을 구사한다. 이들은 시장의 비효율성을 활용하거나 특정 이벤트에 베팅함으로써 수익을 실현하는 전략을 주로 구사하며, 절대 수익을 목표로 한다는 점에서 전통적인 자산 운용 방식과 차별화된다.

이러한 분류는 사모펀드가 단순한 자본 유입 수단이 아닌, 시장 구조에 영향을 미치는 '능동적 행위자' 역할을 한다는 점을 보여준다. 특히 경영참여형 사모펀드는 기업의 문제를 외부에서 지적하는 데 그치지 않고, 내부의 지배구조와 전략적 방향까지 변화시키는 주체로 작동하며, 기업 혁신의 추진력이 될 수 있다.

글로벌 금융위기 이후 미국과 유럽에서는 이러한 사모펀드들이 유동성 위기에 빠진 기업을 인수하여 구조조정 및 경영효율화 작업을 단행함으로써 다수의 기업을 회생시키는 데 중추적 역할을 했다. 예컨대 미국의 블랙스톤(Blackstone)이나 KKR, 캐나다의 브룩필드(Brookfield) 등 대형 PEF들은 제조업, 유통, 에너지 등 각 산업 분야에서 경쟁력을 잃은 기업들을 재정비하고, 신규 고용을 창출하며 지역경제에 기여한 사례가 적지 않다. 이처럼 사모펀드는 구조조정이 필요한 국면에서 단순한 투기자본이 아니라 '산업 회생의 촉매'로도 작동할 수 있음을 보여준다.

2. GP-LP 구조와 인센티브 설계

사모펀드는 GP(운용사, General Partner)와 LP(출자자, Limited Partner)의 이원적 구조로 운영된다. GP는 무한책임 주체로서 펀드 전체를 기획하고, 투자 대상을 발굴/분석한 뒤, 실사 과정을 거쳐 자금을 집행한다. 또한 투자 이후에도 피투자 기업의 경영 전략 수립에 관여하며, 구조조정, 사업 확장, 인수합병 등 전반적 의사결정을 주도하고, 궁극적으로는 엑시트 전략을 마련해 투자 회수를 이끈다. GP는 사실상 펀드의 실질적 운영자이자 전략 결정자이며, 투자 성과에 대한 보상을 얻는 대신 법적/재무적으로 무한책임을 부담하는 주체다.

반면 LP는 펀드에 자금을 출자하지만 운용에는 직접 개입하지 않는다. 이들은 연기금, 보험사, 공제회, 금융기관, 그리고 일정 요건을 갖춘 고액 자산가 개인 등으로 구성된다. LP는 GP가 제공하는 정기 보고서나 실적 자료를 통해 펀드의 상황을 간접적으로 확인하지만, 투자 집행이나 엑시트 시점 결정에는 관여하지 않는다. LP의 손실 책임은 출자금 한도 내에서 제한되며, 투자 결과에 따라 손실을 감수할 수는 있지만 추가 납입 의무는 없다. 이 같은 역할 구분은 사모펀드가 고위험 자본 운용을 수행하면서도, 책임과 권한이 명확히 구분되는 장점이 있는 구조로 설계되어 있다.

GP와 LP의 관계는 자본 효율성을 극대화하면서도 신뢰 기반 위에서 형성된다. GP는 운용 성과에 따라 기본 보수 외에 성과보수(carried interest)를 받는 구조로 설계되므로 철저한 실사와 운용 전략 수립을 유인할 수 있다. 반면 LP는 사전에 약정한 출자액만으로 다양한 고수익 기회를 얻을 수 있어 리스크와 수익의 균형을 확보할 수 있다. 이 같은 시스템은 투자 책임의 분산, 전략적 전문성의 분리, 그리고 재무 리스크의 한정이라는 측면에서 사모펀드 구조의 핵심이라 할 수 있다.

GP는 자금을 운용하는 대가로 두 가지 형태의 보상을 받는다. 첫 번째는 운용보수(Management Fee)로, 이는 통상적으로 펀드의 약정 자본금(Committed Capital)의 2% 내외 수준에서 책정되지만, 국내에서는 대부분 이보다 낮은 수준의 운용보수가 책정된다. 이 보수는 펀드 운영 과정에서 발생하는 각종 기본비용, 예컨대 투자 심사와 기업 실사에 필요한 인건비, 회계 및 법률 자문료, 사무실 임차료, 컨설팅 계약 등을 충당하는 데 사용된다. 이 보수는 수익 여부와 무관하게 고정적으로 발생하며, GP가 장기적인 운용을 안정적으로 수행할 수 있는 최소한의 비용 기반을 제공한다.

두 번째는 성과보수(Carried Interest)다. 이는 펀드 운용 성과에 따라 결정되는 보상으로, 펀드 수익률이 사전에 정한 최소 기준 수익률(hurdle rate, 일반적으로 연 8%)을 초과할 경우 초과 수익의 일정 비율, 보통 20%를 GP가 인센티브로 받게 된다. 이 구조는 GP가 단순한 자산 관리자에 머무르지 않고, 수익 창출에 대한 강력한 동기를 부여받는 주체로서 행동하게 만드는 핵심적 장치다. 성과보수는 일정 수준 이상을 초과하는 수익에만 적용되며, 종종 '클로백(clawback)' 조항이 포함되어 있어 GP가 일정 수익 이후에도 성과 손실이 발생할 경우 이미 받은 보수를 반환해야 하는 장치가 마련되기도 한다.

이처럼 이중 보상 구조는 투자 성과와 GP의 경제적 이익을 긴밀하게 연동함으로써 GP의 전문성과 윤리, 리스크 관리 역량이 펀드 전체의 수익성과 직결되도록 설계되어 있다. 이는 단기 수익을 추구하기보다는 장기적 안목에서 펀드 수익을 극대화하고, 동시에 투자자(LP)의 신뢰를 확보할 수 있도록 유도하는 장치로 작동한다. 특히 이 구조는 펀드의 엑시트 전략 수립과 시점 판단에서 GP가 책임 있는 결정을 내릴 수 있도록 압박과 인센티브를 동시에 부여하는 효과를 지닌다.

3. MBK 파트너스 사례로 본 '두 얼굴'

MBK 파트너스는 김병주 회장이 2005년 설립한 국내 최대 사모펀드 운용사로, Buyout 전략을 기반으로 홈플러스, ING생명, 롯데카드 등 굵직한 거래를 성사시켰다. 한편으로는 '빚투 논란', '먹튀 자본'이라는 부정적 이미지도 함께 갖고 있다. 예컨대 홈플러스 인수 후 핵심 점포를 매각하고 수익을 회수한 방식은 고용 불안과 지역경제 위축을 초래했다는 비판을 받았다.

그러나 MBK는 기업 가치를 높이는 구조조정 전략을 통해 실제로 부실기업을 회생시킨 사례도 존재한다. 예를 들어 고디바 아시아사업부 인수 이후 유통 채널 재정비, 마케팅 혁신 등을 통해 이익률을 대폭 끌어올린 바 있다. 또 일본 반도체 장비업체 FICT의 인수는 아시아 제조업 경쟁력 확보라는 관점에서 중장기적 전략으로 평가된다. MBK

는 2023년 기준 총 6개의 메인 펀드와 특수 상황 대응 펀드를 포함해 총 20조 원 이상을 운용하고 있으며, 이는 단순히 단기 차익 실현을 넘어 산업 구조 변화의 촉매 역할을 목표로 삼는다는 방증이다.

그럼에도 과도한 레버리지와 수익 우선 전략은 여전히 비판받을 여지를 남긴다. MBK가 지금까지 회수한 투자 건수는 전체의 38.5%에 지나지 않으며, 평균 보유기간은 5~6년으로 장기투자에 대한 신뢰를 온전히 담보하지는 못한다. 더욱이 다음과 같은 구체적인 논란은 MBK의 사회적 책임과 운용 방식에 대한 우려를 가중한다.

빚투 논란

기업 인수 시 과도한 차입을 활용하여 소수의 자본만으로 전체 경영권을 확보하고, 그 부담은 인수 대상 기업에 전가되는 방식이 반복됐다는 지적이다. 이는 '레버리지드 바이아웃(LBO)' 기법의 본질적 특성과 맞닿아 있지만, 실제 적용에서는 인수 직후 과도한 이자 부담이 기업의 재무 건전성을 크게 해치는 결과를 초래했다.

MBK는 홈플러스, ING생명 등 주요 인수에서 투자금의 대부분을 외부 차입으로 조달했으며, 이 과정에서 기업이 감당해야 할 부채 상환 비용이 급증하면서 인수 이후 내부 투자는 위축되고, 구조조정이 강도 높게 이루어지는 사례가 나타났다. 특히 홈플러스의 경우 대규모 점포 매각이 단행됐고, 이는 지역경제 및 고용 안정성에도 악영향을 미쳤다는 평가가 제기됐다. 이처럼 GP는 수익 실현 시 성과보수로 이득을 챙기면서도 손실에 대한 실질적 책임은 지지 않는 구조적 불균형이 반복되면서 LP와 이해 상충 문제가 본격적으로 제기됐다.

먹튀 의혹

홈플러스 인수 이후 MBK는 수도권 주요 점포를 중심으로 고가의 자산을 대거 매각하면서 인수 자금 조달에 사용한 차입금 상환을 우선시했다. 이러한 전략은 단기적인 현금 흐름 확보에는 효과적이었지만, 동시에 해당 매장 내 근로자 해고 및 점포 축소, 유통업계 경쟁력 약화로 이어졌다.

일각에서는 이러한 행태를 두고 "단기 수익만 추구하는 사모자본의 전형"이라는 비판을 제기하였다. 특히 지역사회와 소비자 입장에서는 필수 생활 인프라로 기능하던 매장들이 사라지며 공백이 발생하였고, 이는 지역경제 위축의 단초가 되기도 했다. MBK의 해당 행위는 단순한 포트폴리오 전략이 아니라, 구조적 자산 유출이라는 차원에서 '먹튀 자본'이라는 부정적 프레임을 고착하는 데 큰 영향을 미쳤다.

투자 실패 사례

MBK 파트너스는 대형 성공 사례 외에도 몇몇 투자에서 손실을 경험하였다. 대표적으로 2009년 인수한 영화엔지니어링 기업은 경영 안정화에 실패하고 2016년 결국 법정관리를 신청했으며, 이후 시장에서 철수하게 되었다. 이 기업은 당시 국내 기술 기반의 중소제조업체로서 일정한 성장 가능성이 평가되었으나, 글로벌 경쟁력 확보에 실패하고 주요 고객 기반이 붕괴하면서 수익성이 악화했다.

또한 2008년 인수한 케이블TV 업체 C&M(현 딜라이브)은 2조 원 규모의 대규모 인수였음에도, 이후 급격한 가입자 이탈, OTT 시장의 급성장, 유료 방송 시장의 포화라는 구조적 한계에 부딪히며 기업 가치가 현저히 하락하였다. MBK는 이 투자에서 기대한 수익률을 달성하지 못했을 뿐 아니라, 엑시트에도 어려움을 겪으며 장기간 자금이 묶이는 결과를 초래했다. 이처럼 일부 투자 실패 사례는 사모펀드 운용이 항상 수익성을 담보하는 것이 아님을 보여주며, GP의 투자 판단과 리스크 관리 역량이 시장 변화에 얼마나 민감하게 대응하는지가 핵심 성공 요인임을 방증한다.

도덕성 논란

MBK 경영진에 대한 도덕적 해이 문제는 사모펀드의 사회적 책임성을 논의할 때 자주 언급되는 주제다. 김병주 회장은 MBK의 높은 수익성과 대형 M&A를 주도한 상징적 인물임에도, 국내에서의 공익 재단 설립이나 사회 환원과 같은 공적 행보는 부족하다는 평가를 받아왔다. 특히 수조 원 규모의 자산 운용 실적에 비해 국내 사회문제나 지역사회에 대한 기여가 미비하다는 지적은 그의 '글로벌 기업가' 이미지와 괴리가 있다.

다만 김 회장에 대한 부정적 평가는 다른 각도로 볼 여지도 있다. 미국 시민권자인 김 회장이 미국 소재 대학 등에 활발하게 기부한 점이 한국에 대한 역차별처럼 비쳤기 때문이다. 객관적으로 보면, 기여 금액에 비해-회사 자금이 아닌 순수한 개인 재산으로 이루어진 김 회장의 기부 금액은 어떤 재벌기업의 회장들보다 적다고 볼 수 없음에도- 낮은 평가를 받는다고 볼 수도 있다.

또한, MBK 파트너스의 김광일 부회장이 페라리 등 고가 슈퍼카 10여 대를 보유했다는 사실이 언론을 통해 알려지며, MBK의 경영진이 과시적 소비를 통해 일반 대중과 괴리된 '금융 귀족'이라는 인식을 심화했다.

홈플러스에 대한 기업회생을 신청하여 사회적 파장이 이는 가운데 드러난 이러한 모습은 사회 전체가 공정성과 책임을 요구하는 시대 흐름과 맞지 않으며, 사모펀드가 자본시장의 주체로서 신뢰를 구축하는 데 걸림돌로 작용할 수 있다. 도덕성 논란은 단순히 이미지 문제가 아니라, 사모펀드 업계의 장기 지속가능성과 사회적 정당성을 확보하는 데 핵심적 요소로 작용한다.

이처럼 MBK는 사모펀드의 양면성을 가장 상징적으로 보여주는 사례로, 사모펀드가 제대로 작동할 경우 산업 생태계에 긍정적 파급효과를 미칠 수 있으나 제도적 장치 없이는 사회적 갈등을 유발할 수 있음도 함께 보여준다.

이는 곧 사모펀드가 우리 사회에서 어떻게 작동하느냐에 따라 그 평판이 천양지차로 갈릴 수 있다는 사실을 의미한다. 사모펀드는 기업의 구조조정과 성장 지원이라는 측면에서 분명히 순기능을 갖고 있음에도 레버리지 과잉이나 단기적 수익 추구에 몰두할 경우 그 부작용은 국민경제 전체로 확산할 수 있다.

특히 MBK와 같은 대형 운용사의 활동은 단지 하나의 투자 성패를 넘어 산업 전반의 구조적 방향성과 공공성, 사회적 책임의 이슈와도 직결되기 때문에 보다 세밀한 감시 체계와 함께 장기적 관점의 정책적 프레임워크 속에서 논의되어야 한다. 이와 같은 사모펀드 사례는 단기 수익 극대화와 사회적 신뢰 확보 사이에서 한국 자본시장이 어떤 균형점을 찾아야 하는지에 대한 중요한 질문을 던진다.

사모펀드가 더욱 발전해야 하는 이유

사모펀드에 대한 회의적인 시각이 사회 전반에 번진 상황에서도, 이 제도가 자본시장과 기업 생태계에 실질적이고 전략적으로 이바지할 가능성은 결코 간과할 수 없다. 특히 우리나라처럼 산업 구조의 전환이 빈번하고, 기업이 성장하는 과정에서 각기 다른 자본 수요가 존재하는 역동적인 경제 환경에서는 사모펀드의 역할이 더욱 중요해진다. 고도화된 산업 생태계, 중소기업의 성장 사다리, 그리고 유연한 구조조정 메커니즘을 구축하는 데 사모펀드는 단순한 투자 수단을 넘어 하나의 정책적/시장적 수단으로 활용될 수 있기 때문이다.

첫째, 사모펀드는 구조조정과 기업 재편의 핵심 수단이다. 외환위기 이후 한국의 대기업, 은행 등 우량 자산이 시장에 대거 출회하였을 때, 외국계 사모펀드는 이를 인수해 경영 효율화를 단행하고 유동성을 공급하는 역할을 맡았다.

이는 위기에 처한 산업을 해체 없이 재조직하는 데 이바지했으며, 제도권 금융이 감당하지 못하는 리스크 자본의 공급 기능을 보완하는 효과를 가져왔다. 그 과정에서 상당수 외국계 사모펀드가 천문학적인 수익을 낸 것도 사실이나, 당시 국내에는 그 역할을 담당할 수 있는 자본이 턱없이 부족했다.

사모펀드는 특히 구조조정 국면에서 기존의 채권단 중심 해법이나 정부 주도의 공적 자금 투입 방식에 비해 시장 친화적이고 유연한 대응이 가능하다는 강점을 지닌다. 실제로 사모펀드는 파산 직전의 기업을 신속하게 인수하고, 효율적인 비용 구조 재편과 사업부 정리, 신규 전략 수립 등을 통해 기업을 회생시키는 역할을 해왔다.

이는 단순히 경영 정상화를 넘어 해당 산업의 경쟁 구도를 재정비하고 새로운 성장 기회를 창출하는 효과로 이어지기도 했다. 예컨대 MBK와 같은 국내 사모펀드들이 수행한 주요 인수 사례에서는 매각 이후 수익률 개선과 함께 새로운 투자 유치를 이끌어낸 사례도 다수 존재한다.

또한 사모펀드는 기존 은행 시스템이 담보나 안정성을 중시하여 자금 공급을 주저하는 기업에도 자본을 공급함으로써 시장 내 자원 재배분 기능을 수행한다. 이는 사모펀드가 단순한 '수익 추구형 금융자본'을 넘어, 산업 구조 전환기에서 국가경제의 지속가능성과 회복 탄력성을 높이는 전략 자본으로 기능할 수 있다는 가능성을 보여준다.

둘째, 사모펀드는 기존 금융중개기관이 공급하지 못하는 '위험 감수형 자본(Risk Capital)'을 제공한다. 이는 기술 기반 스타트업, 유망 중소/중견기업 등 기존 은행 대출이나 주식시장 접근이 어려운 기업에 매우 중요한 성장 자본의 통로로 작동할 수 있다.

전통적 금융기관은 담보와 신용 중심의 평가 방식에 치우쳐 혁신성과 가능성은 있으나 단기 수익성과 안정성이 부족한 기업에 자금 공급을 주저하는 경향이 있다. 이때 사모펀드는 리스크를 감수하고 미래의 성장성을 기반으로 자본을 공급하는 민간 시장의 기능을 수행한다.

특히 Buyout 펀드의 경우 단순히 돈을 투자하는 데 그치지 않고, 기업의 가치 향상을 위한 전략을 적극적으로 수립하고 실행하는 '액티브 오너십(Active Ownership)'의 주체로 작용한다. GP는 이사회에 참가하거나 경영진을 교체하고, 사업 구조조정, 신사업 진출, 글로벌 확장 등 다양한 방식으로 기업의 경쟁력을 재정립하는 데 이바지한다. 이러한 방식은 단순한 자본 제공을 넘어 기업이 직면한 구조적 한계를 돌파하고 지속가능한 성장 동력을 확보하는 데 결정적 역할을 한다.

또한 위험 감수형 자본의 존재는 벤처 생태계에도 파급력을 미친다. 사모펀드는 중간 성장단계 이후에도 기업의 확장 전략을 지원하고, IPO 이전 단계의 대규모 투자를 통해 성장의 가속화를 유도할 수 있다. 이를 통해 기술 기반 산업이 외부 자본 없이 한계에 봉착하지 않도록 하는 '자본의 사다리' 역할을 할 수 있다. 결과적으로 사모펀드는 리스크를 감수하는 자본으로서 기업과 시장에 기회를 부여하고, 이를 통해 산업 구조의 역동성과 혁신의 지속가능성을 높이는 중요한 정책 파트너가 될 수 있다.

셋째, 사모펀드는 자본시장 다변화 및 투자자 참여 확대에도 이바지할 수 있다. 일반 투자자 입장에서 사모펀드는 비교적 높은 수익률을 기대할 수 있는 대체투자 수단으로 인식되며, 저금리/저성장 국면에서 자산 운용의 새로운 대안으로 떠올랐다. 과거에는 사모펀드가 고액 자산가와 기관 중심의 폐쇄적 시장에 머물렀지만, 최근 제도 개선과 시장 확대에 따라 일정 요건을 갖춘 일반 투자자의 접근도 가능해지면서 투자자의 선택 폭이 넓어지고 있다.

기관투자자 입장에서도 사모펀드는 장기 수익률 제고와 자산 배분 전략의 핵심 수단으로 자리 잡고 있다. 연기금, 보험사, 공제회 등은 포트폴리오 다변화를 통해 위험을 분산하고 수익 기반을 안정화하려는 흐름 속에서 사모펀드를 전략적 대안으로 선택하고 있으며, 이는 실제 펀드 시장 성장의 주요 동력 중 하나로 작용하고 있다. 특히 비상장기업 투자, 인프라, 부동산, 메자닌 등 다양한 실물 자산에 대한 접근 경로를 제공하는 사모펀드는 기존 전통 자산 중심의 자본시장과 차별화된 수익 구조를 제공할 수 있다.

이처럼 수요층의 다변화는 사모펀드 시장의 전문성, 투명성, 신뢰 기반을 강화하는 선순환으로 이어진다. 투자자의 요구 수준이 높아질수록 운용사의 책임성과 정보 공시 기준도 함께 강화되며, 이는 제도 개선을 유도하는 긍정적인 외부 압력으로 작용할 수 있다. 동시에 시장의 건전성을 확보하기 위한 사전적 규율과 사후적 감시 체계가 함께 구축될 경우 사모펀드는 더 이상 소수의 전유물이 아닌, 국민 자산 증식과 산업 생태계 고도화를 동시에 실현하는 '대중화된 전략 자본'으로 자리매김할 수 있다.

사모펀드와 한국의 기회: 중국을 넘어서는 가능성

사모펀드의 성장과 진화는 단순히 자본시장 선진화의 문제가 아니라, 한국 경제가 글로벌 경쟁에서 중국을 앞설 수 있는 핵심 수단 중 하나가 될 수 있다. 특히 다음과 같은 분야에서 사모펀드는 '중국을 넘어서는 기회'를 창출하는 데 실질적인 역할을 할 수 있다.

첫째, 사모펀드는 기술 기반 중소/중견기업에 성장자본을 공급함으로써 제조업의 고도화를 촉진할 수 있다. 중국은 정부 주도 산업 육성 정책을 통해 반도체, 배터리, AI 등 핵심기술 분야에서 빠르게 성장하고 있으나, 민간 자본의 창의성과 시장 중심의 구조조정 측면에서는 여전히 한계가 있다. 반면 한국의 사모펀드는 기술 중심 기업에 맞춤형 투자를 실행하고, IPO나 글로벌 M&A를 통한 성장을 유도할 수 있는 역량을 갖추고 있다.

둘째, 사모펀드는 한국형 ESG 투자 생태계를 주도할 수 있다. 중국의 경우 ESG에 대한 글로벌 신뢰도나 시장 메커니즘이 아직 정착되지 않은 반면, 한국은 연기금 중심의 책임투자 문화와 함께 친환경/지배구조 개선 기업에 대한 사회적 관심이 높아지고 있다. 사모펀드는 ESG 기준에 부합하는 기업을 선별하고 전략적 가치를 제고하는 데 강점을 가지며, 이를 통해 '지속가능한 수익'과 '사회적 평판'을 동시에 실현할 수 있다.

셋째, 아시아 내 M&A 플랫폼으로서의 입지를 확보할 수 있다. 중국은 외국 자본에 대한 통제와 자본 이동 제한이 강해 글로벌 M&A 시장에서 신뢰 기반이 약한 반면, 한국의 사모펀드 운용사들은 일본, 동남아 등지에서 활발하게 크로스보더 딜을 성사시키며 이미 지역 허브 역할을 한다. MBK, IMM, 한앤컴퍼니와 같은 국내 PE가 대표적 사례로, 이는 자본과 경영 노하우가 결합한 한국형 모델이 글로벌 자본시장에서 영향력을 확장할 수 있다는 것을 보여준다.

이러한 점에서 사모펀드는 단순히 자산 운용 수단이 아니라, 국가 산업 전략과 자본시장 경쟁력 강화의 핵심 인프라로 기능할 수 있다. 특히 고령화, 저성장, 디지털 전환 등 복합 위기에 놓인 한국 경제에서 사모펀드와 같은 민간 자본은 한정된 공공 재원을 보완하고, 유망 산업에 대한 자본 투입을 유연하게 추진할 수 있는 전략적 파트너다.

따라서 이제는 사모펀드를 억제의 대상이 아니라 육성의 대상으로 바라봐야 할 시점이다. 정부는 규제와 감시의 틀을 견고히 유지하되, 제도권 내에서 건전하게 성장할 수 있도록 법적 기반을 정비하고, 시장 내 투명성을 높이는 방식으로 지원해야 한다.

금융업이 발전하지 않고는 산업의 미래도 담보할 수 없다. 사모펀드를 포함한 고도화된 자본시장은 단지 돈을 관리하는 수단이 아니라, 기술혁신과 산업구조 전환을 가능케 하는 자본 인프라이자 국부 창출의 핵심 수단이다. 현대 산업은 자본, 인재, 기술이 결합할 때 비로소 경쟁력을 가지며, 이 중 자본의 효율적 배분을 책임지는 것이 바로 금융이다.

그러나 한국 사회는 여전히 금융을 '보조적 기능' 정도로 치부하며 정책과 제도의 설계 역시 제조업 위주에 머물러 있다. 이러한 시각은 금융산업이 가진 혁신성과 파급력을 제한하고, 우리 경제의 성장 잠재력을 스스로 가두는 결과로 이어진다.

더욱이 금융업은 공해를 유발하지 않으면서도 높은 부가가치를 창출하는 진정한 '클린 성장 산업'이다. 산업 시설과 대규모 설비 없이도 고용을 창출하고, 국제 거래와 투자 유치를 통해 국가 신용도를 높이며, 사회 전반의 자산 형성과 분배에도 큰 영향을 미친다.

뉴욕, 런던, 홍콩, 싱가포르가 글로벌 금융 허브로 성장한 이유는 금융업이 단순한 이윤 산업이 아니라 도시와 국가 전체의 경쟁력을 좌우하는 전략 산업으로 육성되었기 때문이다. 한국 역시 이제 제조업 중심의 성장 패러다임을 넘어 금융과 사모펀드를 포함한 지식 기반 산업의 경쟁력을 국가 경제의 주축으로 삼아야 할 시점이다.

사모펀드는 그 정점에서 새로운 금융질서의 주체로 자리매김할 수 있다. 리스크 감수형 자본의 역할을 맡아 기업 혁신을 지원하고, 중장기 투자를 통해 지속가능한 성장 기반을 마련하며, 산업 간 연결고리를 형성하는 사모펀드는 '선택 가능한 자본'이 아닌 '필수 자본'으로 인식되어야 한다. 이러한 금융 구조의 전환이 이뤄질 때 우리는 공해 없이 지속가능한 부가가치를 창출하고, 동시에 글로벌 금융 생태계에서 존재감을 키울 수 있을 것이다.

> 요약과 성찰

'악마화'를 넘어 '시장 혁신의 전략 자본'으로

김용남 전 의원은 사모펀드가 단순히 규제의 대상으로 치부되어선 안 되며, 제도적 규율 아래에서 국가 산업 전략의 핵심 동력으로 기능할 수 있다고 강조한다.

사모펀드는 분명 리스크가 크다. 부실한 내부통제, 과도한 레버리지, 그리고 일부 운용사들의 도덕적 해이는 한국 사회의 우려를 자아낼 만하다. 하지만 그 해법은 금지나 배제가 아니라, 감시와 설계 개선에 있다.

지금까지 한국 자본시장은 사모펀드를 제도적으로 수용할 준비가 부족했으며, 그로 인해 일부 부작용이 전체 산업에 대한 불신으로 확산했다. 그러나 글로벌 시장에서는 사모펀드가 이미 구조조정, 혁신 투자, 신성장 산업 육성의 핵심 자본으로 활용되고 있으며, 한국 역시 이러한 흐름에 뒤처질 수는 없다. 결국 사모펀드는 '악마화' 대상이 아니라 '책임 있게 활용될 수 있는 전략 자본'이다.

이를 위해서는 첫째, GP의 책임성과 투명성을 제도화하는 법적 장치가 필요하며, 둘째, LP 보호를 위한 정보 공시와 위험 설명 기준을 대폭 강화해야 한다. 셋째, 일정 수준 이상의 펀드에는 ESG 요소나 장기보유 조건 등 공공성과 지속가능성을 고려한 사회적 기준도 병행될 필요가 있다. 이러한 설계는 단순히 운용사를 억제하기 위한 것이 아니라, 시장 신뢰를 회복하고 공정한 경쟁 환경을 만드는 출발점이다.

사모펀드는 투기의 도구가 될 수도, 산업 재편의 주체가 될 수도 있다. 그 경계는 제도의 설계와 운용의 윤리에 달려 있다. 지금이야말로 우리가 사모펀드의 미래를 다시 정의할 시간이다. 불신보다 규율로, 억제보다 설계로, 사모펀드는 한국 자본시장의 다음 단계로 나아가는 교두보가 될 수 있다.

한국 자본시장의 선진화는 사모펀드에 대한 사회적 인식 전환과 동시에 법제도적 기반 확충을 통해서만 가능하다. 사모펀드의 잠재력을 두려워하지 말고, 제대로 규율하자. 그것이 우리가 선택해야 할 현실적 개혁의 출발점이다.(편집자)

PART
02

안보/사회 개혁

김종대

1장
파벌 없는 국민의 군대

2장
한국판 분노의 빅텐트와 네오파시즘

3장
2030 청년들에게 보내는 위로와 고언

1장 파벌 없는 국민의 군대

1. 파벌정치의 안보 잠식: 국가를 '기계'로 보는 관점

이번 12.3 계엄 사태에서 가장 본질적인 문제는 국가를 바라보는 왜곡된 인식에서 비롯되었다. 국가는 본래 유기적이고 복잡한 생명체이며, 수많은 이해관계와 제도, 조직이 상호 작용하는 생태계와도 같다.

그러나 이 사태를 주도한 권력자들과 그 측근들은 국가를 마치 단순한 기계처럼 간주했다. 즉, 버튼 하나를 누르면 의도한 결과가 그대로 출력되는 통제 가능한 대상, 권력자의 의지만으로 작동 가능한 구조물로 오해한 것이다. 법과 제도, 조직과 절차라는 민주주의적 질서의 핵심 구성 요소들은 무시되었다. 오히려 한 명의 권력자가 일방적이고 단선적으로 지시를 내리면, 국가는 그에 따라 일사불란하게 움직여야 한다는 착각이 실현되려 했다는 점이 가장 큰 위험이었다.

이는 대통령이 주권을 표상하는 초월적 존재, 결단하는 존재라는 주권 결단주의(sovereign decisionism)라는 아주 오래된 사상의 잔해물이다. 이로부터 대통령이 헌정 중단을 결단하면 군은 이에 절대 복종해야 한다는 사상이 나왔는데, 우리 헌법에도 남아 있는 국군 통수권이다. 우리 헌법에서 제시한 국군 통수권((統帥權)은 본래 과거 일본 군국주의 시절의 천황제 정치체제에서 일본 왕이 국권(國權)을 행사하는 최고의 존재라는 데서 출발했다. 이 경우 군은 어떤 민주적 절차도 없이 국왕의 통제에만 따른다.

이러한 인식은 군을 통제하는 방식에서도 고스란히 드러났다. 군은 합법적이고 정당한 정치 권위에 의해 통제되어야 하며 문민통제의 원칙은 그 누구도 예외 없이 따라야 할 민주주의의 대원칙이다.

그러나 이번 계엄 시도에서는 합법적 절차를 완전히 우회하거나 무시한 채 소수의 권력자가 은밀하고 비공식적인 경로를 통해 군 조직을 움직이려 했다. 이는 단순한 일탈이 아니라, 대통령을 국군의 최고사령관으로 인식하고 절대 복종함으로써 구조적으로 제도 전체를 무력화하려는 시도였다.

국무회의, 군무회의, 합동참모회의 등 헌법과 군령 체계에서 요구되는 공적 의사결정 기구들은 전혀 작동하지 않았다. 그 자리를 대신한 것은 대통령과 비선 권력 간의 즉흥적 판단과 밀실 지시였다. 이를 '초제왕적 통치'라 명명한 이유는 기존의 제왕적 권력조차 최소한의 절차적 정당성을 수반했던 데 반해 이번에는 그마저도 무시되었기 때문이다. 바로 왕정 체제에서의 통수권 개념이 남용되었기 때문이다.

권력자의 직관, 충성심, 정치적 계산만이 작동 기준이 되었고, 제도는 그저 장식품에 불과했다. 계엄 사태는 한국군은 권력자의 주관과 변덕에 따라 좌우되는 위험한 집단으로 전락할 수 있음을 보여주었다.

이러한 사태는 단지 한 개인이나 정권의 문제가 아니다. 사회 전체가 민주주의의 본질과 제도의 중요성을 얼마나 취약하게 이해하는지를 드러낸 구조적 징후다. 국가의 법적 작동 원리, 문민통제의 이념, 공적 질서의 구조가 이렇게 쉽게 무너질 수 있었다는 점은 우리 모두 직시해야 할 경고다. 권력이 아니라 제도가 중심이 되는 체제로 나아가지 않는다면 이와 같은 파국은 반복될 수밖에 없다.

2. 군의 복종 구조와 문민통제 실패

안보 위기의 본질은 군 내부에 내재한 복종의 메커니즘에 자리한다. 무엇이 군 지휘관들로 하여금 스스로 판단을 유보하고, 상부의 명령에 무비판적으로 복종하도록 했는가? 이는 단지 명령 체계의 작동이라는 군 조직의 표면적 특징을 넘어 복종의 심리적/제도적 기제를 해명하는 작업이기도 하다.

복종은 단순한 규율의 문제가 아니다. 그것은 집단 내에서의 사회화, 구조적 학습, 그리고 권력에 대한 인식이 복합적으로 결합해 형성된다. 특히 한국군의 경우 권위에 대한 맹신과 계급 구조에 내재한 위계주의가 비판적 사고를 허용하지 않는 구조를 만들어 왔다. 여기에 더해 조직 내에서 '예외적 존재'로서의 군이라는 정체성이 강화될수록 사회 전체의 법과 제도에 대한 감각은 약해진다. 복종은 일종의 문화로 내면화된다.

첫째, 군 조직에 만연한 권위주의는 복종을 하나의 도덕적 행위로 미화한다. 상관의 명령은 곧 체계의 명령이며, 이를 따르는 것은 충성심의 표현으로 간주한다. 법과 원칙보다는 상부의 지시가 우선되며, 이러한 태도는 명령의 정당성을 비판적으로 검토할 가능성을 사전에 차단한다.

둘째, 공동체의 선(善)에 대한 확신 부족도 작용한다. 누군가가 명령을 거부하더라도 그 거부가 공동체 전체의 윤리적 판단으로 확장되지 않을 것이라는 불신은 개인의 저항 의지를 약화한다. "나만 저항하면 결국 고립된다"는 구조적 두려움은 복종을 선택하게 만드는 심리적 압박으로 작동한다.

셋째, 군 조직은 사회 일반의 규범으로부터 스스로를 분리하는 경향이 있다. '우리는 다르다', '군은 특수하다'는 예외주의 담론은 군 내부의 규범 체계를 절대화하며, 사회 일반의 법과 원칙은 군 내부의 행위 판단에서 배제된다. 이로써 복종은 특수한 직업윤리로 치환된다.

넷째, 법과 제도에 대한 불신은 복종의 결정적 요인 중 하나다. 정당한 명령에 저항했을 경우 이를 보호해 줄 절차나 제도가 작동할 것이라는 믿음이 없다면 개인은 복종 외에는 다른 선택지를 상상할 수 없게 된다. 권력자의 지시와 법적 절차가 충돌할 때 후자를 신뢰하지 못하는 구조는 비민주적 위계에 대한 순응으로 이어진다.

이러한 구조적/문화적 요인은 군의 상부에서 관철되는 동안 군 하부에서는 명령 체계가 붕괴하였다. 12.3 계엄 사태 당시 계엄사령부가 구성될 때까지 장성급에서 쿠데타 기도에 공개적으로 저항한 이는 존재하지 않았다.

이러한 군 상부구조의 문제점에도 현장에 출동한 중간 지휘관들은 의도적 태업과 항명으로 계엄 시도를 무산시켰다. 대통령과 국방부 장관의 지시가 없었는데도 수도방위사령부와 특전사령부 병력이 여의도에서 철수하는 '여의도 회군'을 단행했다. 이 때문에 대통령의 2차, 3차 계엄 시도가 무산된 것으로 보는 것이 정확한 평가다.

이는 단순히 개인의 문제라기보다는, 군 전체가 공유한 복종의 문화와 민주적 사회 규범이 충돌한 결과다. 상부의 침묵과 하부의 무기력은 서로를 침식하면서 문민통제에 혼란을 끼쳤다.

3. 인사 파벌화와 군 인사 시스템 붕괴

문민통제가 무력화된 배경에는 인사권 파벌화라는 뿌리 깊은 구조적 문제점이 자리하고 있다. 군 인사는 단순한 조직 운영의 문제를 넘어 권력의 향방과 충성의 배분을 가늠하는 핵심 지표로 기능해 왔다. 특히 특정 출신 집단, 예컨대 육군사관학교나 특정 사립고등학교 출신들로 구성된 '군맥'이 인사 시스템 전반을 좌우하면서 능력이나 자격보다 소속과 관계를 우선시하는 인사 문화가 정착되었다.

이러한 폐쇄적 인사 구조는, 곧 무자격자와 낙오자들의 요직 진출로 이어졌다. 실질적 검증 없이 인맥과 줄 세우기에 의존한 인사는 조직 전체의 역량을 약화하고, 군 내에 정실주의와 불공정이라는 부작용을 고착했다. 특히 특전사(육사 47기), 수방사(육사 48기), 정보사(육사 50기)의 지휘관은 정상적인 군 인사에서 일탈하여 국방부 장관의 정치적 필요에 따라 발탁되었다.

이 과정에서 이들에 대한 권력자의 일방적 보호와 비호는 대통령이 참석하는 잦은 술자리에서의 충성 맹세, 비화폰으로 연결되는 특수한 소통 체계, 유튜브 영상으로 가스라이팅되는 정치 공동체를 형성하는 단계로 나아갔다. 이를 견제해야 할 군사 지도자들은 지극히 무능하여 합참의장, 각 군 참모총장, 지상군 작전사령관들은 계엄의 하수인으로 전락하게 된다.

불공정한 인사를 통해 요직에 진입한 이들은 자신이 받은 특혜를 자각하고 있었기에 이를 가능하게 한 권력자에게 되레 과잉 충성으로 보답하려는 경향을 보였다. 이로 인해 합리적 판단보다 맹목적 복종이 우선되고, 조직 전체의 윤리적 판단 능력은 더욱 약해졌다.

결과적으로 군 인사 시스템은 더 이상 객관적 기준에 의한 운영체계가 아니라 권력자의 사적 신뢰와 이해관계에 따라 작동하는 구조로 변질되었다. 이는 군의 공공성과 전문성을 훼손하고, 객관적 문민통제를 근본부터 붕괴시키는 결과로 이어졌다. 군대가 정권의 정치적 도구로 전락하는 순간, 그것은 민주주의의 위기로 곧바로 직결된다.

법적 근거 없이 수행되는 군 임무는 군의 존재 이유를 근본적으로 훼손한다. 방첩사령부가 민간인을 대상으로 한 수사 활동에 관여하거나 수도방위사령부가 대통령 경호처의 요구에 따라 비공식적 지원을 수행하는 것은 그 자체로 군의 중립성과 공공성을 훼손하는 위험한 사례다. 이러한 행위들은 명백한 법률적 근거 없이 이루어지며, 군의 임무가 헌법과 법률에 따라 엄격히 제한되어야 한다는 원칙에 정면으로 배치된다.

군은 오로지 국가의 안전과 헌정질서의 수호를 목적으로 편성되고 유지되어야 하며, 어떤 정치권력이나 특정 세력의 이해관계에 따라 움직여서는 안 된다. 그러나 군의 임무와 활동이 정권의 필요에 따라 임의로 조정되고, 그것이 비공식적 경로를 통해 지시/집행되는 순간 군은 더 이상 공공성을 가진 독립적 기관이 아니다. 권력자에게 필요한 순간에만 호출되어 이용되는 하청 조직으로 전락하는 것이다.

이와 같은 사례가 반복하면 군은 헌법상 국민 전체에 대한 책임이 아니라 정권을 유지하고 방어하는 사적 무력 기구로 변질될 위험에 처한다. 이는 문민통제의 근간을 흔드는 일이며, 장기적으로 군 내부에 정치화와 파벌화를 심화시켜 조직의 통합성과 사기를 약화한다. 군이 본연의 임무에서 벗어나 권력의 도구로 사용되는 일이 반복된다면 민주공화국의 근간이 뿌리부터 흔들릴 수밖에 없다. 지금 이 구조를 바로잡지 않는다면 미래의 또 다른 위기는 피할 수 없을 것이다.

4. 계엄 실패의 안보적 구조: H-Hour의 무지와 연합방위의 역설

이번 쿠데타 기도가 군사적으로 실패한 배경에는 복합적이며 구조적인 요인이 작용했다. 단지 실행계획의 미비나 작전상 착오로 설명될 수 있는 사안이 아니라 한국 군사 체계의 전략적 무능, 조직적 결속력의 부재, 그리고 국제 안보 환경에 대한 무지 등이 중첩적으로 작동한 결과다. 군사작전의 실패는 종종 전략의 실패와 일치하며, 전략의 실패는 결국 체계의 실패를 의미한다.

첫 번째 요인은 군 최고 의사결정 주체의 군사적 기초지식 부족이다.

병역 면제를 통해 군 체계와 작전의 원리를 실제로 경험하지 못한 자가 작전을 총지휘하고자 했다는 점은 결정적 구조적 오류다. 계엄 발동 시 군부대의 주요 투입 시점인 H-Hour를 비롯한 기본 작전 용어와 개념조차 숙지하지 못한 상태에서 실제 군 조직을 움직이기 위한 통제와 명령의 일관성을 확보하는 것은 애초에 불가능한 구조였다.

결과적으로 헬기 작전, 국회 봉쇄, 담화 발표 등의 시점이 전혀 조율되지 않아 작전의 정합성이 무너졌고, 이로 인해 계엄의 성공 가능성이 모두 실추되었다. 헌정을 전복하려는 음모론적 시도를 소수의 내란 주체 세력에 의해 극도의 보안 속에서 진행하려다 보니 사전 협조 회의와 준비 태세를 미리 발령할 수 없었던 사정으로 보인다.

두 번째 요인은 군 내부의 의사 결정 체계가 '목적이 없는 동원'으로 왜곡되었다는 점이다.

작전 명령을 받은 부대들이 자신들의 임무 목적을 정확히 인지하지 못한 채 이동했으며, 이는 곧 부대원 개개인의 심리적 저항과 불안으로 이어졌다.

군은 조직이지만 동시에 인간 집단이다. 구성원들이 스스로 자신의 행위에 정당성을 부여하지 못하면 집단의 동원력은 현저히 저하한다. 실제로 계엄군의 일부 부대에서는 지휘관조차 명확한 지침을 전달받지 못한 채 현장에 투입되었으며, 이는 '군심의 이탈'로 이어졌다. 작전은 명령으로 시작되지만, 목적의 공유 없이 작동될 수 없다.

세 번째 요인은 동맹 구조에 대한 전략적 오판이다.

한미연합사령부 체계에서 한국군 단독으로 특정 작전을 실행하기 위해서는 전시작전통제권의 위임 조건과 미군 측의 사전 인지 여부를 고려해야 한다. 그러나 계엄 기획 세력은 이러한 조건을 무시하거나 축소 평가했으며, 그 결과 미국 측 감시망에 포착된 작전 조짐은 국제적 파장을 불러 올 수 있는 수준으로 확대했다.

특히 계엄이 지속될 것으로 가정하고 후속 출동 부대로 대기시킨 전방 9사단, 7공수, 13공수는 전방 방어 태세를 유지하고 유사시 북한 정권에 대한 참수 작전을 담당하는 부대다. 주한미군의 전략적 관심 대상인 전투 부대를 정치적 목적으로 준비시킨 시도는 동맹 질서 전반의 균열을 예고하는 위험한 신호였다.

결국 쿠데타 기획은 국내 법체계뿐만 아니라 한미 연합방위체계의 경계선까지 넘어서려는 시도였으며, 이는 곧 외교안보 전반에 파괴적 영향을 미칠 수 있는 치명적 실책이었다.

통상 국방부 장관이 건의하는 비상계엄은 적과의 교전이 임박한 상황에서 전쟁 준비 단계인 '데프콘(DEFCON)'을 격상하기 위한 선행 조치다. 평시의 데프콘 4단계는 위기 시에 3단계로 격상되는데, 바로 이 시점에서 비상계엄이 선포되어야 한다.

데프콘이 격상되면 작전통제권이 한미연합사령관에게 이관된다. 따라서 비상계엄은 전시 작전권을 행사하는 한미연합사령관과의 긴밀한 소통과 협조 하에서 진행되어야 하지만, 이번 계엄은 그렇지 않았다.

이러한 요인들은 단순히 작전 실패의 원인으로만 읽혀서는 안 된다. 이는 대한민국 군사 체계가 감정과 충성, 오판과 무지에 의해 얼마나 쉽게 동요될 수 있는지를 드러낸 고발이며, 동시에 안보 체계가 오직 제도와 원칙, 정합성과 투명성 위에 재구성되어야 한다는 절박한 요구다.

5. 새로운 국방개혁의 방향: 통합, 균형, 법치

현시점에서 가장 절실한 과제는 군과 안보 체계를 철저히 재정비하여 민주적 통제와 공공성을 회복하는 것이다. 구조적 파벌주의와 권력 사유화로 훼손된 군 조직은 단순한 인적 교체나 미시적 제도 수정만으로 회복될 수 없다. 체계 전반을 아우르는 일대 개혁이 필요하며, 그 방향은 다음과 같이 명확히 설정되어야 한다.

개혁은 단지 기능 개선에 그쳐서는 안 된다. 안보의 주체가 누구인가, 그 권한은 어디에서 정당성을 확보하는가, 무엇을 위해 군이 존재하는가에 대한 근본적 물음에서 출발해야 한다. 즉, 안보 체계의 재설계는 국민 주권을 기초로 하여 파벌과 사적 권력을 배제하고 공적 책임과 전문성을 최우선으로 삼는 원칙 위에 이루어져야 한다.

다음에 제시되는 개혁 방향은 그러한 원칙에 입각한 실행 전략이며, 각 항목은 상호 연계되어야만 실질적 효과를 발휘할 수 있다. 특히 가치 체계의 재정립, 조직 개편, 인사 시스템 개혁, 국제 안보 환경과의 조율은 유기적으로 작동해야 하며, 그 어떤 조항도 고립적으로 추진되어서는 안 된다.

안보 정책의 핵심 가치 재정립

안보 정책은 단순히 군사력 증강이나 외교 전략 수립의 문제가 아니다. 그것은 한 국가가 어떤 정신적 기반 위에 존재하는지를 규명하고, 그 근본 가치들을 어떻게 제도화할 것인가에 대한 통찰에서 출발해야 한다. 지금 한국 사회가 겪는 안보 위기의 본질은 바로 이 가치 체계의 혼란에서 비롯되었다. 따라서 개혁의 첫걸음은 안보 정책의 기초가 되는 철학적 틀, 즉 국가의 정신적 지주를 재정립하는 것이다.

호국정신, 독립정신, 민주화 정신은 대한민국 존립의 세 축이자, 앞으로도 지켜야 할 불변의 가치다. 그러나 최근 군 조직 내부에서 민주화나 독립운동의 가치를 깎아내리거나 삭제하려는 시도는 단지 역사 해석의 문제가 아니라 군이 국민과 단절되어 가는 위험 신호로 해석해야 한다. 군은 국민의 역사와 정신적 전통을 공유해야 하며 이를 교육하고 체화해야 한다. 그렇지 않을 경우, 군은 국가 정체성과 괴리된 독립적 권력으로 전락할 위험이 있다.

외교정책 역시 실용주의적 전환이 필요하다. 냉전적 진영논리에 갇힌 외교는 오히려 국가 이익을 훼손할 뿐 아니라, 국제 질서 속에서 한국의 자율성과 존엄을 저해한다. 국익 중심의 실용 외교, 전쟁을 억제하는 평화외교, 특정 국가에 종속되지 않는 균형외교야말로 새로운 시대의 외교 전략이 되어야 한다.

군사 정책의 본질은 전쟁 억지가 아니라 전쟁 회피다. 싸우면 반드시 이길 수 있는 군은 필요하지만, 무엇보다 중요한 것은 싸울 필요가 없도록 만드는 국가 전략이다. 군은 합법적 권위에 복종하고, 그 권위는 국민으로부터 비롯되어야 하며, 군 내부의 직업주의 윤리는 정치적 중립성과 전문성에 기초해야 한다.

군 조직 개편과 문민통제 강화

군 조직 개편은 단순한 군 구조의 효율화나 조직 슬림화 차원을 넘어 군대의 정치적 중립성과 전문성을 확보하기 위한 제도적 혁신이어야 한다. 지금까지의 군 개편은 대부분 기능 중심, 예산 중심으로 접근했으나, 그것만으로는 군 내부의 파벌화, 폐쇄성, 권력 종속이라는 고질적인 문제를 해결할 수 없다. 군 조직은 국민을 위한 공적 구조이며, 따라서 이 조직이 어떤 방식으로 형성되고 운영되는지는 민주주의의 핵심 원리와 직결된다.

첫째, 국군 통수권이라는 전근대적 개념을 폐기해야 한다.

일본에서조차 사라진 왕조의 개념을 한국군이 계승하는 것은 실로

기이한 일이다. 대통령은 군을 지휘하고 감독하는 책임자이지 군왕이나 보모처럼 지배하는 존재가 아니다.

둘째, 삼군 사관학교의 통합은 더 이상 유예할 수 없는 과제다.

육사 중심의 인사 구조는 특정 출신 집단의 과도한 권력 집중을 낳았고, 이는 곧 파벌화 고착으로 이어졌다. 해/공군과의 균형을 고려하지 않은 인사 시스템은 삼군 간 협업과 견제 기능을 약화하며, 군 전체의 통합성과 전략적 사고를 저해해 왔다. 각 사관학교의 정체성을 존중하되, 운영과 교육은 하나의 통합된 사관 체계 속에서 이루어져야 한다. 이를 통해 육사 중심의 폐쇄 구조를 해체하고, 군 전체의 통합성과 다양성을 확보할 수 있다.

셋째, 정보기관 개편도 병행되어야 한다.

국군방첩사령부는 이미 여러 차례 정치적 논란과 불법 사찰 의혹에 휘말려온 바 있으며, 방첩 기능을 국방부 정보본부로 일원화하여 민주적으로 통제하는 것이 필수적이다. 방첩 기능은 결코 정치적 목적으로 오용되어서는 안 되며 독립성과 책임성이 동시에 보장되는 조직 밑으로 재편되어야 한다.

넷째, 수도방위사령부는 수도군단으로 개편되어야 한다.

대통령 경호처가 군 작전에 직접 개입하거나 군 지휘관들을 호출해 지시하는 것은 명백한 문민통제의 왜곡이다. 수도방위의 임무는 군사적 판단에 따라 자율적으로 수행되어야 하며, 경호를 명분으로 한 정치적 개입은 철저히 배제되어야 한다.

다섯째, 국방부와 합참 간 권한 재조정은 문민통제의 실질화를 위한 핵심 조치다.

국방부 장관에게 전략적 결정을 위한 제도적 권한을 강화하고, 합참은 작전 중심의 실행 기구로서 기능을 명확히 구분해야 한다. 특히 평시 군사법원을 폐지하고, 군의 사법 기능을 민간으로 이관하는 작업은 군의 폐쇄성과 권력 독점을 방지하기 위한 중요한 개혁 조치가 될 것이다.

여섯째, 계엄 제도에서 국회의 사전 동의 및 사후 승인 절차를 명문화하는 법 개정이 시급하다.

이는 계엄이 자의적으로 선포되는 것을 방지하고 군사력이 헌법을 침해하는 수단으로 변질되는 것을 원천적으로 차단하기 위한 최소한의 민주적 안전장치다. 특히 예외 없는 비상조치의 투명화는 문민통제의 핵심이며 국민적 신뢰를 회복하는 유일한 방법이다.

군 인사 개혁

군 인사 개혁은 단순한 인적 배치의 효율성을 넘어 군이 정치권력으로부터 독립적인 전문조직으로 기능할 수 있도록 구조를 재설계하는 작업이다. 인사는 군 조직의 철학을 반영하며, 어떤 기준으로 사람을 임명하느냐에 따라 군의 문화, 충성 구조, 그리고 작전 수행 능력까지 결정된다. 지금까지의 군 인사는 파벌 중심의 줄 세우기와 출신 성분에 따른 서열 구조에 치우쳐 있었으며, 이는 군 전체의 전문성과 신뢰성을 심각하게 훼손해 왔다.

첫째, 주요 직위에 대한 균형 배분이 필요하다.

육사 출신이 대부분의 요직을 독식하는 구조는 그 자체로 인사적 불균형이자 파벌 형성의 온상이다. 수방사, 특전사, 방첩사 등 정치적 영향력이 큰 핵심 직위는 육사 출신에게 집중되어 있으며, 이로 인해 견제와 균형이 사라지고 하나의 인사 권력이 전체 군을 장악하는 구조가 만들어졌다. 이러한 편중 인사는 반드시 시정되어야 하며, ROTC, 3사관학교, 비사관학교 출신 등 다양한 경로의 인재들이 공정하게 기회를 보장받는 제도적 장치가 필요하다.

둘째, 보직 경로의 제도화는 무자격자의 요직 진입을 막기 위한 핵심 장치다.

현재 군 조직 내에서는 불투명한 인사 운영으로 인해 특정 인물이 주요 직책으로 급진입하거나 실무 경험과 무관한 보직을 맡는 사례가 빈번하게 발생한다. 보직별로 요구되는 전문성과 경력 요건을 제도화하고 이를 체계적으로 관리하는 시스템을 구축해야 한다. 이를 통해 상식적이고 투명한 인사 질서가 정립될 수 있으며, 인사의 정치화도 최소화할 수 있다.

셋째, 군 핵심 직위의 정치적 중립성은 절대적 원칙으로 설정되어야 한다.

특전사령관, 방첩사령관, 수도방위사령관과 같은 직위는 특정 정권의 정치적 필요에 따라 활용될 경우 군 전체의 중립성과 국민적 신뢰가 심각하게 훼손될 수 있다. 따라서 이러한 직위는 인사권자 개인의 재량에만 맡기지 말고, 국회 청문회와 같은 사전 검증 절차를 강화하거나 복수 추천제 등을 통해 인사의 독립성과 공정성을 제도적으로 담보해야 한다.

군 인사는 곧 군의 얼굴이자, 공화국의 헌정질서에 대한 충성의 방향을 상징한다. 군이 정치권력의 하위 도구로 전락하지 않게 하려면 인사 개혁이야말로 가장 근본적이고 시급한 과제임을 다시 확인해야 한다.

협력 안보와 군비 통제

안보의 개념은 더 이상 국경 방위에 국한되지 않는다. 오늘날 안보는 사회 전반의 안정성과 지속가능성을 보장하는 다층적 구조로 진화한다. 특히 지정학적 긴장이 고조되고 국내외 안보 불균형이 심화하는 지금, 군사력 중심의 전통적 안보관을 넘어서기 위한 전략적 전환이 필수적이다. 협력 안보와 군비 통제는 단지 '무장을 줄이자'는 구호가 아니라, 전쟁의 가능성을 최소화하고 외교 기회를 극대화하는 국가 생존 전략이다.

첫째, 대통령 직속의 군비통제실 신설은 이러한 전략 전환의 출발점이 되어야 한다.

기존의 국방부나 합참 체계 안에서는 군비 통제의 독립성과 전략성이 확보되기 어렵다. 대통령 직속 기구로서 군비통제실을 설치하고 전문가 중심의 정책기획단과 전략 분석팀을 두어, 국내외 군사 위협을 체계적으로 분석하고 긴장 완화를 위한 군비 통제 방안을 수립해야 한다. 이 조직은 단지 군사전문가로만 구성되어선 안 되며, 외교, 정치, 기술, 경제 등 다학제적 인력이 함께 참여해야 한다.

둘째, 9.19 남북 군사합의 복원은 한반도 내 우발적 충돌을 방지하기 위한 최소한의 안전장치다.

군사합의의 폐기와 대북 확성기 재개, 비무장지대에서의 전술 활동 재강화는 오히려 긴장감을 높이고 군사적 대응의 가능성을 상시화한다. 합의 복원은 단지 남북 간 신뢰 문제를 넘어 대한민국이 국제사회에 보여주는 '책임 있는 군사 주체'의 위상을 결정짓는 시금석이다. 이를 통해 군사 활동에 대한 예측 가능성을 높이고 불필요한 오해와 충돌을 사전에 차단할 수 있다.

셋째, 저출생 시대의 안보 전략은 필연적으로 군-예비군-민간 협력 체계로의 전환을 요구한다.

병력 기반의 안보 패러다임은 한계에 봉착했으며, 지속가능한 국방 체계를 위해서는 병력 중심에서 기술/시민 중심으로 전환이 불가피하다. 예비역과 민간 전문가, 민방위 조직, 지방자치단체 간의 연계 시스템을 구축하고, 평시에는 민간 안보 기능을 강화하며, 유사시에는 통합 작전이 가능하도록 훈련과 법 제도를 정비해야 한다. 국방은 오직 군의 몫이라는 낡은 인식을 깨고, 사회 전체가 안보의 주체로 참여하는 체계로 나아가야 한다.

넷째, 동북아 다자안보 대화와 전략대화의 복원은 한국이 주변국과의 갈등을 관리하고, 국제적 협력을 통해 안보의 외연을 확장하는 실질적 방안이다.

미국, 일본, 중국, 러시아 등과의 양자 및 다자 대화를 제도화하고, 상호 이해와 공존의 틀을 만들어야 한다. 특히 군사적 사안뿐만 아니라, 사이버 안보, 우주 안보, 에너지 안보 등 새로운 형태의 협력 영역을 발굴하고 지속적으로 확대하는 것이 중요하다. 한국은 '균형 외교'의 원칙을 바탕으로 동북아의 분쟁 방지와 공동 안보 질서 형성에 적극 기여하는 중견국으로 자리매김해야 한다.

> **요약과 성찰**

파벌 없는 안보, 공화국의 기초

군은 명령과 복종이라는 비합리적 기제를 전제로 작동하는 조직이다. 그렇기에 정교하고 민주적인 방식으로 통제해야 하며, 그 통제의 주체는 오직 국민이어야 한다.

12.3 사태는 군 조직이 어떠한 방식으로 정치권력과 결합했는지를 보여주는 일종의 '사전 경고'였다. 군이 정치적 도구로 전락하고 파벌이 그 내부를 장악하는 순간, 국가의 헌정질서는 뿌리째 흔들리게 된다. 이 모든 과정은 단지 군사 정책 차원의 문제가 아니라 대한민국 민주주의 체계 전반에 걸친 경종이기도 하다.

안보는 우리 삶의 전반에 영향을 미치는 '시민의 권리 확장'이며, 국가가 국가로 존재하기 위한 최소한의 조건이다. 따라서 안보를 단지 전문가나 군 고위직의 영역으로 오인하거나 특정 정권의 정략적 수단으로 오용하는 일은 민주주의의 근간을 훼손하는 중대한 위협이 된다.

김종대 전 의원의 문제의식은 바로 여기에 있다. 안보는 민주주의의 바깥이 아니라 그 핵심에 있어야 한다. 군은 통제되지 않는 권력이어서는 안 되며, 제도와 절차에 따라 국민의 이름으로 움직이는 집단이어야 한다.

문민통제의 본질은 군을 약화하는 것이 아니라 군의 힘이 오직 국민을 향하도록 그 방향을 바로잡는 것이다. 정치의 도구로 전락하고, 특정 파벌에 의해 조정되며, 비선 권력이 작전을 지시하는 구조는 군의 존재 이유를 스스로 무너뜨리는 자해 행위다.

정치와 권력의 목적이 아닌, 헌법과 제도, 그리고 국민의 감시와 참여를 통해 다시 안보를 세우는 일. 그것이야말로 지금 우리가 가장 시급하게 해결해야 할 과제다. 군사력을 되돌아보는 것이 아니라 그것을 어떻게 제어하고 통제할지를 되묻는 것이야말로 성숙한 민주주의가 도달해야 할 안보의 최종 모습이다. 안보는 칼을 드는 일이 아니라, 칼을 쥐게 될 손이 누구이며, 어떻게 그것이 남용되지 않도록 할지를 끊임없이 점검하는 시스템이 되어야 한다.(편집자)

2장 한국판 분노의 빅텐트와 네오파시즘
—중산층의 분열과 정치의 전환기

1. 미국에서 한국으로: 중산층 분노의 전이

2021년 1월 6일, 미국 워싱턴 D.C.에서 발생한 의사당 난입 사건은 당시 언론과 정치권에서 '분노한 백인 노동자'들이 저지른 반란으로 해석되었다. 미국 러스트벨트 지역의 쇠락한 제조업 도시들에서 밀려난 저소득 백인 남성들이 불만을 품고 정치 폭력에 가담했다는 프레임은 직관적이었고, 대중의 인식 속에도 빠르게 자리 잡았다.

하지만 이후 FBI의 수사와 법원의 기소 과정을 통해 밝혀진 참가자들의 신원은 이와 사뭇 달랐다. 폭동에 참여한 이들 가운데는 미국 국가대표로 올림픽에 출전해 메달을 수상한 수영선수, 아프가니스탄 전쟁의 종결 과정에서 상징적 장면을 연출한 고위 장교, 공립학교 교사, 연 매출 수백만 달러의 중소기업 대표, 고위직 공무원 등 미국 사회의 '중심'으로 간주하던 중산층 인사들이 대거 포함되어 있었다.

이들은 경제적 생존보다는 기존의 사회적 위상이 흔들리는 데에서 오는 심리적 불안, 자신의 지위가 존중받지 못한다는 상대적 박탈감, 기존 질서로부터 소외당한다는 정체성 위기에서 비롯된 분노를 공유했다. 이 사실에 〈뉴욕타임스〉는 장문의 기사를 통해 "우리가 모르던 분노의 빅텐트가 나타났다"고 탄식했다.

이는 단지 미국 정치의 예외적 사건이 아니라, 민주주의 국가 내부의 이질적인 균열이 심화하는 구조적 징후로 볼 수 있다. 자유주의와 민주주의의 균형이 깨지고, 중산층이 더 이상 체제의 수혜자가 아니라는 인식에 도달하는 순간, 그들은 질서를 해체하려는 급진적 선택지를 정치적으로 정당화하기 시작한다. 이때 분노는 단순한 감정이 아니라 이데올로기적 동력을 지닌 정치 행동으로 전환된다.

이러한 전환은 중산층이 느끼는 불안과 두려움의 축적, 그리고 그것이 외부로 분출되며 하나의 정치적 연합체를 형성하는 데까지 이른다. 미국 사회의 경우, 트럼프 전 대통령이 이러한 분노를 '대변자'로 흡수하며, '메시아적 권위주의'의 얼굴로 등장했다. 이는 단순히 특정 정치인의 등장을 의미하는 것이 아니라, 전통적인 정치 구조와 정당 체계, 그리고 민주주의에 대한 신뢰 자체가 근본적으로 흔들리고 있다는 신호로 해석된다.

2025년 1월, 우리나라에서 일어난 서부지방법원 난입 사건은 한국 사회가 맞이한 새로운 정치적 양상의 출현을 상징적으로 보여주는 사건이었다. 당시 언론은 이 사건을 특정 종교 집단의 광신적 행위로 묘사했지만, 실제 재판 과정을 통해 드러난 참가자들의 면면은 알려진 내용과는 전혀 다른 사회적 구조를 드러냈다. 놀랍게도 폭도 중 상당수는 평생교육시설 강사, 치과의사, 약사, 연 매출 수억 원 규모의 중소기업 대표와 같은 전문직 또는 안정된 중산층 직업을 가진 사람들이었다.

단지 일부 열성적 신앙인이나 사회 주변부 인물이 아닌 사회적 중심에 있는 이들이 대거 참여했다는 점에서 이 사건은 단순한 종교적 열정이나 정치적 일탈이 아닌, 중산층 내부에서 분출된 체제 불신과 분노의 정치화를 보여주는 상징적인 계기가 되었다. 특히 중산층 다수는 경제적 빈곤 상태에 있지 않음에도 자신들의 사회적 지위와 미래 안정성에 대한 극심한 불안을 느끼고 있었으며, 이로 인해 정치체제에 대한 극단적 반응을 표출하는 쪽으로 이동하고 있었다.

이러한 현상은 소득이 아닌 '지위 불안정성'에서 기인하는 분노의 정치적 전이 현상이며, 미국의 사례와 궤를 같이한다. 한국 중산층은 사회적 인정과 재산 보전을 기반으로 한 중도적 질서의 핵심이었으나, 급변하는 경제 구조와 기술자본의 독점화, 정치적 양극화 속에서 자신들의 입지를 상실할 수 있다는 위기의식이 강하게 확산하고 있다. 이러한 상황에서 나타난 폭발적 집단행동은 단지 하나의 사건을 넘어 앞으로 한국 정치 지형을 변화시킬 '분노의 빅텐트' 형성의 신호탄이라 할 수 있다.

2. 중산층 분열의 정치적 귀결: '분노의 빅텐트' 형성

중산층 내부에서 형성된 위기의식과 정체성 불안은 더 이상 내면에 머물지 않고 정치적 행동으로 전이되기 시작했다. 이 흐름은 점차 '분노의 빅텐트'라는 형태로 응집되며, 기존의 정당정치나 이념적 스펙트럼을 초월한 새로운 대중운동으로 발전하고 있다. 과거에는 극우적 성향의 노년층이 주도하던 보수 시위가 주류였으나, 최근 집회 현장을 살펴보면 2030세대 청년, 중산층 전문직 종사자, 종교 커뮤니티 구성원들이 동반 참여하며 그 외연이 확장되고 있음을 확인할 수 있다.

특히 윤석열 전 대통령에 대한 탄핵 반대 여론과 관련 피의자들에 대한 무료 변론 및 사면 요구는 단순한 정치적 방어선을 넘어서 하나의 정치적 연합체 형성을 드러낸다. 이 연합체는 기독교적 보수 가치관을 공유하는 종교 집단, 현 여당과 제도권 정치 세력, 그리고 사회적 지위와 경제력을 바탕으로 하는 중산층까지 포함하며, 서로 다른 이해관계를 공유된 불안과 위기의식 아래 하나의 정치적 실체로 통합한다.

이 같은 구조는 단순한 정파적 조직이 아니라 제도 정치 외부에서 자생적으로 형성된 권위주의적 질서를 반영하는 새로운 정치 형태로 이해할 수 있다. 즉 '분노의 빅텐트'는 기존 민주주의의 제도와 규범을 대체하려는 충동에서 태동하며, 신우파(New Right) 대중운동과 유사한 궤적을 보여준다. 이는 국가주의, 종교적 신념, 시장 자유주의가 결합한 새로운 형태의 보수 정치 질서로 기능하며, 향후 한국 정치의 주도권을 둘러싼 핵심 축으로 부상할 가능성을 시사한다.

이러한 정치 결사는 단지 기존 정치 이념의 재조합이나 일시적인 정서 결집이 아니라 민주주의 체제 내부에서 탄생한 새로운 권위주의적 질서로 작동한다. 외형적으로는 제도권 정치의 피로감에 대한 대중의 반응처럼 보이지만, 실질적으로는 자유주의적 민주주의가 설계한 권력의 분산과 시민의 권리 보장을 해체하고, 그 자리에 강력한 중심 권위를 복원하려는 체계적 시도가 내재했다.

이러한 정치 연합은 복잡다단한 이해관계를 조율하는 민주주의의 장을 회피하며 오히려 상징과 신념에 근거한 직접적 정당성 구조를 추구한다. 신념의 정치는 절차보다 결과를 우선시하며 자신들이 옳다고 믿는 가치의 실현을 위해 비민주적 수단도 불사한다는 특성을 가진다. 이 점에서 유럽 및 미국에서 출현한 신우파(New Right) 운동과 궤를 같이하며, 특히 종교적 도덕률과 자유시장주의, 국가주의가 결합한 구조는 현재 한국 사회에서 나타나는 '분노의 빅텐트'의 심층 이념적 기반이 되고 있다.

3. 자유민주주의의 해체: 자유적 권위주의 vs 사회적 민주주의

한국 사회는 지금 주류 이념으로 자리잡아온 '자유민주주의' 체제의 균열 앞에 서 있다. 경제적 자유와 정치적 민주주의라는 두 축이 오랫동안 함께 작동한 이 체제는 오늘날 분리와 재구성을 요구받고 있다. 자유는 점점 더 '능력주의적 경쟁'과 '시장 중심주의'라는 이름 아래 경제적 강자의 이익을 옹호하는 방향으로 강화되고, 민주주의는 '사회적 권리의 확장'과 '불평등의 교정'이라는 요구를 수용하지 못한 채 제도적 무력감을 드러내고 있다.

그 결과, 자유와 민주주의는 더 이상 동일한 정치철학의 이름 아래 움직이지 않으며 각각 새로운 정치노선으로 흩어지기 시작했다. 이 분리 과정에서 자유는 권위주의적 통치와 결합해 시장의 자유만을 보장하고 약자의 권리를 축소하려는 방향으로 진화한다.

반면, 민주주의는 자유와 결별한 후 사회적 연대를 중심으로 재조직되며, 기본소득, 부유세, 노동자 권리 보장 등 사회권 중심의 정치로 이동하고 있다. 이 새로운 충돌 구도는 단순히 제도나 정책의 차이가 아니라, 한국 사회 전체가 어떤 공동체 철학 위에 설 것인지에 대한 본질적인 선택을 요구한다.

자유

자유는 본래 개인의 권리를 보장하고 국가의 간섭을 최소화하려는 정치철학에서 출발하였다. 그러나 시간이 흐르면서 그 개념은 변형되기 시작했고, 특히 신자유주의의 심화와 함께 '자유 지상주의(libertarianism)'라는 형태로 내면화되었다. 이는 자유를 절대적 가치로 격상하는 동시에 공동체적 책임이나 연대와 같은 개념을 배제하고 오직 시장에서의 경쟁과 선택의 자유만을 우선시하는 정치적 논리로 변모하였다.

이러한 자유는 점차 '자유적 권위주의(liberal authoritarianism)'로 진화하게 된다. 강력한 국가 권력은 법과 질서를 명분으로 시장 경쟁의 절대적 보장을 요구하고, 이 과정에서 기존의 기득권 구조는 제도적으로 고착된다. 국가의 개입은 시장의 자유를 보장하는 방향으로만 작동하며, 복지나 분배 정의와 같은 민주주의의 하위 가치들은 무시되거나 억제된다.

능력주의는 이러한 자유의 체제를 정당화하는 핵심 논리로 작동하며, 경쟁에서 탈락한 자들에 대한 연대보다는 승자에 대한 정당한 보상이 우선된다. 그 결과 자유라는 이름 아래 불평등은 제도화되고, 약자의 권리는 체계적으로 침묵을 강요받는다. 더욱이 이러한 체제는 언론과 정치 담론을 통해 자유의 수호자처럼 포장되며, 실질적으로는 권위주의적 통치가 자유를 위장한 채 작동하는 정치적 역설을 낳았다.

이는 단순히 개념의 오용이 아니라, 민주주의 내부에서 자유가 어떻게 권력과 결탁하며 기존의 불평등 질서를 유지, 강화하는 이념으로 기능할 수 있는지를 보여주는 사례다. 자유는 더 이상 민주주의의 핵심 축이 아니라 특정 계층의 이익을 보호하는 수단으로 활용되며, 정치적 권위주의의 정당성을 부여하는 이데올로기로 전환되고 있다.

민주주의

민주주의는 자유로부터 분리된 이후 '사회권(social rights)'에 기반한 '사회적 민주주의(social democracy)'로 방향을 틀고 있다. 이는 단지 절차적 참여나 형식적 다수결 원리를 넘어 실질적 삶의 조건을 평등하게 만들기 위한 정치철학적 전환이다. 불평등이 일상화되고 시장의 자율성이 공동체의 존속 자체를 위협하는 단계에 이르렀을 때 민주주의는 더 이상 자유만으로는 설명될 수 없게 된다.

이러한 맥락에서 등장하는 사회적 민주주의는 기본소득제의 도입, 자산 불균형에 대응하기 위한 부유세, 토지공개념을 통한 불로소득의 사회적 환원, 노동자 이사제와 같은 기업 내 권력 분산 장치를 주요 정책 기조로 삼는다. 이는 단순히 '복지'를 확대하는 것이 아니라, 정치적 권한과 경제적 자원의 재분배를 통해 공동체 구성원 모두가 시민으로서 존엄과 실질적 자율을 보장받는 것을 목표로 한다.

사회적 민주주의는 '연대'를 핵심 원리로 삼는다. 개별 시민이 혼자 생존 경쟁을 견디는 것이 아니라, 제도와 정책을 통해 구성원 전체가 위험과 기회를 공유하는 구조를 만들고자 한다. 이 연대는 약자의 권리를 보호하고, 중산층의 몰락을 막으며, 계층 간 적대가 아닌 협력을 촉진하는 사회 시스템의 토대를 제공한다.

궁극적으로 이러한 민주주의는 자유적 권위주의와 달리 민주주의 이름으로 민주주의를 축소하지 않는다. 오히려 민주주의 본연의 이상인 평등, 참여, 존엄을 실질적으로 구현하려는 실천적 노선이 된다.

이러한 두 이념 간 충돌은 앞으로 한국 정치 지형을 규정짓는 핵심 구도가 될 것이다. 하나는 자유라는 이름 아래 시장의 자율성과 능력주의를 강조하며, 강력한 국가 권위를 통해 질서를 유지하려는 권위주의적 체제다. 다른 하나는 평등과 연대를 중심에 두고, 시민 모두에게 사회적 권리를 보장하려는 사회민주주의의 흐름이다. 이 두 정치적 노선은 단순히 정책 선택의 차원이 아니라, 한국 사회가 어떤 공동체 모델을 지향할 것인지, 국가의 정체성과 정치철학을 어디에 두어야 할 것인지에 대한 근본적이고 구조적인 논쟁을 수반한다.

민주주의 명목으로 민주주의 기반을 약화하는 권위주의적 자유주의와 자유의 일부를 제한하되 평등과 존엄을 확장하려는 사회적 민주주의 간 충돌은 앞으로 더욱 격화될 가능성이 높다. 따라서 이 대립은 특정 정권의 성패나 제도 개편의 문제가 아니라 한국 정치 전체의 진로를 결정지을 근본적인 물음으로 자리잡게 될 것이다.

4. 정치신학의 부상과 기독교-국가주의 결합

'분노의 빅텐트' 내부에서는 점차 정치신학적 구조가 강화되고 있으며, 극우 정치와 기독교 근본주의가 결합하면서 일종의 대체적 국가 비전을 형성한다. 이 집단의 집회는 종교 예배와 유사한 형식으로 진행되며, 성경 구절과 찬송가, 설교 형식을 빌려 정치적 주장을 선포한다.

그 핵심은 기존의 공화적 시민 개념을 종교적 순결 개념으로 치환하는 데 있다. 이 과정에서 여성, 성소수자, 외국인, 장애인 등 '비정상'으로 간주되는 타자들은 정치적, 도덕적 타락의 상징으로 지목되고, 신앙의 이름 아래 배제와 차별의 정당성이 획득된다.

이러한 구조는 단지 극우의 선동이 아닌, 명확한 신학적/정치철학적 계보 위에 서 있다. 프랑스의 르네 지라르가 제시한 희생양 메커니즘, 독일의 칼 슈미트가 주장한 적과 친구의 구별에 기초한 '순수 국가론(Pure Nation Theory)'은 이러한 흐름의 사상적 토대다.

민주주의 갈등을 신성한 전투로 치환하고, 내적 배제를 통해 일종의 '정화된 공동체'를 구성하려는 시도는 정치의 종교화를 넘어서 종교의 정치화를 구현하는 흐름으로 볼 수 있다. 그 결과 '분노의 빅텐트'는 단지 분노한 시민들의 결집이 아니라 종교적 계시와 정치적 권력을 결합한 새로운 권위주의 질서의 형성이 된다.

미국에서는 피터 틸과 일론 머스크 등 실리콘밸리 기반의 기술자본 세력이 프랑스 철학자 르네 지라르 학파에 적극적으로 자금을 지원하며 정치/사상적 재편을 주도한다. 이들은 신자유주의 이후의 시대를 대비한 신우파의 이데올로기 기반을 구축하는 데 주력하며, 지라르의 희생양 이론과 종교적 정치 이념을 결합한 '정치신학적 전위'를 창출한다. J.D. 밴스 부통령은 이러한 흐름의 대표적 정치적 구현체로 부상하고 있으며, 그의 정치노선은 기존 보수주의와 구별되는 탈이념적 기독교-기술자본 결합 체제를 상징한다.

이러한 신학 운동은 자유민주주의에 의한 통치를 포기하고 '영혼의 통치'를 역설한다. 자유와 평등과 공존이라는 민주주의 이론은 사회의 갈등과 폭력을 막을 수 없는 숙명을 타고났다.

그렇다면 다시 국가-교회-가족으로 이어지는 전통적 가치를 복원하고 이에 소속되고자 하는 영혼의 통치에 주목한다. 이들에 따르면 자유민주주의자들은 '잘 사는 것'에 대해 말하지 않는 기만적인 엘리트들이다. 외국인들과 유색인종에 개방적인 자유주의 기획을 전복하고 다시 '우리'라는 울타리 안으로 결속함으로써 우리끼리 잘살아보겠다는 주장이다.

이와 같은 흐름은 한국에서도 유사하게 관찰된다. 기술 엘리트와 종교적 근본주의가 결합한 이데올로기 연합은 기존 정치 구조를 우회하고 대중 감정을 동원하여 권위주의적 질서를 정당화하는 방식으로 작동한다. 특히 극우 종교 집회는 기존 이념적 의제보다 종교적 열망과 종말론적 세계관을 중심으로 구성되고 있으며, 이는 점점 정치체계 전반에 영향을 미치는 실질적인 권력 행위로 변모한다.

기독교 사상에 의한 남북통일과 반공산주의, 반중국으로 결속한 울타리는 비로소 새로운 '우리'의 탄생이다. 이로써 종교는 윤리적 기초를 제공하는 수준을 넘어 국가주의적 상징 질서를 전유하려는 권위주의 체제의 핵심 인프라로 기능한다.

5. 기술 독점 시대의 정치 이념: 기술 파시즘 vs 사회 혁명

AI와 플랫폼 중심의 디지털 자본주의는 과거 제조업 기반의 산업자본보다 훨씬 더 집중된 경제권력을 형성하고, '초독점(hyper-monopoly)'이라는 표현으로 설명되는 새로운 경제 질서를 만들어낸다. 이 과정에서 자본은 전통적인 시장 경쟁을 통해서가 아니라, 플랫폼을 장악한 소수 기술 기업을 중심으로 압도적 지배력을 행사한다.

데이터, 알고리즘, 인공지능 기반 자동화 기술은 고용 구조를 재편하고, 노동의 가치는 점점 더 축소되고 자산의 집중은 가속한다. 이는 단지 경제적 불평등을 넘어 정치/사회 시스템 전반의 재구성을 요구하게 만드는 구조적 파열을 동반한다.

이 같은 배경 속에서 두 가지 이념 흐름이 충돌하며 새로운 정치 구도가 출현하고 있다. 첫째는 초독점 자본과 결합한 권위주의적 통치 모델, 즉 기술 파시즘이다. 둘째는 이러한 기술적 불평등에 맞서 사회권 중심의 재분배와 민주주의 재구성을 추구하는 사회 혁명적 흐름이다.

기술 파시즘

기술 파시즘은 기존의 전체주의적 폭력이나 노골적 탄압과는 결을 달리하면서도, 결과적으로 민주주의 토대를 잠식하는 새로운 유형의 권위주의 정치 질서다. 일론 머스크류의 자유지상주의는 무한경쟁을 미덕으로 포장하고, 외국인이나 약자를 비용 요인으로 치환하며, 감세와 규제 완화를 통해 부의 집중을 가속하는 경제 질서를 추구한다. 이러한 흐름은 단순한 시장 중심주의가 아니라, 데이터와 플랫폼을 장악한 기술 엘리트가 국가권력과 결합하면서 실질적인 통치 권력으로 전환되는 구조를 지닌다.

이때 국가는 더 이상 시민의 자유와 권리를 보장하는 민주적 공론장이 아니라 기술 자본의 요구와 이해를 실행하는 통치 장치로 전환된다. 데이터 수집과 알고리즘 작동은 감시와 통제를 정당화하며, 사회의 관리 효율성을 명분으로 인간의 자율성과 결정권은 점차 후퇴한다.

예측 가능성과 최적화라는 기술 언어는 정치적 정당성의 외피를 입고 작동하면서, 실제로는 공공의 가치와 사회적 연대, 민주적 절차를 무력화한다. 이 과정에서 규제에 발목이 묶였던 실리콘밸리의 기술자본은 '해방의 날'을 맞이하게 된다.

이러한 상황에서 시민은 행위 주체가 아니라 데이터로 환원되고, 사회는 공공성을 상실한 채 플랫폼 질서에 종속된 계층화 구조로 재편된다. 이 과정에서 '자유'는 더 이상 시민적 권리나 정치적 참여의 개념이 아니라 경쟁과 소비의 권리로 축소되며, 그 결과로 나타나는 배제와 불평등은 '공정한 결과'라는 언어로 위장된다. 기술 파시즘은 바로 이처럼 자유의 외양을 빌려 민주주의의 실질을 대체하고 새로운 형태의 통치 권력으로 기능하게 된다.

사회 혁명

기술혁명이 초래한 불평등과 권력 집중에 대한 대항 흐름으로서 사회 혁명은 단순한 제도 개혁을 넘어 근본적인 구조 전환을 추구한다. 버니 샌더스 류의 정치사상이 대표적으로 제시하는 이 모델은 기본소득, 공동 부의 개념, 부유세 부과, 노동권 강화, 공공서비스 확대 등을 통해 자본과 권력이 소수에게 집중된 현재의 질서를 재구성하고자 한다.

이러한 사회 혁명은 단지 경제적 재분배를 목표로 하는 것이 아니라, 민주주의의 기반을 자산권에서 사회권 중심으로 재편하고자 하는 실천적 시도다. 특히 AI 기반 자동화와 플랫폼 경제가 일자리를 대체하고 노동을 탈가치화하는 흐름 속에서 모든 시민이 사회 구성원으로서 존엄을 보장받을 수 있는 새로운 정의론이 요구된. 노동자 이사제나 디지털세 도입, 토지이익공유제 같은 정책은 이러한 전환의 구체적 경로로 부상한다.

기술 자본의 집중이 자유를 축소하고 민주주의의 실질적 기반을 약화하는 현상에 맞서 사회 혁명은 인간 중심의 기술 윤리와 참여적 경제 시스템, 연대에 기반한 공동체 회복을 중심 가치로 삼는다. 이는 민주주의를 다시 공공성과 공동의 권리 실현의 장으로 되돌리기 위한 급진적이되 필연적인 대응이다.

내전형 정치

한국 사회는 현재 기술 파시즘과 사회 혁명이라는 두 이념 흐름 사이에서 정치적 진로를 결정해야 하는 역사적 전환기에 직면해 있다. 이 양극단은 단지 정책 방향의 차이를 의미하는 것이 아니라, 한국 민주주의가 향후 어떤 가치를 중심으로 재구성될지를 가르는 철학적 갈림길을 형성한다. 기술 파시즘이 시장 자유와 기술 권위를 앞세워 통제와 계층화를 정당화하려 한다면, 사회 혁명은 공동체 연대와 평등의 가치를 중심으로 민주주의의 재정의와 사회적 권리의 확대를 추구한다.

　이 양자 간 충돌은 이미 정당 체계 내부의 분열로 나타나고 있으며, 각종 집회, 온라인 커뮤니티, 언론 보도, 알고리즘 기반 여론 형성에서 그 전조가 뚜렷하게 감지된다. 정치적 극단화는 여론의 50:50 대결 구도를 굳히고 있으며, 이로 인해 정책 결정은 반복적으로 교착 상태에 빠지고, 국민 내부의 심리적 피로감과 갈등 감정이 축적된다. 민주주의가 시민의 의사를 조율하고 중재하는 공간이 아니라, 대결과 대립의 장으로 전락하는 현상이 심화하면서, 한국 정치 전체가 '내전형 정치(Civil War Politics)'로 이행할 가능성이 점점 커진다.

　이러한 내전형 정치란 물리적 무력 충돌이 아니라, 제도권 정치가 정서적, 심리적, 정보적 차원에서의 극단적 양분 구조 속에서 기능 마비에 빠지는 상태를 말한다. 이념 대결은 사실상 정체성과 신념, 존재 방식에 대한 충돌로 심화하며, 합의와 타협, 절충이라는 민주주의의 기본 작동 원리는 무력화된다. 정치가 사상의 전쟁터가 되고, 각 진영은 자신의 정당성만을 절대화하면서 상대를 민주주의의 적으로 규정하는 프레임을 강화하게 된다. 이러한 경향은 이미 온라인 공간에서 검열, 낙인, 배제, 그리고 정보의 병렬화 구조 속에서 나타나며 오프라인 정치와 사회 전반으로 확산하는 징후를 보인다.

　따라서 한국 사회는 단지 정치적 대립을 조정하는 수준이 아니라, 민주주의의 존속 조건 자체를 보전하기 위한 제도적/문화적 방파제를 구축해야 하는 절박한 시점에 놓였다. 지금의 충돌은 체제 내부의 다양성을 유지하며 긴장을 완충할 수 있는 '민주적 갈등관리 장치'가 없는 상태에서 표류 중인 것이다. 이념적 대립이 존재 자체의 적대감으로 비화하는 내전형 정치의 흐름은, 한국 사회의 제도적/심리적 회복력을 근본에서 시험할 것이며, 이에 대한 대응은 단순한 정치 기술이 아니라 시대정신의 문제로 다루어져야 할 것이다.

6. 중도세력의 역할과 내전 방지의 정치

내전형 정치의 위험을 완화하고 민주주의 체제를 유지하기 위해서는 중도세력의 주체적 개입과 제도적 장치 마련이 절실하다. 현재 한국 사회에서 나타나는 양극단의 이념 충돌은 단지 입장 차이를 넘어서, 상호를 존재 자체로 부정하고 배제하는 수준에까지 이르렀다. 이 과정에서 가장 큰 타격을 입는 계층은 정치적 의사결정 과정에서 충분한 영향력을 행사하지 못하는 중산층이며, 이들은 동시에 체제 유지의 핵심축이기도 하다.

중도세력은 단순히 양극단의 중간 지대에 머무는 타협적 존재가 아니다. 오히려 민주주의의 복원성과 회복력을 담보할 수 있는 유일한 정치적 에너지다. 사회적 민주주의가 무제한 확장되면 생산성과 자율성을 저해하는 배급 중심 체제로 변질될 우려가 있고, 반대로 권위주의적 자유주의가 강화되면 약자의 권리는 억압되고, 공공성은 축소된다. 이 극단적 양극화를 막기 위해서는 중도적 비전과 설득력 있는 서사가 필요하며, 이는 단지 정치적 수사에 그쳐서는 안 된다.

중도는 자유와 평등 사이의 균형점이자, 갈등을 통제 가능한 수준으로 완화하고 제도적 협치를 실현할 수 있는 중간 지대다. 이들은 시장의 창의성과 시민의 평등을 동시에 존중하는 포용적 정치철학을 바탕으로, 대결이 아닌 조정과 타협, 합의의 정치문화를 이끌어야 한다. 따라서 중도세력의 역할은 일회적 선거 전략이 아니라, 한국 민주주의 전체를 지속가능하게 만드는 핵심 인프라로 자리매김해야 한다.

이를 위해 중도적 정당과 정치인은 민주적 갈등관리 체계와 공론장 구조를 제도화하고, 시민 참여형 거버넌스를 확대하며, 과잉 이념화된 담론에서 벗어나 실질적 삶의 조건을 중심으로 한 정치로 재정렬할 필요가 있다. 이는 독일 철학자 위르겐 하버마스가 말한 소통체계와 공론장 정치, 즉 새로운 근대성의 확산이다. 중도는 자유의 이름으로 무책임한 경쟁을 부추기지도, 평등의 이름으로 획일적 분배를 강제하지도 않는다. 그들은 시대의 합리성과 역사적 연속성 위에서 민주주의의 작동 가능성을 실질적으로 보장하는 실천 세력이다.

중도정치는 내전형 정치로 비화하는 극단의 충돌을 민주적으로 해소할 수 있는 유일한 안전판이다. 양극단이 서로를 '민주주의의 적'으로 간주하며 정당성을 독점하려 할 때, 중도는 상대를 이해하려는 태도와 현실을 직시하는 균형 감각을 통해 타협의 문을 여는 역할을 한다. 이는 단지 중립적 태도가 아니라, 민주주의의 작동 조건을 복원하려는 적극적이고 실천적인 개입이다. 중도는 양극단의 주장 속에서 가장 이성적이고 현실적인 해결책을 찾아내며, 극단의 이념이 만들어내는 정체성과 존재 방식의 배타적 충돌을 '공존의 언어'로 전환하는 능력이 있다.

또한 중도는 사회적 신뢰를 재건하는 데 핵심적인 윤리적 자산을 보유하고 있다. 중도는 시장과 국가, 자율과 연대, 전통과 혁신 사이에서 지속가능한 조화를 모색하며, 분열된 시민사회를 연결하는 접점이자 제도적 가교 구실을 한다. 민주주의의 언어가 양극단의 구호로 오염되고 있을 때, 중도는 공공의 언어를 복원하고 사회적 합의의 기초를 다시 세우는 데 기여한다. 이는 단지 선거 승리를 위한 전략이 아니라, 정치체제 자체의 지속가능성을 회복하기 위한 철학적 사명이기도 하다.

그러므로 지금 필요한 것은 중도의 단순한 재포지셔닝이 아니라, 그 철학의 재해석과 정치 구조의 재조직이다. 중도는 현실 회피적 온건주의가 아니라, 시대적 균형 감각과 도덕적 책임을 결합한 적극적 정치 프로젝트여야 하며, 이를 통해 한국 사회의 정치적 상상력과 제도적 복원력을 동시에 확장해야 한다. 이제 한국 정치가 필요로 하는 것은 중도의 '부활'이 아니라, 중도를 통한 민주주의의 '재건'이다.

중산층은 현재의 이념적 충돌에서 가장 직접적인 타격을 받는 계층이면서도, 동시에 이러한 충돌을 조정할 수 있는 사회적 완충지대로서 독보적인 위치에 있다. 이들은 자유 시장 질서의 핵심 수혜자였으나, 기술 자본의 독점화와 불평등 심화로 인해 그 위치가 흔들리고 있으며, 사회적 권리 확대를 요구하면서도 지나친 국가 개입에는 경계심을 드러낸다. 이처럼 양극단에 모두 일정한 거리감을 유지하면서도 정치적 중심축 역할을 할 수 있는 집단은 중산층 외에 존재하지 않는다.

중산층이 무너진다는 것은 단지 소비력이 감소하고 내수경제가 위축된다는 경제적 문제를 의미하지 않는다. 그것은 민주주의를 받쳐주는 구조가 흔들린다는 정치적 경고이며, 사회적 연대의 기반이 약화한다는 공동체적 위기의 징후다. 따라서 정치의 역할은 이 중산층이 급변하는 시대 속에서도 자기 정체성을 유지하고, 새로운 질서 속에서 존엄을 지킬 수 있도록 제도적 안전장치를 마련하는 것이다.

이를 위해서는 중산층이 자유와 평등, 경쟁과 연대 사이에서 자기 입장과 이해관계를 재구성할 수 있도록 공론장이 조성되어야 한다. 단지 갈등을 조율하는 장이 아닌, 중산층이 스스로 자신의 미래를 설계하고 공동체의 방향을 논의할 수 있는 담론의 공간이 필요하다. 정치의 임무는 단지 정책을 제공하는 것을 넘어서, 중산층이 시대적 변화를 이해하고 대응할 수 있도록 철학과 서사를 제공하는 데 있다. 정치가 만들어야 할 것은 법률만이 아니라 희망과 통합의 상상력이다.

미래 사회는 단지 기술과 자본의 진보만으로 성립하지 않는다. 그것을 지탱하는 시민의식, 사회적 책임, 윤리적 감수성은 중산층을 통해 가장 넓고 안정적으로 확산될 수 있다. 그렇기에 중산층이 위기의 피해자로만 남지 않고, 새로운 질서의 설계자로 전환될 수 있도록 돕는 것이야말로 한국 정치가 직면한 가장 전략적이자 도덕적인 과제가 될 것이다.

요약과 성찰

새로운 정치의 문턱에서

한국 사회는 지금 대통령 탄핵이라는 단일 사건을 넘어서는, 훨씬 구조적이고 장기적인 변화의 문턱에 서 있다.

겉으로는 정치권의 충돌이나 특정 정권에 대한 반발로 보일 수 있으나, 그 이면에는 기술혁명에 따른 경제 구조의 대전환, 심화하는 자산 불평등, 급격히 변화하는 사회적 위계와 정체성의 혼란, 종교적·문화적 이념의 충돌이 중첩되어 있다. 이 복합적 위기 국면은 단순히 정치적 사건으로 치부되기 어려우며, 민주주의 자체의 존립 조건을 다시 묻는 근본적인 물음으로 귀결된다.

이런 배경 속에서 '분노의 빅텐트'는 현 정권에 대한 일시적 분노의 폭발이 아니라, 중산층을 중심으로 각기 다른 위기감을 느끼는 집단들이 집합하여 형성된 새로운 정치적 응집체. 이 현상은 '한국판 네오파시즘'이라는 이름 아래, 자유와 권리의 언어를 활용해 민주주의의 기반을 해체하려는 움직임으로도 해석될 수 있다.

김종대 전 의원은 이 '빅텐트'를 통해 지금 이 시대가 정치적 전환기에 있을 뿐만 아니라, 사회철학적 분기점에 서 있다는 사실을 강조한다.

기술이 지배하고 자산이 계층을 고착하며 정체성이 갈등의 기폭제가 되는 이러한 시대에 민주주의는 그 자체로 지속가능성을 위협받는다. 따라서 이 위기는 단지 탄핵 이후 정국을 어떻게 수습할 것인가에 대한 문제가 아니라, 앞으로의 정치 공동체가 어떤 원리 위에 구성되어야 하는가에 대한 물음이다.

이제는 질문을 던질 때다. 한국 사회는 분노와 혼란의 시기를 지나며 새로운 선택의 기로에 서 있다. 이 분노는 단순한 감정이 아니라 구조적 불평등과 체제 불신, 그리고 정체성의 위기 속에서 축적된 역사적 에너지다. 이 에너지는 권위주의로 수렴될 수도 있고, 민주주의의 재구성으로 나아갈 수도 있다. 문제는, 우리가 그것을 어디로 이끌 것인가 하는 점이다.

대한민국은 지금 단순히 다음 정부의 방향을 정하는 것이 아니라, 앞으로의 수십 년을 규정할 정치철학의 토대를 선택하는 시점에 있다. 우리는 이 분노를 새로운 파괴의 에너지로 방치할 수도 있고, 공동체 재건의 동력으로 전환할 수도 있다. 결정권은 우리 모두에게 있다.

지금 필요한 것은 확실한 정치철학, 설득력 있는 비전, 그리고 그것을 실현할 수 있는 집단지성이다. 민주주의는 참여 없이는 존속할 수 없고, 연대 없이는 확장될 수 없다. 이제, 우리 스스로 이 시대의 갈림길 앞에서 어떤 선택을 할지 깊이 성찰해야 한다.(편집자)

3장 2030 청년들에게 보내는 위로와 고언

1. 혐오와 단절의 시대, 청년은 어떤 문명관을 가질 것인가?

오늘의 한국 사회는 급격한 균열과 분열의 시기를 통과하고 있다. 이는 단지 정치적 입장의 차이나 세대 간 갈등이 아니다. 보다 근본적인 것은, 인간의 존엄과 자유라는 보편적 가치가 허물어지고 있다는 사실이다. '우리와 그들'이라는 구획은 삶의 거의 모든 영역을 갈라놓고, 혐오와 배제는 일상화되었으며, 이성은 감정적 충동에 밀려 설 자리를 잃고 있다.

한나 아렌트는 나치의 유대인 학살을 민족 간의 충돌로 환원하지 않고, "인류에 대한 범죄"로 규정했다. 홀로코스트는 나치가 유대인을 학살한 민족 간 범죄가 아니라 인류 보편의 가치인 인도주의에 대한 도전이다. 이런 보편주의 시각을 합리적 계몽주의라고 한다. 칼 포퍼, 비트겐슈타인, 버트런드 러셀 등이 발전시킨 합리적 계몽주의는 헤겔, 마르크스 등이 발전시킨 낭만적 계몽주의와 달리 인간의 보편적 양식과 조화를 추구한다.

2025년 3월, 작가 414인의 성명에서 한강 작가는 "훼손되지 말아야 할 생명, 자유, 평화의 가치를 믿습니다. 파면은 보편적 가치를 지키는 일입니다"라며 헌법재판소의 윤석열 파면을 촉구했다. 윤석열 탄핵 집회와 서부지법 난동사태를 겪으면서, 이대남과 이대녀, 2030과 기성세대, 법에 의한 제도적 통치와 종교를 통한 영혼 통치의 대립이 심화했다. 한국 사회가 보편주의에서 부족주의로 이탈하는 조짐이다.

심지어 사회 균형추가 되어야 할 법조인들마저 정파적 해석에 치중해 파벌화되면서 보편적 윤리의 토대가 심하게 흔들렸다. 이에 한강 작가는 계엄과 국헌문란 사태에서의 정체성 분열을 비판하고 인간의 존엄과 자유라는 보편적 가치 회복을 호소하는 짤막한 메시지를 공개했다. 이것이 한나 아렌트와 맥을 같이 하는 합리적 계몽주의다.

2024년 계엄 사태 이후, 한국 사회는 계몽의 이름으로 반계몽을 자행하고 있다. '계몽령'을 자처하며 폭력을 정당화하고, 자유와 생명의 가치를 무력화하는 시도들이 반복된다. 이 분열은 정신적/심리적 기반을 갖는다. 먼저 자아는 과대 팽창되었고, '역사와 사회 속의 나'를 인식하지 못하는 고립된 개인은 손쉽게 분노와 상실의 감정에 휘둘린다. 희망과 존중은 사라졌고, 삶은 어떤 '악의적 외부'에 의해 박탈당한다는 음모론적 세계관이 횡행한다. 이 세계에서 현실은 해석의 대상이 아니라, 정서적 확증의 자원이 된다.

소속 욕구는 이러한 분열을 더욱 공고히 한다. 같은 정서를 공유하는 집단 안에 속함으로써 개인은 심리적 안정을 추구하고, 소속감 결여로 인한 불안을 해소한다. 이 과정에서 타 집단에 대한 경계심과 혐오는 단순한 감정적 반응을 넘어 집단 정체성을 강화하는 기능으로 작용하며, '그들'을 향한 공격적 충동은 공동체 내부의 결속을 다지는 촉매가 된다.

여기서 집단은 자신들의 이질성을 정당화하고, 외부 집단의 존재를 위협으로 인식함으로써 내부 통합을 꾀한다. 이는 인간의 본능적 생존 메커니즘과도 연결되며, 적대와 혐오 속에서 집단은 외형적으로는 더욱 강해지고, 그 내부의 개인들은 도리어 심리적 안심을 얻는다.

이 구조는 다원주의적 생존 게임의 논리와 결합하면서 약육강식의 질서를 정당화한다. 경쟁에서 도태되지 않기 위한 집단 단위의 생존 전략은 정치 영역에서 사회 진화론의 이름을 빌려 이질적 존재의 배제를 정당화하는 폭력적 도구로 작동한다.

이러한 구조는 민주주의적 공론장을 붕괴시키고, 다양한 관점과 존재를 배척하며, 오히려 단일한 정체성과 이념만을 승인하는 권위주의적 정치문화를 낳는다. 개인의 자유와 다양성은 소속 집단의 생존 논리 아래 종속되고, 공공선보다는 집단적 자기보존이 우선되는 정치 질서가 굳어진다. 이는 혐오를 도덕화하고, 공격성을 정의의 이름으로 포장하며, 결과적으로 민주적 가치를 해체하는 폭력의 사슬을 형성하게 되는 것이다.

기존 민주주의 제도는 복잡하고 모호하며, 의사결정 과정은 불투명하고 느리다. 다양한 이해관계와 다수의 절차적 단계를 거치는 과정에서 민주주의는 종종 비효율과 지연으로 인식된다. 시민들은 의견을 제시하고 정책을 형성하는 데 충분한 참여를 보장받지 못하며, 복잡한 제도적 장치는 오히려 정책 결정의 불투명성을 강화한다. 이러한 경험은 대중으로 하여금 민주주의가 자신의 삶에 직접적인 영향을 미치지 못한다는 무력감을 느끼게 하고, 이로 인해 정치적 냉소주의가 확산한다.

이에 대한 반작용으로 강력한 카리스마와 '결단력' 있는 지도자를 향한 열망이 점점 확산한다. 절차보다 결과를 중시하는 분위기 속에서 즉각적인 실행력과 단호한 메시지를 가진 리더들이 주목받는다. 이들은 복잡한 제도적 절차를 우회하고 직접 행동에 나섬으로써 일종의 해방감을 제공하며, 대중은 그 속에 자신들의 목소리가 반영된다고 착각하게 된다. 사이코패스와 나르시시즘에 포획된 권력자가 카리스마가 있고 결단력이 뛰어난 지도자로 오인되는 현상이다. 그러나 이는 곧 절차적 민주주의의 약화로 이어지고, 민주적 정당성은 리더 개인의 성향이나 인기라는 취약한 기반 위에 놓이게 된다.

이러한 흐름 속에서 민주주의는 점점 절차가 아니라 효율성의 이름으로 공격받으며 공공성은 점차 무능력으로 치환한다. 다수의 이익을 고려하고 조율하는 데 필요한 공적 영역은 복잡성과 시간 소모로 인해 비효율적이라는 낙인이 찍히며, 오히려 강력한 사적 권력이나 시장의 자율성이 더 높은 성과를 낼 수 있다는 허상이 확산한다.

이로 인해 민주주의가 지향해야 할 투명성, 참여, 숙의라는 가치는 점차 뒷전으로 밀려나고, 정치적 결정은 점점 더 폐쇄적인 권력구조 속에서 이루어지는 경향을 보인다. 결국 이러한 흐름은 공동체 구성원 간의 신뢰를 약화하며, 민주주의의 본질적 의미를 위협하는 구조적 위기로 귀결된다.

이 모든 흐름은 결국 포퓰리즘과 '포기 증후군'으로 귀결된다. 포퓰리즘은 대중의 불안과 분노를 정제하지 않은 감정 상태로 수용하며, 단순한 구호와 선동적인 메시지로 복잡한 문제를 해결하겠다는 환상을 제공한다. 이런 구조 속에서 정치적 판단은 점점 외주화된다. 시민 개개인은 정책과 공론장의 주체가 되기보다는, 정치인의 메시지를 수동적으로 소비하는 존재로 전락한다. 스스로 비판적이고 자율적인 판단의 주체임을 포기한 대중은 리더의 언행에 감정적으로 반응하는 구조에 갇히게 된다.

특히 이 선동적 담론은 정치적 판단과 도덕적 책임을 회피하게 한다. 분노와 불만을 해소하기 위한 즉각적인 카타르시스는 오히려 문제 해결의 실마리를 가리는 장막이 되고, 숙의와 참여의 정치 대신 흥분과 대결의 정서가 공적 영역을 지배하게 된다. 대중은 복잡한 현실을 이해하고 주체적으로 개입하기보다는 강력한 지도자의 '결단'에 자신을 위임하며 정치적 무기력을 내면화한다. 그 결과, 판단하지 않아도 되는 정치, 책임지지 않아도 되는 선택, 그리고 돌이킬 수 없는 사회적 후퇴라는 3중의 위기가 반복된다.

이러한 구조는 청년에게 가장 큰 피해를 안긴다. 아직 체제 안에서 충분한 자원을 확보하지 못한 세대에게 포퓰리즘은 실질적 혜택을 제공하지 않으며, 오히려 희생양 만들기와 불평등 구조의 재생산을 통해 그들의 삶을 더욱 피폐하게 한다. 청년은 희망보다는 분노로, 연대보다는 배제로 자신의 자리를 찾게 되고, 이는 더 깊은 무력감과 자기소외를 낳는다.

그러나 역설적으로 이 악순환의 고리를 끊고 질서를 전복할 수 있는 유일한 주체 또한 청년이다. 그들은 아직 구조의 중심에 포섭되지 않았기에 새로운 상상력과 행동력을 발휘할 가능성이 있다. 그러므로 이 위기는 청년에게 절망이 아닌 전환의 기회로 작동할 수 있어야 하며, 청년 스스로가 이 구조를 인식하고 문제화할 때, 전복은 실현 가능한 대안으로 떠오르게 된다.

이 시대가 요구하는 것은 새로운 문명관이다. 단절과 혐오의 논리를 극복할 수 있는 보편 가치의 복원, 닫힌 정체성에서 열린 정체성으로의 이행, 그리고 파편화된 감정의 정치에서 통합적 이성의 정치를 다시 일으켜 세우는 일이다. 청년은 이 거대한 과업의 첫 출발점에 서 있다.

2. '분노 세대'라는 낙인 너머, 청년의 실존을 마주하다

청년은 더 이상 미래의 가능성으로만 호명되지 않는다. 지금 이 순간, 한국 사회의 가장 불안정한 구조 위에 서 있는 존재는 바로 청년이다. 고통은 일상이며, 그 일상은 반복되는 구조의 산물이다. 노동시장은 기회의 장이 아니라 계급화된 생존 구역으로 변모하고, 교육은 이동 사다리가 아니라 신분을 고정하는 문턱이 되었다. 이 사회는 청년에게 미래를 약속하지 않는다. 대신 끝없는 경쟁만을 명령한다.

기억의 차원에서도 청년은 기형적 짐을 짊어진다. 전쟁과 배고픔의 시대를 통과한 할아버지 세대, 독재와 산업화를 겪은 아버지 세대는 그 고통의 기억을 청년에게 전수했다. 이는 단지 추상적인 역사 교육이나 세대 간 정서적 공감의 문제를 넘어 구체적 삶의 기준과 생존의 서사를 결정하는 힘으로 작용한다.

할아버지 세대가 체득한 인내와 절약, 아버지 세대가 신봉한 근면과 충성은 청년에게는 여전히 도덕적 규범처럼 남아 있지만, 그 현실적 기반은 이미 무너진 상태다. 더 이상 과거의 방식으로는 생존도, 성장도 보장되지 않음에도 청년은 과거의 고통을 이어받았다는 이유만으로 현실의 책임을 전가 받는 셈이다.

그러나 청년은 그 고통을 극복할 어떤 비전도 물려받지 못했다. 세대 간 기억은 계승되었지만, 시대정신은 단절되었다. 20세기 중반의 근대화 담론과 21세기 초의 신자유주의 체제 사이에서 청년은 가치의 지도조차 잃고 헤매고 있다. 고통의 유산은 계승되었지만, 그것을 뛰어넘을 수 있는 철학이나 목표, 비전은 부재한 상황이다. 이는 청년을 더욱 허무하게 만들고, 현실을 받아들이기보다는 회피하거나 냉소하게 만든다.

청년은 자신이 주인공이 될 수 있는 서사를 박탈당한 채 오직 경쟁의 논리 속에서 자격을 입증하라는 명령만을 받는다. '너는 충분히 노력했는가', '그 자리를 차지할 자격이 있는가'라는 끊임없는 자기 검열의 구조 속에서 청년은 자신의 존재를 증명해야 한다.

이러한 구조는 능력주의적 신화를 재생산하며, 구조적 불평등을 은폐하는 역할을 한다. 자격의 증명이란 이름 아래, 청년은 사회적 책임이 아닌 개인적 책임만을 부여받고, 실패는 전적으로 개인의 몫이 된다. 이처럼 고통의 기억과 경쟁의 명령 사이에 낀 청년은, 시대정신 없이 방황하며, 동시에 그 방황조차 정당화되지 못하는 딜레마에 빠져 있다.

부모 세대로부터 강요된 정신적 식민 상태는 청년을 더욱 무기력하게 만든다. 자존감 넘치는 롤모델은 사라졌고, 이념과 철학은 고루한 낡은 언어가 되었다. 지금 한국 사회 청년들에게는 본보기가 될 만한 롤모델이 사실상 존재하지 않으며, 시대 정신을 이끌 확실한 이정표도 존재하지 않는다.

험한 파도가 밀려오는 바다에서 깃대처럼 외로이 흔들리는 무수한 군상이 청년의 현주소다. 대신 청년을 기다리는 것은 불안정한 비정규 노동과 파편화된 진로, 그리고 점점 가혹해지는 사회적 평가 체계뿐이다.

2025년 기준으로 35세 미만 청년의 평균 소득은 2,625만 원, 평균 부채는 1,637만 원이다. 이 중 12%는 고위험 대출이며, 청년 실업률은 표면적으로는 7.5%에 불과하지만, 실질적으로는 저임금, 단기 일자리와 구직 포기자를 포함해 훨씬 더 높은 수준에 이른다.

이러한 현실은 청년 내부의 구조적 양극화를 빚는다. 이는 단순히 소득 차이나 일자리의 질의 차원에 머무르지 않고, 삶의 방식과 존재의 의미 자체에 깊은 균열을 일으킨다. 중소기업 비정규직과 대기업 정규직 사이의 격차는 기회의 격차가 아니라 존엄의 격차다.

전자는 불안정한 고용과 낮은 임금 속에서 삶의 지속가능성을 위협받으며, 후자는 상대적 안정성과 사회적 지위를 바탕으로 미래에 대한 최소한의 설계를 가능케 한다. 그러나 이마저도 점점 협소한 일부에게만 허락된 특권이 되고 있으며, 구조는 끊임없이 개인에게 희생을 강요하면서도 그 보상은 점점 더 박해진다.

이 격차는 단순히 물질적 조건을 넘어 정신적/심리적 조건에서도 큰 균열을 낳는다. 누군가는 삶을 포기하고, 누군가는 그 포기를 각오한 채 살아간다. 이는 사회 전체가 미래를 설계할 수 있는 능력을 상실했음을 뜻하며, 청년 개인에게 남은 것은 끝없이 생존을 위한 전투뿐이다.

노력과 성공의 인과관계는 이미 불신의 대상이 되었으며, 그 결과 많은 청년은 체념과 무력감 속에서 자신을 지속적으로 의심하고 검열한다. 사회는 청년에게 자립을 요구하면서도, 그 자립을 위한 최소한의 조건조차 제공하지 않는 것이다.

문제는 여기서 끝나지 않는다. '좋은 성장'의 전망이 사라진 사회에서 청년은 더 이상 결혼과 육아라는 개인의 미래를 상상할 수 없다. 이는 단지 출산율의 문제를 넘어 사회 전체의 재생산 가능성에 대한 심각한 위기를 의미한다. 경제적 자유민으로의 전환 가능성은 극단적으로 축소되고, 개인이 자신의 삶을 선택하고 설계할 수 있다는 믿음은 급격히 쇠퇴하고 있다.

그 공백은 불신과 불평등으로 메워지며, 서로를 향한 질시와 경쟁은 연대를 불가능하게 한다. 결국 청년은 자신이 속한 사회로부터 철저히 고립된 채 어떤 공동의 미래도 함께 상상할 수 없는 상태로 내몰린다.

이로 인한 불평등은 외부로 향한 공격 충동을 부추긴다. 사회적 약자에게 돌아가야 할 자원들이 '위장된 세력'에게 점유되었다는 피해의식이 확산한다. 여성, 장애인, 외국인, 진보 시민단체 등이 그 대상이 되며, 청년 내부의 분노는 구조를 향하기보다 약자를 향한다. 그 결과는 공정이라는 이름의 공격성이다. 강한 자에겐 침묵하고, 약한 자를 희생양 삼아 정당성을 획득하는 이 역설은 공정 담론의 탈을 쓴 야만의 반복이다.

정체성 정치의 확산은 이러한 분노의 배출구이자 새로운 봉합 장치다. 그러나 그것은 열린 연대가 아니라 닫힌 자아를 기반으로 한다. 차별과 역차별이라는 반사적 프레임은 상호 존중의 윤리를 지우고, 젠더 이슈는 공동체 구성의 가능성을 차단한다. 신앙과 극우 정치가 결합한 정체성 플랫폼은 그 틈을 파고들며, 청년은 자신이 누구인지를 확인받기 위해 더욱 극단적인 선택지로 내몰린다.

이 모든 흐름의 핵심은 단 하나다. 청년은 자신이 누구인지 묻기 전에 무엇이 될 수 없는지를 먼저 확인당한다. 자아의 형성은 가능성의 상상에서 비롯되는데 현재의 청년은 가능성을 논하기도 전에 그 불가능의 목록을 먼저 제시받는다. 사회는 청년에게 문을 열기보다 닫힌 문들을 열거하며, 그 안에서 살아남기 위해 무엇을 포기해야 하는지를 주입한다. 이러한 현실은 청년의 자아를 무한한 기회의 주체로 규정하지 않고, 제약된 조건 안에서 감내해야 할 존재로 규정짓는다.

그 어떤 꿈도 사회적 토대 위에서 자라날 수 없으며, 불안정성은 곧 자기 정체성의 구성 원리가 되어버린다. 이는 단지 경제적 불안정이나 고용 불안만을 의미하는 것이 아니다. 인간관계의 파편화, 삶의 의미에 대한 회의, 공동체에 대한 불신이 결합해 정체성 형성의 기반 자체를 붕괴한다.

청년은 끊임없이 변화하는 사회의 요구에 맞춰 자신의 모습을 조정해야 하며, 그 과정에서 '진짜 나'는 점점 더 모호해진다. 꿈은 목표가 아니라 허영으로, 열망은 희망이 아니라 착각으로 폄하되고, 결국 청년은 자신조차 자신을 믿지 못하게 되는 실존적 고립에 빠지게 된다.

이것이야말로 오늘 청년 세대의 실존이다. 이 실존은 표면적인 분노나 무기력 너머에 자리한 더 깊은 감정 구조다. 그것은 가능성과 불가능성 사이의 극단적 간극, 희망을 상상할 수 없는 미래에 대한 감각, 그리고 자신이 사회적 의미를 가질 수 없다는 감정에서 비롯된다. 청년은 존재하지만 사회 안에서 작동하지 않으며, 살아가고 있지만 살아내고 있다는 감각은 점점 퇴색한다.

그리고 이 실존을 전환하지 않는 한, 사회 전체의 재구성은 불가능하다. 왜냐하면 이 실존은 단지 개인의 위기가 아니라 사회 전체의 붕괴 신호이기 때문이다. 청년이 미래를 상상할 수 없다는 것은, 사회가 미래를 가질 수 없다는 것과 동의어다. 사회는 자신의 재생산을 위해 청년의 에너지와 상상력을 필요로 하지만, 그 조건을 스스로 차단한다면 결국 붕괴는 시간문제다. 청년의 실존을 전환하는 일은 개인의 구제 이상의 문제이며, 시대적 생존과 직결되는 과제다.

3. 반계몽에서 신계몽으로: 청년의 철학은 가능한가

이 시대는 계몽주의의 몰락 위에서 움직인다. 계몽은 한때 인간이 이성을 통해 스스로 구제할 수 있다는 믿음이었다. 그러나 지금은 그 이성이 집단의 이익에 봉사하는 도구가 되었고, 진리는 알고리즘의 추천 순위에 따라 결정된다. 극단적 정체성과 파편화된 감정 정치가 판치는 시대 속에서 계몽은 오래전 사라진 언어처럼 취급된다. 그리고 바로 이 지점에서 신계몽주의가 요청된다.

정체성 정치는 단지 권리 요구의 수단이 아니다. 그것은 차이를 기반으로 한 위계의 논리이며, 종종 자신의 고통을 증명하기 위해 타인의 고통을 무효로 하는 구조를 따른다. 청년은 이 논리 안에서 분열된다. 여성과 남성, 수도권과 지방, 정규직과 비정규직으로 구획되고, 각자의 고통을 경쟁적으로 전시한다. 그 결과 공동의 이익은 해체되고, 공론장은 증오의 전시장으로 전락한다.

이러한 시대에 필요한 것은 차이를 폐기하는 것이 아니라, 차이를 넘어선 윤리의 재구성이다. 차이를 인정하지 않는 태도는 현실을 왜곡하고, 차이에만 머무는 태도는 사회를 고립된 파편으로 분절한다.

따라서 우리에게 필요한 것은 차이를 경계로 삼는 것이 아니라, 그것을 다리로 삼아 서로를 연결하는 새로운 윤리의 틀이다. 신계몽주의는 바로 그 윤리를 복원하는 작업이며, 단절을 넘어서 통합을 실현하려는 인류 보편 가치의 복원 프로젝트다.

신계몽주의는 단순한 철학이 아니다. 그것은 공동체의 새로운 기초이며, 공존의 기술이고, 다름 속의 평등을 실현하는 윤리적 혁신이다. 닫힌 정체성에서 벗어나 열린 정체성으로의 전환은 단지 정체성의 유연함을 말하는 것이 아니라, 고정된 소속과 경계를 넘어선 삶의 구조 전체를 다시 설계하려는 시도다.

이는 안전하고 익숙한 소속의 확신을 버리고, 타자와의 연대를 통해 불확실성과 불편함을 감수하는 모험의 실천이다. 그 모험은 새로운 사회의 윤리와 질서를 가능하게 하는 실험이 된다.

결국 이 모든 작업의 핵심은 단지 내가 누구인가를 묻는 것이 아니라, 어떤 관계 안에서 누구와 함께 살아갈 것인가를 묻는 정치적 철학으로 이어진다. 신계몽주의는 개인의 자아 정체성을 해체하자는 것이 아니라, 그 자아를 타인과의 관계 속에서 다시 구성하자는 제안이다. 이는 공동체를 상상하는 방식 자체를 바꾸는 일이며, 정치의 본질을 '통치'가 아닌 '관계의 예술'로 재정의하는 것이다. 그런 의미에서 신계몽주의는 이 시대의 유일한 실천적 철학일 수 있다.

역사는 이를 증명한다. 당나라는 불교의 유식사상(唯識思想)을 수용함으로써 선비족과 한족을 아우르는 제국을 만들었다. 현장 법사가 천축국으로부터 수입한 유식 사상은 "내 안에 네가 있고, 네 안에 내가 있다"는 통합의 교리를 전파하였는데, 이것이 중국 역사상 가장 문명화된 당나라 제국을 건설하게 한 지배 이념이었다. 로마는 기독교를 통해 이민족과의 계약을 성사하는 '하나님의 나라'의 법으로 통치했다.

문명은 언제나 외연의 확장을 통해 도약했고, 폐쇄적 정체성에 안주한 사회는 결국 쇠락했다. 21세기에 국경과 민족을 아우르는 통합의 원리는 모든 국가의 이익을 존중하고 동등하게 대우하는 '자유주의 기획'이다. 통합으로 더 높은 문명으로 나아가기 위해서는 통합의 사상, 즉 문명관이 요구된다.

문명관이 필요한 것은 이상을 위해서가 아니다. 현실이 이미 그 문명적 기반을 잃어버렸기 때문이다. 청년은 더 이상 부정의 피해자에 머무를 수 없다. 할아버지 세대의 식민주의, 아버지 세대의 약소국 콤플렉스를 넘어서는 최초의 '근대적 인간'이 되어야 한다. 자존의식을 회복하는 일이야말로, 한국 사회가 새로운 문명으로 나아가는 첫걸음이다.

정체성은 소속의 장벽이 되어서는 안 된다. 정체성은 원래 타자와의 관계 속에서 형성되는 유동적인 개념이지만, 그것이 고정된 소속이나 경계로 환원될 때 사회는 급속히 폐쇄적 구조로 기울기 시작한다. 이러한 경직된 정체성은 '우리'와 '그들'이라는 이분법적 사고를 강화하며, 차이와 다양성을 공존의 자원이 아닌 갈등의 원천으로 만든다. 그 결과, 공동체 내부는 의심과 배제로 분열되고, 타자에 대한 적대는 정당화되며, 사회적 연대는 불가능해진다.

분열과 배제는 공동체를 파괴하며, 그 파괴는 반드시 가장 약한 곳에서부터 시작된다. 이는 단지 상징적인 표현이 아니라 현실적이고 구체적인 경고다. 혐오와 단절의 언어는 사회적으로 가장 취약한 이들에게 가장 먼저 적용되고, 이들이 소외되는 순간 공동체 전체의 연대 기반은 흔들린다. 이는 곧 민주주의의 기반이 무너지는 과정이기도 하며, 연대와 협력의 토양이 사라지고, 대신 불신과 생존 경쟁만이 남게 된다. 이런 파괴는 한 번 시작되면 되돌리기 어렵고, 결국 사회 전반에 지속적인 균열과 퇴행을 초래하게 된다.

신계몽주의는 폐쇄적 소속을 해체하고 보편적 윤리 위에 새로운 공동체를 설계하는 철학이다. 이 철학은 정체성을 단일한 정답으로 환원하지 않고, 상호성과 공감, 연대의 감수성 위에서 재구성한다. 신계몽주의는 인간 각자가 가진 고유성을 인정하면서도, 그 고유성이 타자와 공존하는 윤리를 통해 완성되어야 한다는 전제를 내포한다. 그것은 단순히 더 많은 권리를 요구하는 정치가 아니라, 타인의 권리를 나의 윤리로 받아들이는 새로운 공적 상상력의 정치이다.

이 철학이 없다면 청년은 분노의 언어에 갇혀 자멸할 것이며, 사회는 무기력한 냉소 속에서 침몰할 것이다. 여기서 말하는 자멸은 단지 개인적 파탄이 아니라, 공동체적 생명력의 단절을 의미한다. 청년은 감정의 대리인을 넘어서 이성적 사유의 주체로 성장할 수 없고, 사회는 연대의 근거를 상실한 채 개인주의적 생존 경쟁만을 반복하게 된다. 신계몽주의는 이 악순환을 끊는 철학적 실마리이며, 사회가 다시 통합될 수 있는 윤리적 가능성이다.

따라서 물어야 한다. 청년은 어디로 가는가? 단지 고통을 호소하는 존재로 머무를 것인가, 아니면 시대의 방향을 다시 그리는 사상적 기획자로 나설 것인가? 이 질문은 단순한 진로 선택의 문제를 넘어서, 청년 스스로가 지금 시대를 어떻게 인식하고 자기 위치를 어떻게 정의할 것인가에 대한 존재론적 물음이다. 청년이 고통의 수용자에서 머무를 경우, 그 고통은 곧 체념과 무기력으로 전환되며, 이는 사회 전체의 정체로 이어진다. 그러나 만약 청년이 고통을 해석하고, 그 속에서 새로운 방향성을 도출한다면 사회는 새로운 활로를 찾게 된다.

지금 필요한 것은 단 한 번의 정치 참여나 일회적 항의가 아니다. 그것은 패턴의 반복에서 벗어나 구조를 재구성하는 장기적 기획이다. 청년은 투표일에만 호출되는 시민이 아니라, 일상에서 철학하고 제도에 질문을 던지며 미래의 프로토타입을 설계하는 사유의 주체가 되어야 한다. 삶을 바라보는 관점과 언어, 타자와 맺는 관계의 방식, 사회를 이해하는 감각 자체를 전환하는 일, 그것이 바로 오늘날 청년이 수행해야 할 새로운 정치다.

그것은 삶의 철학을 다시 쓰는 일이다. 철학은 교과서에 적힌 이름들이 아니라, 삶을 해석하고 방향을 제시하는 살아 있는 도구다. 우리가 가진 고통, 불평등, 소외, 혐오, 그 모든 현실의 언어들을 철학적으로 재구성하지 않는다면 청년은 언제나 시대의 소비자로 남을 수밖에 없다. 사상은 도피가 아니라 책임이고, 회피가 아니라 실천이다. 사유를 시작하는 순간부터 청년은 더 이상 객체가 아니라 주체로서 역사에 등장할 수 있다.

그리고 그 시작은, 바로 지금 여기에서 가능하다. 어떤 제도 개편이나 사회의 성숙을 기다릴 필요는 없다. 지금 내가 있는 이 자리, 내가 속한 공동체, 내가 일상을 살아가는 이 맥락 안에서 철학은 시작될 수 있다.

우리가 묻지 않는 한 아무도 대신 묻지 않는다. 우리가 설계하지 않는 한, 아무도 우리를 위한 구조를 설계해 주지 않는다. 청년이 지금, 여기서 시작하지 않으면 안 되는 이유는 그 누구보다 시대의 전환점에 가까이 서 있기 때문이며, 그 누구보다 변화의 불가피함을 가장 먼저 체험하기 때문이다.

4. 설계자로서의 청년: 사회적 연대와 기술시대의 책임

공동체는 저절로 유지되지 않는다. 누군가가 설계하고, 지탱하고, 감시해야만 지속된다. 지금 이 사회는 설계 없이 표류 중이며, 기존의 정치/경제 질서는 스스로를 재생산하기에 급급하다. 변화를 말하면서도 기득권을 지키려 하고, 혁신을 외치면서도 구조를 고정한다. 이 체제를 전복할 수 있는 유일한 동력은 외부에서 온다. 그 외부란 다름 아닌, 청년이다.

청년이 고립된 개인에서 벗어나 설계자가 되려면, 기득권 질서와 이별할 결심이다. 이 단절은 단순히 과거와의 결별이 아니라 현재를 지배하는 불공정한 질서에 대한 철저한 비판과 윤리적 결별을 의미한다. 부와 권력을 대물림하며 자신들의 구조를 영구화하려는 기득권 세력은 기존의 정치 언어와 제도를 자신들에게 유리하게 고정하고 있으며, 청년이 이 구조에 포섭되기를 강요한다.

그러나 청년이 진정한 설계자가 되기 위해서는 이 기득권 구조에 대한 명확한 인식과 함께, 그것과의 정치적/윤리적 단절을 선언해야 한다. 이것은 불복종의 윤리이며, 불평등한 질서에 대한 거부이자 새로운 사회 설계를 위한 첫걸음이다.

타협과 공존의 언어는 이미 이 구조 속에서 무력화되었다. 겉으로는 관용과 협력을 말하지만, 실제로는 기득권의 지속을 위한 장치로 작동하는 경우가 많다. 청년에게 요구되는 공존은 종종 침묵과 순응이며, 타협은 불의에 눈감는 방식으로 변질된다.

따라서 청년이 주체로 거듭나기 위해서는 기존 질서가 요구하는 위선적 협력의 틀에서 벗어나야 한다. 지금 필요한 것은 연대 이전의 해방이다. 할아버지, 아버지 시대의 정신적 강요로부터 자유를 확보하는 정신의 해방이다. 청년은 스스로 새로운 질서를 창조할 수 있는 설계자이자 실행자다.

청년은 의존의 대상이 아니라 구조를 바꾸는 주체이며, 이 선언 없이는 연대는 기껏해야 또 다른 예속일 뿐이다. 연대는 평등한 관계를 전제로 할 때만 진정한 힘을 갖는다.

하지만 청년이 여전히 누군가의 보호를 받아야 할 존재로만 인식된다면, 그 연대는 위계적 구조 속에 머물 뿐이다. 설계자로서 청년은 독립적 의식을 갖고 기존 권력과의 결별을 선언하는 동시에 새로운 관계를 구성해 나가는 책임도 함께 떠안는다. 이는 고통을 감내해야 하는 일이며, 불확실성과 싸워야 하는 과정이지만, 오직 그 과정을 통해서만 진정한 사회 전환은 가능해진다.

동시에 연대는 필수적이다. 다만 그 연대는 누군가의 희생이나 시혜에 기반하지 않는다. 사회 전체의 복지를 공동의 이익으로 재구성하는 새로운 평등의 사유, 그것이 신계몽주의적 연대의 핵심이다. 이 연대는 특정 세대나 계층만을 위한 협소한 정의가 아니다. 중산층에게도 충분한 혜택을 부여하고, 약자를 배려하면서도 공동체 전체의 지속가능성을 설계하는, 보다 넓은 의미의 정치적 평등이다.

기술혁명은 이 설계의 조건이자 배경이다. 인공지능과 자동화, 디지털 금융과 플랫폼 경제로 대변되는 21세기의 기술구조는 더 이상 전통적인 복지국가 모델을 지속가능하게 두지 않는다. 그러나 기술은 재앙이 아니라 기회다. 청년은 기술을 소비하는 주체가 아니라, 기술에 의해 재편될 미래를 설계하는 세력이 되어야 한다. 이 과정에서 가장 시급한 과제는 '공동 부(富)의 사회적 분배'다.

공동 부란 단지 국가 예산이나 세금 정책만을 의미하지 않는다. 데이터, 네트워크, 플랫폼, 시간, 교육, 돌봄 등 사회 전체가 함께 축적한 비물질적 자산들을 어떻게 누구와 나눌 것인가의 문제다. 이것이 청년이 마주한 새로운 정의의 질문이며, 동시에 새로운 성장의 조건이다. 기본소득, 사회 상속, 디지털 인프라의 공공화 등은 이 질문에 대한 초기적 해답일 뿐이다.

설계란 단지 제도를 만드는 것이 아니라, 질서를 새롭게 정의하는 일이다. 청년은 이제 '민주주의의 사용자'가 아니라 '공화국의 설계자'가 되어야 한다. 이는 더 이상 유예할 수 없는 시대적 명령이다. 관찰자로서의 청년은 사회를 바꿀 수 없다. 투표만으로, 불만만으로, 참여만으로도 충분하지 않다. 지식과 감각, 윤리와 사유, 기술과 연대를 한 몸에 통합하여 시대의 프로토타입을 직접 구성해야 한다.

공동체는 스스로 설계하지 않으면 파괴된다. 설계의 자리를 누가 차지하느냐에 따라 사회의 방향은 전혀 다른 궤도로 흘러간다. 그 자리를 비워두는 순간, 극단과 독점, 조작과 선동이 그 자리를 차지한다. 지금, 그 자리를 청년이 채워야 한다. 기득권의 연장선이 아니라, 전혀 다른 사회를 가능케 할 설계의 언어로 다듬어져야 한다.

> 요약과 성찰

청년이여, 이제 설계자의 자리에 나서라

김종대 전 의원은 한국 사회의 균열을 직시하며, 그 균열의 가장 깊은 틈에 놓인 존재로 청년을 지목한다. 그러나 그는 청년을 단지 연민의 대상으로 바라보지 않는다. 오히려 가장 먼저 고통받고, 동시에 가장 먼저 움직일 수 있는 '역사적 주체'로 호명한다. 청년은 정신적으로는 이전 세대의 식민주의적 기억에 종속되어 있고, 경제적으로는 구조적 불평등과 채무의 늪에 갇혀 있다. 이들은 미래를 설계할 수 없는 세대이며, 분노를 정체성으로 삼는 방식으로 자기 자신을 보호한다. 정치적 대표를 잃고, 경제적 자율을 박탈당한 채, 서로를 향한 혐오와 경쟁만이 남은 이 시대에, 청년은 자신이 누구인지를 묻기보다 누구를 이겨야 하는지를 묻는다.

이러한 분열과 자폐적 정체성의 흐름에 맞서 김 전 의원은 '신계몽주의'라는 철학적 대안을 제시한다. 계몽주의는 인간이 이성의 힘으로 자신을 구원할 수 있다는 믿음에서 출발했으며, 그것은 특정 이념이나 집단이 아닌 인간 전체를 향한 윤리적 요청이었다. 신계몽주의란 이 계몽의 정신을 오늘날 다시 소환하여 파편화된 공동체를 보편의 원칙으로 통합하고, 이기적 정체성의 울타리를 넘어 열린 연대를 설계하자는 시대정신이다.

김 전 의원은 이 철학의 실천 주체로 청년을 지목한다. 단지 경제적 피해자가 아닌, 기술혁명 시대의 '공동 부'를 재구성하고, 미래 사회의 질서를 설계할 수 있는 실질적 에너지원으로 '청년'을 제안한다. 이는 매우 구체적인 요청이다. 기득권 구조와 단절, 사회적 약자와 연대, 기술이익의 재분배, 열린 정체성의 구성, 새로운 문명관의 수립. 이 모든 과제는 선언이 아니라 설계의 언어로 실현되어야 한다.

청년이 설계자가 된다는 말은 더 이상 비유가 아니다. 그것은 시대를 전환할 명확한 실천의 명령이다. 생각하는 힘, 구조를 바꿀 수 있는 기획력, 그리고 타인의 고통을 함께 감당할 수 있는 윤리. 이 세 가지를 품은 존재만이 설계자가 될 수 있다. 지금 필요한 것은 그런 청년이다.(편집자)

PART
03

언론 개혁
박영식

1장
시민 주도 언론 개혁의 시대

2장
뉴미디어와 레거시 미디어의 건강한 공존

3장
기만적 중립을 넘어서는 언론의 진화

1장 시민 주도 언론 개혁의 시대

언론은 왜 개혁되어야 하는가?

언론의 신뢰는 단지 미디어 산업의 신용도를 넘어 민주주의 체계의 존립을 결정짓는 기준점이다. 정보의 유통과 해석, 그리고 사회적 담론의 형성에서 언론이 차지하는 무게는 막대하다. 그러나 지금 이 나라에서 언론은 그 본연의 무게를 감당하지 못한 채, 무너진 신뢰의 잔해 위에 서 있다.

로이터 저널리즘 연구소의 2024년 조사 결과는 그 참담한 현실을 여실히 드러낸다. 조사에 따르면, 한국인 10명 중 단 3명만이 뉴스를 신뢰한다고 응답했고, 이는 조사 대상국 중 최하위권 수준이다. 단순한 수치의 문제가 아니다. 이는 곧 민주주의 기반이 흔들리고 있다는 경고장이며, 언론이 더 이상 공론장을 대표할 자격이 없다는 사회적 판단이기도 하다.

이러한 불신의 배경에는 언론의 구조적 문제들이 뿌리 깊게 자리 잡고 있다.

첫째, 언론은 정보를 완전하게 전달하는 창구가 아닌, 선택적으로 가공하고 배치하는 프레임 제작자로 기능한다. 공익보다는 관점을 조율하고, 정치적 의도나 사적 이해관계를 반영하는 식으로 '사실의 선택'이 이뤄진다.

둘째, 언론 내부에 만연한 엘리트주의와 선민의식은 대중을 평등한 소통의 상대로 보지 않는다. 일부 언론인은 여전히 자신을 '진실의 해석자'로 자처하며 독자의 이해 능력을 과소평가한 채 일방적 서사를 강요한다. 이는 뉴미디어 시대의 쌍방향성에 반하는 구시대적 태도다.

셋째, 언론이 더 이상 공공재로 기능하지 못하게 만든 가장 결정적인 요인은 자본에 대한 종속이다. 광고 수익 중심의 비즈니스 모델은 언론을 클릭 유도형 콘텐츠 생산자로 전락시켰고, 이로 인해 선정성과 왜곡 보도는 일상이 되었다. 특히 포털 뉴스 알고리즘과의 결합은 조회 수 경쟁을 더욱 가속하며 언론의 윤리를 실종시켰다. 언론은 스스로를 감시할 수 없으며, 더 이상 권력을 감시하는 독립 기관이 아니라, 또 다른 형태의 권력으로 기능한다. 언론의 사적 추구 성향이 뚜렷해질수록 그에 따른 사회적 비용은 국민 전체가 감당하게 된다.

정리하자면, 오늘날 한국 언론이 신뢰를 잃은 이유는 단순한 실수나 일시적 혼란의 문제가 아니다. 이는 제도화된 오만과 시스템화된 탐욕, 그리고 자기반성과 내부 견제의 부재가 복합적으로 작용한 결과다.

시민은 더 이상 언론을 민주주의 파수꾼으로 바라보지 않으며, 언론도 더 이상 시민의 목소리에 귀를 기울이지 않는다. 이 고리를 끊어내지 않는 한 신뢰는 회복되지 않으며, 언론 개혁은 언제나 실패로 귀결될 수밖에 없다. 언론이 다시 신뢰를 얻기 위해서는 단순한 표면 정비가 아닌 근본적 체질 개선이 필요하다. 그리고 그 출발점은 언론 스스로가 아닌 시민의 손에 달려 있다.

오늘날 언론은 더 이상 공적 정보를 투명하게 전달하는 매개체가 아니다. 뉴스는 공익적 보도의 산물이 아니라, 시장에서 소비되는 일종의 상품으로 취급된다. 제목은 자극적으로 변형되고, 본문은 클릭 유도를 위한 구성으로 치장된다. 진실과 맥락, 그리고 균형 있는 분석은 설 자리를 잃고, 그 자리는 선정성과 속도 경쟁이 대신 차지했다. 이 과정에서 프레이밍이라는 이름의 교묘한 편집 기술은 특정 정치적 입장을 강화하거나 반지성적 정서를 부추기고, 사실을 왜곡하는 수단으로 악용된다.

문제는 이러한 언론의 구조적 퇴보가 일시적인 현상이 아니라는 데 있다. 언론사 대부분이 조회 수에 기반한 광고 수익에 종속되어 있으며, 이로 인해 점점 더 자극적인 방식으로 콘텐츠를 제작한다. 거짓과 과장이 섞인 보도, 확인되지 않은 루머의 유포, 특정 세력의 이해관계를 대변하는 왜곡된 기사들이 난무하지만, 그에 대한 제재나 책임은 거의 존재하지 않는다. 언론은 자신의 보도에 대해 제대로 된 사과를 하지 않고, 심지어 법적 책임도 회피하는 구조 속에서 안정적으로 존속한다. 시장의 힘에 의해 자연스럽게 퇴출되는 '정화 메커니즘'도 작동하지 않는다.

기성 언론이 이토록 무책임하게 기능하는 데에는 언론 산업의 '폐쇄적 카르텔 구조'도 한몫한다. 언론사 간의 견제와 비평은 사라졌고, 기자단과 출입처 중심의 폐쇄 네트워크 속에서 상호 감시보다는 동종 업계의 유착이 우선시된다.

이는 시민의 정보 접근권을 제한하고, 다원적 시각을 단절하며, '언론 생태계의 사막화'로 이어진다. 더욱 심각한 점은, 이러한 왜곡된 보도 구조가 일반 시민의 여론과 판단력에 직접적인 영향을 미친다는 점이다. 특정 프레임에 갇힌 채 사회적 논쟁이 정쟁화되고, 반지성적 여론이 증폭되는 현상이 반복된다.

언론은 더 이상 공공재가 아니다. 그 어떤 사회적 책임도 없이 자본의 논리만을 좇는 기업이 되었으며, 언론의 자유라는 핑계로 사실상 무소불위의 권력을 누린다. 진실과 시민의 권리는 점점 더 뒷전으로 밀려나고 있으며, 언론은 스스로 존재 이유를 부정하는 단계에 이르렀다.

한국 사회가 직면한 가장 뿌리 깊은 문제 중 하나가 언론이라면, 이제는 그 구조 자체를 완전히 해체하고 재설계하는 일 외에는 답이 없다. 언론은 더 이상 시민 위에 군림해서는 안 된다. 언론은 시민의 것이다.

기자단과 출입처 제도의 폐해

기자단과 출입처 제도는 한국 언론이 왜곡된 구조 속에서 공론장을 독점한 전형적인 메커니즘이다. 특정 언론사에만 정보 접근권을 부여하고, 나머지 언론과 독립 저널리스트들을 배제하는 방식은 사실상 민주주의 사회에서 허용되어서는 안 되는 비공개 정보 독점 시스템이다.

이는 보도의 내용뿐 아니라 보도의 방향과 속도까지 일부 권력화된 언론이 통제할 수 있도록 만든다. 이로 인해 언론 간 경쟁은 취재의 질이나 분석의 깊이보다는 출입처 내부 소스를 누가 먼저 받아내느냐, 즉 '접근 권력'의 문제로 전락한다.

출입처 제도는 정보 접근권을 제한하는 데 그치지 않는다. 기자실이라는 공간이 폐쇄적으로 운영되면서 그 안에서 일어나는 정보 교환과 보도 협의는 외부의 감시를 받지 않는다. 이는 취재원이 기자를 관리하는 구조가 아니라, 기자가 취재원을 감시하는 원래의 기능이 전도된 상태를 의미한다.

실제로 많은 기자가 출입처 관계자와의 개인적 친분이나 이해관계를 바탕으로 정보를 선별적으로 수용한다. 때로는 이를 의도적으로 보도하지 않거나 반대로 부풀려 보도하는 관행도 여전하다. 언론이 감시자가 아니라 '거래자'가 되는 순간, 언론의 본질은 훼손된다.

기자단은 출입처를 넘어 언론계 내 또 다른 권력화 구조를 형성한다. 신규 언론사나 독립 언론은 기자단 가입조차 쉽지 않고, 가입이 허용되더라도 주요 정보를 받기 위한 실질적 접근은 제한된다. 이 폐쇄적 구조는 정보의 다원성과 경쟁을 차단하며, 결국 소수 언론사만이 '공식 보도'라는 타이틀을 갖고 뉴스를 주도하는 결과를 낳는다.

따라서 언론 보도의 내용은 서로 다른 분석이나 해석을 제공하기보다는 거의 동일한 관점에서 복제되다시피 한 내용이 대량 생산된다. 이런 획일화는 언론이 정권이나 대기업의 관점을 그대로 베껴 쓰는 데서 그치지 않고, 저널리즘 전체의 창의성과 비판 기능을 갉아먹는다.

출입처 제도의 가장 심각한 폐해는 권력 감시 기능의 마비다. 패거리 저널리즘이 강화되면, 언론은 권력을 감시하기보다는 권력과 공존하거나 심지어 그 권력의 홍보 수단으로 전락하게 된다. 이는 곧 시민의 알 권리를 침해하는 것이고, 민주주의의 심장이라 할 수 있는 정보의 자유로운 흐름을 차단하는 결과로 이어진다.

정보는 특정 언론만의 전유물이 아니다. 모든 시민은 평등하게 국가와 공공기관의 정보에 접근할 권리가 있으며, 언론은 이를 대리하는 역할을 해야 할 뿐이다. 출입처 제도와 기자단이라는 전근대적 장벽은 철폐되어야 하며, 그 자리에 더욱더 개방적이고 투명한 브리핑 시스템이 도입되어야 한다.

검찰-언론의 유착과 중립의 함정

검찰이 기소하지 않으면 진실에 접근할 수 없는 것처럼, 기성 언론이 보도하지 않으면 어떤 사안도 사회적 존재로 인식되지 않는 현실은 심각한 정보 비대칭을 초래한다. 이는 언론이 사회의 거울이어야 한다는 전제에서 철저히 이탈한 상태로, 권력과 언론 사이의 유착이 진실의 흐름을 가로막는 것이다. 이러한 구조에서는 권력 감시와 사실 전달이라는 언론의 기본 책무가 실종되며, 시민은 진실을 알 권리에서 철저히 배제된다.

검찰과 언론은 오랜 기간 밀접한 공생 관계를 유지했다. 법조 출입처를 중심으로 형성된 폐쇄적 네트워크는 기자에게 '검찰발 단독'이라는 명예를 안겨주는 동시에 검찰에는 여론을 조율할 수 있는 도구를 제공해 왔다. 이 과정에서 기사는 수사기관의 입맛에 맞게 편집되거나, 검찰의 프레임을 그대로 전시하는 수준에 머무른다. 이는 언론의 정치화, 수사권력의 언론 지배로 이어지는 순환고리를 형성하며, 시민은 기소 여부나 피의사실 공표를 통해 재판 전부터 이미 '판결'된 여론을 마주하게 된다.

더불어 표면적으로는 중립성을 강조하지만 실제로는 정치적 이해관계에 따라 교묘하게 편향된 프레임을 조작하는 사례가 빈번하다. 특히 양비론은 진실을 호도하는 데에 가장 효과적인 기술이다. 잘못의 무게가 비대칭적임에도 '서로 다 잘못했다'는 식의 기계적 중립을 가장함으로써 본질적 책임을 흐리고, 독자의 비판적 사고를 마비시킨다. 이러한 중립의 외피를 입은 편향은 특정 정치 세력의 이익을 은밀히 보호하고, 기득권 권력의 교체 없이 현상 유지만을 강화한다.

결국 언론이 다루지 않는 사안은 존재하지 않는 것처럼 되고, 언론이 선택적으로 강조한 사안만이 사회적 의제가 되는 현실은 한국 민주주의의 심각한 결함을 드러낸다. 이 문제를 직시하지 않고선 언론 개혁은 성공할 수 없으며, 기득권 언론과 수사권력의 결탁 구조를 해체하지 않고서는 공정한 정보 생태계 또한 불가능하다.

가짜뉴스와 언론 범죄에 대한 처벌 부재

가짜뉴스와 왜곡 보도로 인해 개인과 집단이 심각한 피해를 보는 사례는 날로 증가한다. 피해자들은 단순한 이미지 훼손이나 명예 실추를 넘어 사회적 고립, 직업적 타격, 심지어는 생명까지 위협받는 상황에 내몰리기도 한다. 그럼에도 언론은 자신들이 만든 허위 정보에 대해 실질적 책임을 지지 않는다. 오보를 내고도 정정 기사는 구석진 면에 작게 실리고, 대부분의 언론사는 명확한 사과 한마디 없이 다음 이슈로 넘어간다.

문제는 이러한 오보가 단순한 실수가 아니라 구조적으로 반복된다는 점이다. 특정 인물을 향한 악의적 프레이밍, 가공된 인터뷰, 익명의 제보라는 명목으로 조작된 사실들은 언론 보도라는 외피를 쓰고 공적 신뢰를 가진 정보처럼 유통된다.

이는 단순한 실수가 아닌, 사실상 언론 범죄에 가까운 행위다. 하지만 이에 대한 제재는 몹시 미비하다. 법적 소송으로 이어진다 해도 언론사는 소송에서 유리한 위치에 서며, 손해배상도 대부분 상징적인 수준에 그친다.

기자 개인에 대한 책임 추궁도 거의 이루어지지 않는다. 오보를 쓴 기자는 대부분 조직 내부에서 보호받는다. 이는 언론 조직이 스스로를 보호하는 카르텔을 형성한다는 증거다. 언론 윤리 위반이나 중대한 허위보도에 대해 실질적인 직무 배제나 법적 처벌이 뒤따르는 경우는 극히 드물다. 그 결과 언론은 '사실을 왜곡해도 처벌받지 않는 권력'으로 기능하며, 민주사회에서 견제받지 않는 집단으로 자리 잡았다.

명예훼손이나 허위 보도에 따른 손해배상 역시 실효성이 부족하다. 법원은 언론의 자유를 지나치게 우선시하며, 피해자 보호는 뒷전으로 미루는 경향을 보인다. 고작 수백만 원의 손해배상이 내려지는 수준에서는 언론이 자극적인 보도를 포기할 이유가 없다.

이는 곧, 언론이 허위와 왜곡을 통해 이득을 취하더라도 그에 대한 비용이 지나치게 낮아, 오히려 '가짜뉴스 비즈니스'가 장려되는 구조가 형성된다는 것을 의미한다. 지금과 같은 구조를 방치하는 한, 언론의 무책임은 계속될 수밖에 없다.

2. 시민이 주도하는 언론 개혁 방안

기자실 폐쇄 및 브리핑룸 개방

기자단과 출입처 중심의 비공개 정보 유통 구조는 즉각 폐지해야 한다. 지금의 기자실은 단순히 취재 공간을 넘어서 권력과 언론 사이의 은밀한 커뮤니케이션 채널이자 정보 독점의 진원지 역할을 한다.

모든 취재 기자는 소속, 규모, 이념 성향과 무관하게 동등하게 정보에 접근할 수 있어야 하며, 이를 위한 제도적 기반으로 '완전 개방형 브리핑룸' 체제가 도입되어야 한다. 브리핑룸은 누구에게나 열려 있어야 하며, 정보 취득을 위해 굳이 특정 조직이나 권력 네트워크에 들어가야 하는 구조 자체가 해체되어야 한다.

과거 워싱턴 특파원을 지낸 기자들이 증언한 미국 국무부의 브리핑룸 사례는 참고할 만하다. 주요 언론사의 기자들뿐만 아니라 대다수 저널리스트에게 제공되는 출입 기회와 낮은 취재 장벽은 정보의 투명성을 높이는 데 이바지한 바 있다.

한국도 이와 같은 시스템을 도입할 수 있으며, 더 나아가 온라인 참여 기반의 하이브리드 브리핑 체제를 함께 운영함으로써 물리적 거리와 시간의 제약조차 제거할 수 있다. 브리핑 자료와 질의응답은 실시간으로 공개되어야 하고, 회의록과 영상 기록도 모든 국민이 자유롭게 접근할 수 있어야 한다. 이는 단지 언론인을 위한 개혁이 아니라 국민 전체의 알 권리를 위한 가장 기초적인 장치다.

물론 최근 트럼프 2기 행정부의 백악관 브리핑룸의 분위기는 전 세계 언론에 화제가 될 정도로 '개방했지만 오히려 폐쇄적인' 지경에 이르게 된 것은 매우 안타깝다. 유튜브와 팟캐스트에 이르기까지 모두에게 정보를 투명하게 공개한다고 해놓고 불편한 질문을 던지는 언론사와 기자의 출입을 막는 현실은 우리가 반면교사 삼아야 할 것이다.

기자실 폐쇄와 브리핑룸 개방은 언론 개혁의 상징적 출발점이자 언론권력 해체의 실질적 첫걸음이다. 이를 통해 정보의 공개성과 언론 간 공정한 경쟁이 가능해질 때, 비로소 저널리즘은 권력의 거울이 아니라 시민의 창이 될 수 있다.

징벌적 손해배상제 도입

고의적 오보 및 허위 보도에 대해서는 단순한 정정보도나 사과문으로는 책임을 다할 수 없다. 언론의 영향력은 단기간에 수많은 사람에게 영향을 미치며, 그 피해는 한 개인이나 공동체의 삶을 송두리째 흔드는 결과로 이어진다. 따라서 징벌적 손해배상제는 반드시 도입되어야 하며, 언론 보도의 무게에 상응하는 책임을 부과해야 한다.

단순한 실수 수준이 아닌, 명백한 허위사실 유포나 악의적 보도의 경우에는 손해배상 상한선을 폐지하고, 피해액의 수 배를 초과하는 수준의 벌금이나 배상책임을 부과함으로써 언론에 대한 실질적 억지 효과를 만들어야 한다. 이는 보도의 자유를 침해하는 것이 아니라, 보도의 책임을 확립하는 것이다.

언론 자유라는 이름 아래 반복되는 가해와 피해는 더 이상 용납될 수 없다. 명확한 기준과 절차를 통해 징벌적 손해배상제도를 법제화하고, 이를 정치적 공방이 아닌 사회적 합의의 결과물로 정착시켜야 한다. 특히 법원이 언론의 자유를 우선시해 피해자 보호를 소홀히 해 왔던 관행도 함께 개혁의 대상이다. 자유는 책임을 동반할 때 비로소 건강하다.

3. 언론 상호 비평 및 경쟁 구도 강화

언론이 언론을 감시하는 문화는 언론 개혁의 핵심이자 건강한 저널리즘 생태계를 회복하기 위한 필수 조건이다. 현재 한국 언론계는 내부 잘못을 외부 비판이 아니라 '자기 검열'과 '침묵의 카르텔'로 덮는 구조에 빠져 있다. 타 언론의 왜곡 보도나 이해충돌, 광고 유착 사례에 대해 보도하는 일은 거의 없으며, 오히려 비판의 칼날을 들이댄 언론은 업계 내부에서 배척당하거나 고립되는 상황이 반복된다.

이는 언론이 스스로 권력화되는 동시에 외부 권력과의 결탁을 통해 자신들의 생존 기반을 유지한다는 방증이다. 이 구조를 깨려면 언론사 간 비평과 상호 감시가 제도화 수준으로 정착되어야 한다. 미국이나 유럽에서는 미디어 워치나 저널리즘 비평 전문 매체들이 독립적으로 활동하며, 특정 언론의 부정확 보도나 이해충돌 사례를 공론화하는 역할을 맡는다. 한국 역시 이와 유사한 독립기구와 시민 중심의 감시 체계를 적극적으로 도입할 필요가 있다.

언론인 개인 간 공개적 논쟁도 활성화되어야 한다. 단순히 방송 토론에 얼굴을 비추는 수준이 아니라, 특정 보도의 문제점을 두고 실제 보도 기술, 윤리, 사실 검증 방식에 대해 공개된 논의를 주도할 수 있어야 한다. 이를 통해 언론의 전문성은 물론, 시민과의 신뢰 회복도 가능해질 것이다.

나아가 언론계 내부의 징계 시스템과 감사 기능도 강화되어야 한다. 오보나 왜곡 보도, 광고 대가성 기사의 작성 등이 확인되었을 경우,

해당 언론사는 단순 정정보도에 그치지 않고 외부 독립기구의 조사와 처분을 받는 구조로 전환해야 한다. 상호 비평과 공개적 경쟁이 가능해질 때 언론은 스스로 혁신하고 시민의 신뢰를 다시 얻을 수 있다.

4. 언론사 설립 및 유지 요건 강화

현재 한국에서 언론사를 설립하는 데 필요한 요건은 지나치게 낮으며, 특히 인터넷 언론의 경우는 사실상 아무런 진입장벽이 없다고 해도 과언이 아니다. 지자체에 인터넷 언론사 설립 신고 이후 기사 작성은 월 30만~40만 원의 콘텐츠 대행업체를 통해 자동화할 수도 있다.

이러한 구조는 언론사 자격을 갖추지 못한 수많은 유령 언론이 시장에 범람하게 만든다. 이들 언론사는 실제 취재나 보도 활동은 하지 않으면서도 언론이라는 이름으로 각종 특혜를 요구하거나 협박성 보도를 일삼는다.

특히 지역 기반의 군소 매체나 포털에 등록된 1인 미디어 형태의 언론사 중 상당수가 광고 유치와 이해관계 개입을 목적으로 운영되며, 보도 내용은 정확성과 공정성과는 거리가 멀다. 심지어 이러한 언론사를 운영하는 인물 중에는 본업이 기자가 아닌 경우도 허다하다. 이처럼 언론의 자격을 제대로 검증하지 않는 상황은 결국 언론의 무력화를 불러오며, 진짜 언론의 신뢰도마저 떨어뜨리는 부작용을 낳는다.

언론사 설립을 위해서는 최소한의 인적 요건(상근 기자 수), 보도 책임 구조, 편집 윤리 교육 이수 의무 등이 제도화되어야 하며, 등록 이후에도 정기적인 활동 보고와 내부 감사 시스템을 의무화해야 한다. 특히 언론중재위원회 또는 방송통신위원회 등 공적 기관이 등록 언론사에 대한 최소한의 활동 성과와 윤리 기준을 평가해 자격을 지속적으로 검토하는 구조가 마련돼야 한다. 단순한 자유방임이 아닌, 공적 책임을 전제로 한 '조건부 언론의 자유'가 필요하다.

언론은 헌법상 보호받는 공공의 기능을 수행하는 기관이다. 그렇다면 그 자격을 갖춘 자만이 그 이름을 사용할 수 있어야 한다. 누구나 언론사 명패만 들고 다니며 공공기관 출입, 정부 광고 수주, 기업 협박이 가능한 지금의 시스템은 더 이상 방치해서는 안 된다. 언론 자유가 공공의 이익과 결합하려면 그 출발점에서부터 엄정한 기준이 적용돼야 한다.

최근에 설립된 한국사 강사 출신의 전한길의 '전한길뉴스'가 우리 언론시장에 얼마나 대단한 저널리즘을 구현할지는 의문이나, '전한길뉴스'를 예로 들지 않아도 정권에 기생하며 정부 광고로 먹고살았던 사실상의 '관영매체'는 셀 수 없을 정도다.

5. '히든 챔피언' 언론 육성

거대 자본과 권력으로부터 독립된 언론은 한국 저널리즘의 미래를 위해 반드시 보존하고 육성해야 할 대상이다. 그러나 현재의 미디어 환경은 이들의 존속조차 어렵게 만든다. 대형 언론사는 막대한 광고 수익과 정치권과의 유착을 통해 영향력을 유지하지만, 소규모 독립 언론은 열악한 재정 구조 속에서 진실 보도를 위해 고군분투하고 있다.

독립 언론의 특징은 탐사보도, 권력 감시, 시민 참여 기반의 저널리즘에 있다. 이들이 밝혀낸 진실은 종종 주류 언론이 외면하거나 외압에 의해 보도하지 못한 사안들이다.

그러나 이러한 가치 있는 보도조차 주류 유통망에 실리지 않거나 포털 노출이 제한되면서 시민에게 도달하기 어렵다. 결과적으로 독립 언론은 좋은 콘텐츠를 만들어도 영향력을 확보하기 힘든 구조 속에 갇혀 있다.

이 문제를 해결하기 위해서는 국가와 시민사회가 함께 나서야 한다. 첫째, 정부 차원의 탐사보도 지원 기금, 또는 공익 저널리즘 펀드를 조성하여 정치적 중립을 보장하는 독립 언론에 일정 기준 하에 재정적 지원을 제공해야 한다.

둘째, 언론진흥재단과 같은 공적 기구가 히든 챔피언 언론의 보도 성과를 주기적으로 평가하고, 기술 인프라 및 교육 프로그램을 함께 지원할 수 있는 제도도 필요하다. 셋째, 시민이 직접 참여하는 소액 후원 시스템을 활성화하고, 독립 언론에 대한 소비자 평가 플랫폼을 만들어 신뢰 기반의 자율적 성장 메커니즘을 마련해야 한다.

'작지만 강한 언론'은 한국 사회의 건강한 정보 생태계를 지탱하는 보루다. 거대 미디어가 주지 못하는 공정성, 깊이, 진실 추구의 자세는 오히려 이들에게서 더 자주 목격된다. 히든 챔피언 언론을 지원하는 일은 단지 언론 하나를 살리는 일이 아니라, 공론장을 지키는 일이고 민주주의를 유지하는 사회적 투자다. 구조적으로 이들이 존속하고 성장할 수 있는 제도적 생태계를 지금 당장 설계해야 한다.

6. 언론 광고 집행 기준 투명화

정부 및 공기업의 광고 집행은 단순한 행정 행위가 아니라, 언론 생태계의 균형과 다양성에 직접적인 영향을 미치는 공공 정책 행위다. 그러나 현재 광고는 주로 대형 언론사에 집중되어 있으며, 그 기준은 모호하거나 광고비용 집행 이후 뒤늦게 공개된다. 광고 예산은 특정 매체에 쏠려있거나, 권력과 자본에 우호적인 보도를 유도하는 도구로 전락하는 일도 발생한다.

이러한 편중은 공정한 미디어 경쟁 환경을 왜곡하고, 독립 언론이나 중소 언론이 생존할 수 있는 공간을 위축한다. 광고 집행은 단순히 매체 규모나 구독자 수만 의존해서는 안 되며, 보도 공정성, 공익성, 탐사보도 실적, 시민 신뢰도 등 다양한 기준을 포함해야 한다. 특히 정치권과 결탁한 보도 행위나 반복적인 허위/왜곡 보도가 확인된 매체에 대해서는 광고 집행을 제한하는 등의 윤리 기준도 함께 적용해야 한다.

정부 부처와 공기업은 광고 집행 내역을 정기적으로 투명하게 공개해야 하며, 그 기준과 배분 방식 또한 법제화해야 한다. 언론 진흥을 목적으로 한 광고라면, 그 혜택이 언론 생태계 전반에 공정하게 분산

될 수 있도록 제도 설계가 필요하다. 이는 단지 재정 문제에 국한된 것이 아니라, 정보 생태계의 민주성을 유지하기 위한 최소한의 안전장치다.

광고는 언론에 대한 보상이 아니라 시민에게 유익한 정보 전달의 수단이라는 인식 전환이 필요하다. 광고를 통해 언론을 통제하거나 일정 매체만을 살찌우는 관행은 결국 전체 언론 신뢰를 떨어뜨리며 사회적 갈등을 부추기는 결과로 이어질 수 있다. 언론 광고의 공정성과 투명성은 언론 개혁의 실질적 지표다.

7. 미디어 리터러시 교육 확대

정보의 양이 폭발적으로 증가한 디지털 시대에는 단순히 뉴스를 소비하는 것을 넘어 그 진위를 판단하고 맥락을 파악하며, 의도와 프레임을 분석할 수 있는 '비판적 수용자'로서의 능력이 필수적이다. 그러나 현재 한국의 공교육은 이러한 능력을 체계적으로 길러주는 데 매우 취약하며, 뉴스와 정보의 소비에 대한 비판적 사고 능력 교육은 사실상 부재한 상태다.

초중등 교육 과정에 '미디어 리터러시'를 정규 교과 또는 필수 창의 체험 활동으로 편입해야 한다. 이를 통해 학생들은 언론의 기능과 책임, 허위 정보의 판별 기준, 클릭 유도형 기사 구조, 알고리즘 기반 뉴스 소비의 편향성 등 다양한 현대 미디어 환경의 특성을 학습해야 한다. 단순히 기사를 읽는 법이 아니라, 기사를 해석하고 비판하고 검증하는 법을 가르쳐야 한다.

성인 교육 차원에서도 공공 도서관, 평생교육원, 지방자치단체 프로그램 등을 통해 미디어 리터러시 강좌가 광범위하게 열려야 한다. 유튜브와 SNS 기반 뉴스 소비가 보편화된 오늘날, 모든 연령층이 알고리즘과 프레임에 휘둘리지 않고 정보의 질을 판별할 수 있는 기본기를 갖추는 것이 시민 주권 실현의 핵심 역량이다.

언론은 정보를 제공하는 주체이지만, 궁극적으로 언론의 질을 결정하는 것은 시민의 수용 능력이다. 수동적인 정보 수용자가 아닌 능동적인 정보 비평자가 많아질수록 언론도 자연스럽게 변화하고 정화된다. 따라서 미디어 리터러시 교육은 단지 교육의 문제가 아니라 민주주의 질서 유지와 직결된 시민권의 일부로 인식되어야 한다.

요약과 성찰

언론 개혁은 시민의 손으로

언론은 단지 뉴스를 전하는 기계가 아니다. 그것은 세상을 해석하고, 시민이 판단할 수 있는 틀을 제공하는 중요한 인식 구조다. 이 인식의 구조가 오염될 때 민주주의는 방향을 잃고 흔들린다. 그래서 언론 개혁은 곧 '진실의 전달 체계'를 복원하는 일이며, 이는 민주주의의 심장부를 수술하는 일과 다르지 않다.

이 작업이 왜 그토록 어렵고 반복적으로 실패했는가? 바로 그 주체가 잘못되었기 때문이다. 언론을 개혁하겠다고 나선 정치인들은 결국 언론과 타협하거나 자신에게 유리한 언론 환경만을 조성하려 했고, 언론 내부의 자정 기능은 이미 오래전 상실됐다. 이제 그 역할은 시민에게 옮겨져야 한다. 시민이 직접 언론을 감시하고, 언론사 행태를 평가하며, 좋은 언론을 후원하고 나쁜 언론을 외면하는 행동에 나서야 한다.

언론 내부의 각성과 외부로부터의 압력은 물론 중요하지만, 무엇보다 절실한 것은 깨어 있는 시민의 행동이다. 시민이 직접 나서서 언론 보도를 비판적으로 읽고, 잘못된 기사는 항의하고, 정직한 언론을 후원하고, 왜곡된 언론을 외면하는 실천을 할 때 변화는 비로소 가능하다. 댓글 하나, 공유 하나, 정정보도 요청 하나, 작은 목소리들이 모여 언론을 바꾸는 힘이 된다.

시민이 변해야 언론도 변한다. 언론이 스스로를 고칠 수 없다는 사실은 이미 여러 차례 실패한 개혁을 통해 입증되었다. 그렇다면 해답은 명확하다. 우리가 직접 언론의 생태계를 바꿔나가는 주체가 되어야 한다.

기자가 아니어도, 방송국에 근무하지 않아도 누구나 이 시대의 저널리스트가 될 수 있다. 이제는 뉴스를 받아들이는 방식에서부터, 언론에 피드백하는 태도, 후원을 통한 연대, 모두가 '시민 저널리즘'의 실천이자 민주주의 확장이다.(편집자)

2장 뉴미디어와 레거시 미디어의 건강한 공존

1. 레거시 미디어의 위기: 진실의 외면과 신뢰의 상실

"진실을 말하지 않는 언론은 권력을 감시할 수 없다."

올드미디어, 즉 레거시 미디어는 오랜 세월 사회의 공기와 같은 존재로 기능해 왔다. 과거에는 진실을 말하는 유일한 창구로 여겨졌고, 언론인이 쓴 한 줄의 기사, 앵커가 읽는 한 문장의 뉴스가 때로 정권을 흔들고 대중의 분노를 촉발하기도 했다. 그러나 지금의 현실은 사뭇 다르다. 레거시 미디어는 점점 더 진실을 말하기보다 균형이라는 이름 아래 침묵하거나 권력의 언어를 되풀이하는 데 익숙해지고 있다.

이들이 말하는 기계적 균형은 종종 언론의 의무를 포기한 기만의 또 다른 이름이다. A라는 주장과 B라는 주장이 존재하면, 그것이 사실인지 아닌지를 가리지 않고 두 입장을 동일한 무게로 나열하는 식이다. 하지만 그것은 균형이 아니라 무책임이다. 진실을 판단하고, 그에 따라 가치 있는 정보를 전달해야 할 언론의 책무가 '양쪽 다 틀릴 수도 있다'는 알리바이 속에 묻히는 것이다.

이러한 현상은 특히 권력과 관련된 사안에서 두드러진다. 거대 여당의 입장이든, 청와대 혹은 검찰의 보도자료든, 레거시 미디어는 검증 없이 이를 받아쓰거나 반론을 형식적으로 덧붙이는 수준에 머무르는 경우가 많다. 이로 인해 언론은 권력을 감시하는 역할보다는 오히려 그 전달 통로, 혹은 방패막이로 기능하게 된다. 결국 레거시 미디어는 스스로가 가진 신뢰 자산을 조금씩 잠식해 왔다.

한때 기자가 되면 권력의 중심에 접근할 수 있고, 그 권력에 질문할 수 있다는 자긍심이 있었다. 그러나 지금은 오히려 권력과 지나치게 가까워졌기 때문에 날카로운 질문이 사라진 대신 순응과 보신이 자리 잡았다. 언론이 스스로 정체성을 잃어버리면 그 자리는 다른 누군가가 대신하게 되어 있다. 그것이 바로 뉴미디어가 떠오른 배경이며, 레거시 미디어가 직면한 가장 근본적인 위기의 본질이다.

2. 뉴미디어의 부상과 작동 방식

그 사이 뉴미디어는 단순한 보완재가 아니라 저널리즘의 새로운 중심축으로 급부상했다. 유튜브, 트위터(현재 X), 인스타그램, 그리고 디지털 커뮤니티들은 기존의 브로드캐스팅 방식과는 전혀 다른 접근으로 정보를 생산하고 유통한다. 이른바 '내로우캐스팅

(narrowcasting)' 방식, 즉 불특정 다수가 아닌 특정한 성향과 관심을 공유하는 집단을 정밀하게 겨냥하는 미디어 전략이 주된 형태로 자리 잡고 있다.

기존 레거시 미디어가 뉴스룸 중심으로 기획, 제작, 송출의 단계를 거쳐 일방적으로 정보를 전달하던 구조라면, 뉴미디어는 커뮤니티와 알고리즘이 이끄는 피드백 루프 안에서 실시간으로 콘텐츠를 조정하고 확산한다. 이러한 구조는 속도 면에서 압도적이고, 수용자와의 쌍방향 소통이라는 점에서 전혀 다른 차원의 저널리즘 경험을 제공한다.

정보가 유통되는 경로 또한 분화된다. 과거에는 기자가 선정한 이슈가 헤드라인이 되었지만, 오늘날에는 댓글, 조회수, 공유량 등 수용자 반응이 콘텐츠의 우선순위를 결정한다. 이는 단순한 기술적 변화가 아니라, 콘텐츠의 기획 단계에서부터 수용자 중심의 전략이 기본값이 되는 구조적 전환을 의미한다.

또한 뉴미디어는 공동체적 가치 공유를 기반으로 빠르게 결속되는 성향이 강하다. 예컨대 특정 유튜브 채널이나 커뮤니티에서 형성된 해석 틀은 그 내부에서 강한 정합성과 신뢰를 형성하며, 이는 다시 알고리즘에 의해 확산한다. 즉, 정보는 '무엇이 사실인가?'보다 '누구에게 의미 있는가?'에 따라 설계되고 소비되는 경향을 띤다. 이러한 맥락에서 기존의 일방향 브로드캐스팅은 더 이상 시대에 적합하지 않다.

결국 이는 언론이 정보를 어떻게 만들고, 누구에게 어떻게 유통해야 하는가에 대한 근본적인 질문을 던진다. 정보의 전달은 단순히 사실을 수집해 나열하는 것이 아니라, 그 사실이 어떤 맥락에서 해석되고, 어떤 경로로 누구에게 도달하느냐에 따라 전혀 다른 의미와 영향력을 가질 수 있다. 뉴스란 단순한 사실의 나열을 넘어, 그것이 누구에게 어떤 방식으로 전달되며, 어떻게 해석될 것인가를 모두 포함한 구조적 기획물이어야 한다는 요구가 강해지고 있다.

이는 언론의 역할이 단순히 '알려주는 것'이 아니라, '해석을 유도하고 사회적 함의를 구성하는 것'으로 확장되었음을 의미한다. 정보는 전달되는 순간 그 자체로 정치적이거나 사회적인 의미를 갖게 된다. 누구의 목소리를 우선하고, 어떤 프레임으로 상황을 묘사하며, 어떤 단어와 시점을 택하는가에 따라 사실은 다른 진실로 소비된다. 이와 같은 현실 속에서 언론은 이제 피할 수 없는 기획자이며, 동시에 사회적 의미를 설계하는 주체가 되었다.

뉴미디어는 이 요구에 빠르게 적응했다. 알고리즘 기반의 콘텐츠 설계는 기존의 보도 윤리보다 훨씬 정밀하고 빠르게 수용자의 반응을 반영하며, 콘텐츠 자체를 수용자의 관심과 가치관에 맞게 '맞춤형 뉴스'로 가공한다. 콘텐츠는 점점 더 감정적 호소력과 행동 유발 가능성을 고려한 방식으로 재구성되고, 이는 단순 정보 전달을 넘어선 심리적, 문화적 설계물로 기능하게 되었다.

결과적으로, 전통 미디어의 틀에서 벗어난 새로운 언론 환경이 형성되고 있다. 이제 언론은 '전달자'가 아니라 '설계자'이며, 단순한 정보 제공자가 아닌 '해석의 입구'가 되었다. 이 새로운 질서에서 생존하고자 한다면, 언론은 정보의 정확성뿐 아니라 그 정보가 만들어낼 해석의 방향성과 사회적 파장을 함께 고려해야 한다. 뉴미디어는 이 전환에 이미 발 빠르게 적응했고, 레거시 미디어가 이에 어떻게 대응하느냐에 따라 저널리즘의 미래는 전혀 다른 방향으로 흐르게 될 것이다.

2024년 한국언론진흥재단 조사에 따르면, 소셜미디어 이용자 중 65.1%는 SNS가 언론 역할을 한다고 응답했다. 유튜브는 뉴스와 시사 정보를 얻는 주요 채널로 부상했고, 그 이용 비율은 60.1%에 달한다. 이제 많은 시민에게 유튜브는 단순한 영상 플랫폼이 아니라 언론이자 여론 형성의 중심인 것이다.

3. 소통방식 변화와 저널리즘 주도권 이동

방송사 내부에서 오랜 시간 언론인으로 일하면서, 시청자와의 소통은 형식적이고 일방향적인 절차에 불과했다는 사실을 체감했다. 시청자 게시판에 올라오는 수많은 비판적 의견은 대개 무시되거나 사소한 민원 정도로 취급되고, 항의 전화 역시 조직 내부에서는 '감정적 반응' 정도로 간주하며 일괄 처리 대상에 불과했다. 공적 책무를 수행하는 기관임에도 시청자와의 실질적 소통은 방기한 채 편집권과 방송권을 일방적으로 행사하는 구조가 지속되어 왔다.

그러나 유튜브 채널을 직접 운영하면서 완전히 다른 소통의 방식과 반응의 밀도를 경험하게 되었다. 구독자는 단순한 수용자가 아니라 콘텐츠의 공동 기획자이며, 반응은 즉각적이고 구체적이다. 영상이 공개되면 수십, 수백 개의 댓글이 실시간으로 달리며, 그중 상당수는 날카로운 피드백이거나 구체적인 정보 보완 요청이다. 단 한 문장의 자막 실수, 한 컷의 편집 의도만으로도 집중적인 질타가 들어오며, 이를 반영하지 않을 경우 신뢰도 하락은 물론 구독 해지로 이어지기도 한다. 이처럼 뉴미디어는 '소통을 기반으로 한 생태계'라는 사실이 단순한 수사가 아님을 실감하게 된다.

무엇보다 중요한 차이는 콘텐츠 제작 과정의 순환 구조다. 기존 레거시 미디어가 폐쇄된 편집회의와 뉴스데스크에서 일방적으로 콘텐츠를 결정하고 시청자 반응을 사후적으로 참고하는 구조였다면, 뉴미디어는 반대로 댓글과 시청자 의견이 콘텐츠의 방향을 결정하는 주요 요소로 작용한다. 수용자 중심의 저널리즘이라는 표현이 단지 이상론에 머무르지 않고 실제 제작의 기준선이 된다. 이는 단지 기술적 전환을 넘어 언론의 존재 방식을 근본적으로 뒤흔드는 구조적 변화다.

결국 레거시 미디어와 뉴미디어의 가장 큰 차이는 '소통의 민감도'와 '책임성의 지향점'에 있다. 권력과 자본의 눈치를 보는 대신, 시청자이자 시민인 구독자의 반응을 중심에 두는 언론 생태계야말로 진정한 저널리즘의 미래로 나아가는 길이다.

뉴미디어는 시민과 직접 연결되며, 기존 언론이 외면한 진실을 거침없이 파고드는 특성이 있다. 2023년 11월 26일, 김건희 씨가 명품 브랜드 디올의 고가 핸드백을 받았다는 사실을 인터넷 언론 〈서울의소리〉가 보도했을 때 레거시 미디어는 완전히 침묵했다. 대통령 부인이 등장하는 영상이었음에도 레거시 미디어들은 그저 유튜브 매체에서 보도된 것이므로 공론화할 수 없다는 태도였다.

정치권이 문제를 삼자 비로소 성실하게 야당 정치인의 말을 '따옴표'로 전했을 뿐이었다. 해당 영상은 폭발적이었다. 이 콘텐츠는 뉴미디어의 영향력 아래 급속도로 확산하고, 시민사회 내 논의가 폭발적으로 증가했다.

이는 단순한 하나의 사례가 아니라 반복적으로 나타나는 경향이다. 2024년 '검찰 디지털 캐비닛' 사건 역시 뉴미디어가 먼저 보도하고 레거시 미디어가 뒤따른 전형적인 패턴을 보였다. 검찰이 디지털 증거를 저장해놓고 사실상 '사찰'한다는 의혹을 〈뉴스버스〉와 같은 인터넷 언론 매체가 먼저 공개했다. 그 후 검찰의 반론 보도가 나오기 전까지 대부분의 지상파는 이를 다루지 않았다. 양평고속도로 노선 변경 의혹, 명태균 게이트 또한 마찬가지다. 공익적 사안임에도 전통 언론은 초기에 소극적이거나 회피하는 태도를 보였고, 그 공백을 뉴미디어가 채웠다.

이러한 일련의 사례는 뉴미디어가 더 이상 주변적 존재가 아니라 저널리즘의 실질적 주도권을 일부 쥐고 있음을 보여주는 명백한 증거다. 콘텐츠 생산 속도, 반응 민감도, 그리고 수용자와의 직접적 연결 구조에서 뉴미디어는 레거시 미디어를 앞서간다. 특히 기존 언론이 권력과의 관계에서 일정 부분 침묵하거나 보신주의적 태도를 취할 때, 뉴미디어는 그 경계를 넘어 대중이 궁금해하는 문제를 먼저 제기하고, 그 해명을 요구하는 구조를 형성해 왔다.

결과적으로 시민들은 어느 매체가 먼저 보도했는가를 기억한다. 또 그 보도가 정확한 사실을 기반으로 진실을 추구하는 과정을 잘 담았는지를 평가한다. 진실을 밝히는 데 주도적 역할을 한 미디어는 시민의 신뢰를 얻고, 그렇지 못한 언론은 외면당한다.

뉴미디어가 중심이 되었음을 보여주는 것은 단지 트렌드나 기술의 문제가 아니라, 언론 신뢰 구조 자체의 지각변동을 의미한다. 이 변화는 앞으로도 지속될 것이며, 이에 적응하지 못하는 언론은 결국 시장과 시민으로부터 퇴출당하게 될 것이다.

4. 뉴미디어의 가능성과 그림자

뉴미디어 역시 완전무결한 대안은 아니다. 기술적 진보와 민주화된 플랫폼 위에서 성장했음에도, 콘텐츠의 질보다 클릭 수와 조회수를 우선시하는 자극적 구조에 쉽게 포획된다. "충격! 단독! 난리 났다!"와 같은 선정적인 제목은 알고리즘의 우선 노출 로직을 악용해 유입을 극대화하는 데 집중하며, 실질적인 정보의 질이나 사실 확인은 부차적인 문제로 밀려나기도 한다.

특히 일부 채널은 언론이라는 외피를 쓰고 있으나, 실상은 검증되지 않은 루머나 편향적 해석을 여과 없이 반복적으로 유포하는 데 그친다. 뉴스 포맷을 차용하거나 기자 출신임을 내세우면서도, 내부적 검토나 윤리적 검증 없이 자극적인 주장을 반복하는 모습은 저널리즘이라기보다 정보 엔터테인먼트에 가깝다. 이는 민주주의에 이바지하기보다 오히려 여론을 왜곡하고 사회적 분열을 조장하는 결과로 이어질 위험이 있다.

더불어 정치적 편향성과 음모론적 해석을 결합한 콘텐츠는 수용자들 사이에서 빠르게 바이럴 효과를 낳으며, 자기 확증적 소비 패턴 속에서 정보의 객관성과 균형성을 상실하게 만든다. 이러한 경향은 뉴미디어가 가진 가장 큰 장점이자 동시에 한계인 '참여 기반 구조'와도 맞물려 있다. 집단적 열광은 곧 집단적 맹신으로 치달을 수 있으며, 반대되는 견해나 소수의 목소리를 배제하는 폐쇄적 커뮤니티로 이어질 가능성도 높다.

결국 뉴미디어 또한 언론의 책임과 자정 능력을 갖추지 않는다면, 레거시 미디어가 빠졌던 함정과 동일한 오류를 반복할 수밖에 없다. 빠르고 광범위한 전달력, 실시간 피드백과 참여성이라는 장점이 오히려 왜곡된 정보의 확산을 가속하는 구조로 작동할 수 있다는 점에서, 이들 채널 역시 스스로에 대한 윤리적 기준과 저널리즘적 원칙을 정립해야 한다. 자율 규제와 투명한 제작 기준, 그리고 플랫폼 차원의 정보 신뢰도 보완 장치가 병행되지 않는 한, 뉴미디어는 제2의 레거시로 전락할 수 있다.

더 나아가, 2024년 12월 3일 계엄령 발동 사태에서 보여준 장면은 뉴미디어의 민주주의적 기능을 압축적으로 상징한다. 그날의 국회는 헌정사상 초유의 위기에 직면해 있었다. 계엄 발표 직후, 시민들을 국회로 모이게 만든 것은 뉴미디어의 힘이었다. 정치권 일부와 시민들은 즉각 뉴미디어의 채널을 통해 상황을 공유하고, 이재명 더불어민

주당 대표는 유튜브 라이브를 켜고 국민에게 국회 앞 집결을 요청하기도 했다. 이런 움직임은 단순한 메시지 전달이 아니라 민주주의적 대응의 전환점이 되었다.

현장에 있던 수많은 시민이 직접 촬영한 영상들은 각기 다른 시점과 위치에서 당시의 공포와 긴박감을 생생하게 기록했고, 이는 단 몇 시간 내 전국적으로 확산되었다. 언론의 편집과 해석을 거치지 않은 날것의 정보가, 가공되지 않은 감정이 그대로 전달되었고, 국민의 여론은 이를 기반으로 움직였다. 레거시 미디어가 뒤늦게 상황을 보도하고, 일부 매체는 여전히 신중론을 펼치는 사이, 이미 시민사회와 뉴미디어는 계엄 해제라는 결론을 현실화하는 데 일조하고 있었다.

이 사례는 뉴미디어가 단순히 정보의 유통 채널이 아니라, 위기 상황에서 시민의 정치적 참여를 조직화하고 집단적 판단을 이끌어내는 공적 플랫폼으로 기능할 수 있다는 점을 보여준다. 동시에 언론이라는 이름을 가진 레거시 미디어가 위기의 중심에서 외면하거나 침묵할 때, 그 공백을 대체하고 새로운 공론장을 형성한 주체가 누구였는지를 분명히 보여준다. 이 사건은 '기성 언론이 없다면 민주주의는 무너진다'는 기존의 전제를 뒤집고, '시민이 곧 언론이 되고 민주주의를 지킬 수 있다'는 새로운 패러다임을 증명한 결정적 사건이었다.

5. 미래 저널리즘의 길: 시민참여와 언론의 변화

뉴미디어가 건강한 저널리즘의 대안으로 자리를 잡으려면 시민 저널리즘의 성숙이 반드시 전제되어야 한다. 플랫폼과 기술이 아무리 발전하더라도, 이를 활용하는 주체가 수동적인 소비자에 머문다면 언론 생태계는 쉽게 왜곡되고 기형화될 수밖에 없다. 정보의 흐름이 쌍방향이 된 오늘날, 뉴스 소비자는 단순한 수용자의 역할을 넘어서야 한다. 댓글, 공유, 신고, 실시간 채팅과 같은 도구는 단지 참여의 형식이 아니라, 언론 생태계에 직접 개입하는 실질적 수단이다.

이러한 도구들을 통해 콘텐츠의 정확성, 공정성, 편향 여부를 감시하고 제작자에게 지속적으로 피드백을 제공해야 한다. 잘못된 정보에 대해선 즉각적으로 문제 제기를 하고, 비윤리적 콘텐츠에 대해선 플랫폼의 규제 기능을 활용해 제재를 촉구해야 한다. 또 특정 채널이나 콘텐츠가 사회적 신뢰를 저해한다고 판단된다면, 구독 취소나 광고 불매 같은 집단적 행동을 통해 직접적인 압력을 행사할 수도 있어야 한다.

이와 같은 시민의 감시와 개입은 단지 개인의 권리 실현에 그치지 않는다. 그것은 곧 언론 환경 전체의 건강성을 지탱하는 집단적 자정 기능이자, 언론 개혁의 실질적 동력이다. 시민이 능동적으로 움직이는 사회에서는 가짜뉴스가 확산하기 어렵고, 권력에 의존하는 언론은 생존할 수 없다.

시민의 언론 감시 활동은 곧 민주주의의 실천이며, 디지털 시대의 새로운 주권 행위다. 진실을 위한 경쟁은 미디어 내부에서만 벌어지는 것이 아니라, 시민 개개인의 눈과 손끝에서 실현된다는 점에서 결정적이다.

또한 레거시 미디어 역시 저널리즘의 규범과 전통적 신뢰 자산을 바탕으로 뉴미디어와의 상호 견제 관계 속에서 본연의 역할을 되찾아야 한다. 뉴미디어가 민첩성과 확산력을 갖추고 있음에도 여전히 공신력과 신뢰라는 측면에서 레거시 미디어가 가진 잠재력은 무시할 수 없다. 하지만 그것이 과거 방식에 안주하겠다는 핑계가 되어서는 안 된다. 지금 이 시대는 정보의 흐름이 실시간으로 변하고 있으며, 수용자는 더 이상 수동적 존재가 아니다.

내로우캐스팅이 일상화된 이 시대에 레거시 미디어가 여전히 브로드캐스팅 중심의 일방향 구조, 편집권 중심의 폐쇄적 의사결정 구조에 머물러 있다면, 그것은 자멸의 길일뿐이다. 콘텐츠의 생산과 유통 방식, 취재와 보도의 방식, 심지어 뉴스룸 내부의 문화까지도 개방성과 투명성, 그리고 책임성을 중심으로 재구성되지 않는다면, 그 신뢰는 회복되지 않는다. 정보 생산 주체의 역할을 유지하고자 한다면 공적인 책임성과 함께 수용자와의 상호작용 구조를 갖추어야 한다.

진실을 이야기하는 데 더 이상 '중립'이라는 이름 아래 침묵하거나 균형이라는 명분으로 왜곡하는 행위는 용납되지 않는다. 시대는 이미 변했다. 정보 소비자는 더 이상 수동적인 수용자가 아니며, 뉴스 수용자는 신속하고도 정교하게 반응한다. 진실을 외면한 언론은 단순히 외면당하는 것을 넘어, 적극적으로 배제되는 대상이 된다. 침묵은 중립이 아니라 방조이고, 균형이라는 이름의 양비론은 기만일 뿐이다.

정보가 넘쳐나는 시대일수록, 무엇을 보도하고 무엇을 외면하는가에 대한 언론의 선택은 그 자체로 정치적이고 윤리적인 행위가 된다.

시민은 이제 그 선택의 흔적을 추적하고, 언론의 일관성과 진실성, 공적 책임을 냉철하게 평가한다. 과거처럼 권력에 빌붙어도 광고 수익으로 생존하던 시대는 이미 지났다. 시장은 정직하다. 진실을 감춘 언론은 선택받지 못하고, 외면과 불신의 대상이 된다. 신뢰는 한 번 무너지면 회복이 불가능하며, 그 무너진 신뢰는 곧 생존 불가능을 의미한다.

언론의 생존은 더 이상 권력에 대한 충성이나 기업 광고에 의존하지 않는다. 그것은 오직 시민으로부터의 신뢰에서 비롯된다. 누가 진실을 외면하고, 누가 진실에 귀 기울였는지를 시민은 기억하고 판단하며, 언론은 이 판단에서 자유로울 수 없다. 시대의 저널리즘은 권위에서 나오는 것이 아니라, 오직 신뢰에서 나온다. 그리고 그 신뢰는 매일의 보도 하나하나에서 시민의 눈으로 평가받는다.

언론이 스스로 정체성과 사명을 되찾기 위해서는 이제 기계적 중립이라는 허울에서 벗어나야 한다. 현실을 외면하고 '양쪽의 입장을 모두 다뤘다'는 명분 아래 진실을 회피하는 방식은 더 이상 언론의 생존을 보장하지 않는다. 그런 의미에서 기계적 중립은 이제 '기만적 균형'이라는 용어로 대체되어야 한다. 이것은 단지 언어의 변화가 아니라 저널리즘의 철학과 실천 방식 자체를 전환하겠다는 선언이기도 하다.

형식적으로 양비론을 유지하면서도 사실상 권력을 비호하거나 사회적 강자의 논리를 중계하는 언론의 행태는 민주주의에 해악을 끼친다. 언론이 스스로를 '객관적 중립'이라는 이름으로 면책하려는 순간,

그 언론은 이미 권력의 구조 안에 편입된 것이나 다름없다. 객관성은 가치 판단을 회피하는 것이 아니라, 진실을 기준으로 어떤 정보가 사회적으로 더 중요한지를 분별하는 데서 나와야 한다.

　시민은 더 이상 단순한 정보 전달자를 원하지 않는다. 진실이 무엇인지를 판단하고, 그 판단을 근거로 목소리를 내는 언론을 원한다. 언론은 그 기대에 응답해야 한다. 두려워하지 말고, 모호한 균형점 위에 올라서서 시간을 허비하지 말고, 진실이 있는 쪽으로 한 발짝 먼저 나가야 한다. 그것이 바로 저널리즘의 본령이자 권력을 감시하는 언론의 마지막 남은 책임이다.

요약과 성찰

미디어의 진화, 시민의 선택이 미래를 결정한다

오늘날 우리는 레거시 미디어와 뉴미디어가 공존하는 전환기의 중심에 서 있다. 전통 언론은 오랜 기간 쌓아온 규범적 저널리즘과 시스템적 신뢰라는 강점을 지니고 있다. 공적 책임, 사실 확인, 편집 윤리, 그리고 일정한 내부 통제 시스템은 여전히 저널리즘의 근간을 구성하는 요소다.

하지만 이러한 장점이 오늘날 급변하는 정보 환경에서 유연하지 못한 방식으로 고착될 경우, 오히려 시대와 괴리된 폐쇄성으로 비칠 위험도 크다.

반면, 뉴미디어는 기민성과 쌍방향성, 플랫폼 중심의 유통 구조를 통해 시민과 직접 호흡하고 반응하는 능력을 갖추었다. 속도와 유연성, 시민 주도의 콘텐츠 기획, 실시간 피드백을 바탕으로 한 참여적 저널리즘은 기존 언론이 제공하지 못하던 새로운 공론장의 가능성을 열어주고 있다. 하지만 이와 동시에 자극적 알고리즘, 확증 편향, 무책임한 정보 유통이라는 그림자도 짙게 드리운다.

건강한 저널리즘이란 결국 이 두 축의 균형 속에서만 완성될 수 있다. 규범과 유연성, 책임성과 반응성, 시스템과 민첩함이 서로 대립하는 것이 아니라 통합적으로 작동할 수 있는 구조가 필요하다. 시민을 중심에 둔 저널리즘의 미래는 바로 이 균형 위에서만 지속가능하며, 그 전환의 주체는 다름 아닌 언론 자신이 아니라 시민이다.

무엇보다 이 생태계를 건강하게 만드는 핵심은 바로 시민이다. 소비자이자 비판자이며, 때로는 생산자가 되기도 하는 시민의 참여 없이는 어떤 미디어도 진실을 말할 수 없다. 지금 이 순간도 진실을 향한 언론의 경쟁은 계속된다. 그리고 그 경쟁의 승패는 바로 시민의 눈과 손끝에서 결정된다.(편집자)

3장 기만적 중립을 넘어서는 언론의 진화

헌법 앞에 중립은 없다: 언론의 침묵은 배신

2024년 12월 3일, 우리는 '내란'이라는 단어가 현재형이 되는 순간을 목격했다. 윤석열 씨가 자행한 정권 유지형 쿠데타 시도는 정치적 사건이 아니라 헌법에 대한 명백한 반역이었다.

그런데 언론은 어디에 있었는가? 헌법을 수호해야 할 공적 기관으로서 언론은 이 비상사태에 침묵하거나 그보다 더 나쁜 방식으로 반응했다. 기계적 중립이라는 가면 뒤에 숨은 보도는 결국 기만적 중립으로 귀결되었다. 중립이라는 미명 아래 내란 세력의 프레임을 전달하고, 진실을 호도하는 데 동참했던 것이다.

당시 언론은 헌법적 문제를 단순한 정쟁으로 취급했다. "여야 모두 문제"라는 식의 양비론이 넘쳐났고, "헌재 앞 시위, 국회서 삭발… 한 쪽만 본다", "비상계엄과 줄탄핵 여파에 민생은 휘청" 등의 제목은 위기의 본질을 흐리는 데 기여했다. 심지어 일부 매체는 윤석열 지지자들의 서울서부지법 난입 사태에 대해 '난동'이라 표현하며 사건을 우발적인 군중 소요 정도로 축소했다.

시민은 절망하지 않았다. 광장에 나섰고, 스마트폰을 들었고, 말문을 열었다. 카메라를 들고 기록했고, 댓글을 달고 저항했다. 뉴스의 소비자가 아니라, 뉴스의 생산자가 되었다. 언론이 외면한 진실을 찾아 나섰고, 가려진 목소리를 스스로 증폭했다.

언론이 버린 자리를 시민이 채운 것이다. 누구보다 현장 가까이에 있었던 이들은 침묵하지 않고 발화했고, 그 발화는 곧 아카이빙이 되었으며, 해석과 공유를 통해 공동의 기억으로 진화했다. '거리의 시민'은 '미디어 시민'으로 변신했고, 그들이 만들어낸 수많은 영상, 리포트, 해설은 새로운 여론의 흐름이자 시대의 기록이 되었다.

뉴미디어는 그 도구였고, 시민은 그 주체였다. 더 이상 신문과 방송의 일방향 통로가 아니라, 피드백과 확산이 실시간으로 일어나는 쌍방향 공론장이 되었다. 나는 그것을 '빛의 혁명'이라 부른다. 어둠을 밀어낸 것은 단 하나의 거대한 빛이 아니라 수많은 응원봉이었다. 그 응원봉을 든 손은 모두 다름 아닌 시민이었다.

기계적 중립이라는 허울: 진실을 흐리는 편향된 무기력

언론은 종종 '양쪽 말을 다 들었다'는 것으로 책임을 다했다고 말한다. 그러나 언론의 임무는 중계가 아니다. 진실을 밝히는 것이다. 가해자와 피해자를 동일한 선상에 놓고, 내란과 저항을 같은 무게로 나열하며, 독재와 민주주의를 한 문장 안에 넣는 것. 이것이 중립인가? 아니다. 그것은 진실을 해체하고 거짓에 무게를 싣는 일이다.

기계적 중립이란, 양측의 주장을 동등하게 나열하면서 겉보기에 공정함을 갖춘 듯 보이지만 사실상 경중을 가리지 않는 무책임한 전달이다. 이는 '객관성'이라는 이상을 따르는 듯 보이지만, 실제로는 사안의 본질을 회피하고 언론의 판단 책임을 유예하는 행위에 가깝다. 이러한 보도 방식은 공영방송이나 통신사의 리포트에서 빈번히 나타나며, 갈등이나 충돌을 다룰 때 '한쪽만을 편들 수 없다'는 수사 아래 양측 입장을 기계적으로 병렬 배치한다.

문제는 바로 그 병렬성에 있다. 진실과 허위를, 헌법 질서와 반헌법적 시도를, 피해자와 가해자를 나란히 놓는 순간, 언론은 사실상 '진실 없음'의 상태를 조장하게 된다. 따옴표에 담긴 허위 주장은 비판 없이 그대로 유통되고, 그 안에 담긴 사실 왜곡과 맥락은 제거된 채 소비된다. 이는 마치 독자가 스스로 판단할 수 있게 한다는 명분으로 포장되지만, 실제로는 언론 스스로 판단을 유보하고, 책임도 회피하는 일종의 '무책임'이다.

이러한 기계적 중립의 논리를 '냉정함을 가장한 외면'이라 한다. 사안의 옳고 그름에 대한 판단을 회피하고, 현상을 무난하게 정리하는 것처럼 보이는 보도는 종종 권력자의 프레임을 비판 없이 수용하는 통로가 된다.

언론은 진실에 무관심할 수 없다. 특히 헌정질서나 민주주의의 근간이 흔들릴 때, 언론의 침묵은 방관이 아닌 공범이 된다. 기계적 중립은 그러한 공범 구조를 윤리적 책임이라는 이름으로 합리화하는 장치다.

결국 이 방식은 독자와 시청자에게 판단을 위임한다는 명분을 취하지만, 실상은 언론이 해야 할 가장 근본적인 역할—사실의 구조화, 해석, 공적 진실의 선별—을 포기하는 것이다. 이러한 중립은 더 이상 중립이 아니다. 그것은 진실과 거짓을 동일선상에 올려두는, 위험하고 무기력한 편향이다.

더 나아가 기만적 중립은 이보다 한층 교묘하다. 중립을 가장하지만, 실제로는 편향된 정보 배치, 생략, 용어 선택을 통해 특정한 프레임을 조성한다. 예컨대 윤석열의 위헌 조치를 비판하는 목소리와 이를 지지하는 내란 선동 세력을 동등한 선상에 놓고, 둘 다 "논쟁의 여지가 있다"고 말하는 것이다. 이른바 양비론은 그 대표적인 형태다. 결국 이는 진실과 거짓, 헌법 수호와 파괴 시도를 같은 무게로 다루며, 시민의 비판적 사고를 흐리게 만든다.

기만적 중립의 편향적 사례들

생략에 의한 편향

내란 사태에 반대한 시민들의 정당한 우려와 시위 목적은 빠진 채 내란 지지자들의 주장만 부각하는 보도.

예컨대 주요 방송사에서 시사 프로그램을 편성하면서 내란 사태와 관련된 패널로는 보수 성향 논객이나 종교계 인사만을 반복적으로 초청하고, 실제 현장에서 시위에 참여한 시민, 헌법학자, 사회운동가 등 반대 입장을 가진 인물들은 배제하는 방식이 대표적이다.

연합뉴스TV는 2024년 12월 4일, 윤석열의 내란 다음날 국민의힘 성향의 보수 쪽 패널만 출연시켜 뉴스를 진행한 것으로 나타났다. 내부 구성원들이 최소한 기계적 균형을 맞춰야 한다며 반대했지만 이는 받아들여지지 않았다. 심지어 국민의힘 당직을 맡은 패널의 당적을 빼고 평소와 다르게 변호사, 모 회사 대표 등으로 표시했다. 중립성을 가장한 시청자 기만행위였다.

특히 12월3일 자정 무렵과 12월4일 새벽에 보수와 진보 패널 1명씩 모두 2팀이 연합뉴스TV 보도국에 도착했으나 출연이 취소됐고, 고정 출연하는 진보 성향 패널은 12월4일 방송에서 빠졌다. 제작진이 그날 오전과 오후 보수·진보 패널 1명씩 모두 2팀을 섭외했으나 당일 아침 취소하고 보수 쪽 패널로 채웠다. 결국 여야 균형을 맞추는 패널 구성 원칙이 비상계엄 특보 방송에서 허물어진 것이다.

이런 생략에 의한 편향을 통해 시청자는 전체 사건의 스펙트럼이 아닌, 극단적 주장과 편협한 시각만을 접하게 되었으며, 이는 결국 여론의 균형을 깨뜨리는 구조적 편향으로 작용했다. 정보의 생략은 단순한 편집이 아닌, 특정 프레임의 구성이라는 점에서 심각한 공정성의 위반이라 할 수 있다.

배치에 의한 편향

내란 옹호 발언을 보도 상단에 배치하고, 이를 반박하는 헌법학자의 의견은 말미에 언급하거나 생략.

예를 들어, 한 신문은 내란 사태 직후 윤석열 지지자들의 발언을 제목과 리드문에 크게 인용하면서 "질서 회복을 위한 정당한 조치"라며 그들의 입장을 강조했다. 반면, 헌정 파괴라는 위헌적 성격을 지적한 헌법학자들의 의견은 기사 말미나 사이드바에 작게 배치하거나, 아예 다른 기사로 분리해 보도하였다.

이러한 보도 방식은 독자의 시선을 유도하고, 어떤 견해가 '주된 관점'인지를 암묵적으로 제시하게 된다. 편집상의 배치는 단순한 기술적 선택이 아니라 정보의 위계를 만드는 기제이며, 이는 독자에게 사건의 본질을 왜곡된 방식으로 전달하게 되는 결과를 초래한다.

출처에 의한 편향

동일한 사안을 두고도, 보수 성향 논객이나 특정 종교인의 입장만 반복적으로 인용하여 편향된 여론을 형성.

예를 들어, 내란 사태와 관련된 주요 방송 보도에서 공통적으로 등장한 해설자는 대부분 정치권력과 긴밀한 관계를 맺고 있는 인물들이었고, 그들의 발언은 '전문가 의견'이라는 타이틀 아래 반복 재생산되었다. 반면, 반대 입장을 취하는 학계 전문가나 시민단체의 분석은 '논란이 있다'는 정도로 언급되거나, 아예 보도에서 배제되었다.

이렇게 선택적으로 인용된 출처는 사실상 보도의 방향성을 결정하며, 정보의 균형성을 해치는 결정적 요소가 된다. 또한 언론이 자신이 인용한 출처의 과거 발언이나 신뢰도, 정치적 배경을 밝히지 않는다면, 이는 결과적으로 왜곡된 메시지를 수용자에게 전달하게 된다. 출처의 편향은 단지 말의 출처가 아니라, 진실의 방향을 조종하는 손길이 될 수 있다.

라벨에 의한 편향

시민 시위는 '혼란'으로, 지지층 결집은 '정치적 의사 표현'으로 다르게 서술.

예를 들어 같은 날 벌어진 두 가지 시위를 다루면서, 하나는 '질서 무너뜨린 군중의 광기', 다른 하나는 '헌정 수호를 위한 국민의 의지'로 표기한다면, 이는 단어의 선택만으로 사건의 성격을 완전히 왜곡하는 것이다. 언론은 '시민 저항'을 '폭동', '혼란', '선동'으로 규정하며 공포감을 조장하는 한편, 같은 물리적 충돌을 내란 옹호 세력이 주도한 경우에는 '표현의 자유', '충정 어린 목소리'라 부르며 온건하게 포장한다.

이러한 라벨링 전략은 단순한 수사의 문제를 넘어 여론을 특정 방향으로 유도하고, 수용자에게 암묵적 판단을 강요한다. 특히 제목이나 리드 문장에서 감성적 언어를 활용하는 방식은 수용자의 이성적 판단을 차단하고, 인지적 왜곡을 강화하는 데 결정적 역할을 한다.

'정치범 석방 요구'와 '폭도들의 국정 농단'이 같은 사건을 가리킬 수 있다는 현실 속에서 언론의 단어 선택은 단순한 묘사가 아니라 권력적 서술이다. 따라서 라벨에 의한 편향은 가장 짧은 단어로 가장 큰 왜곡을 만들어내는 언어의 전략이자 프레임의 출발점이라 할 수 있다.

기만적 중립의 보도 실례

기만적 중립은 단순한 중립이 아니다. 그것은 진실의 균형을 빙자해 거짓을 유통하는 교묘한 장치다. 언론이 마치 양측의 주장을 공정하게 전달하는 듯한 태도를 보이지만, 정작 사안의 핵심은 흐려지고 시민의 판단은 방해를 받는다.

특히 사안의 위법성과 헌정 질서 파괴라는 본질을 외면한 채 감정적 대립이나 정쟁으로 프레이밍하는 방식은 '중립'이라는 표현조차 아깝다. 기만적 중립은 진실을 다루는 방식이 아니라, 진실을 숨기는 방식이다. 실례를 들자면:

- **"윤 측, 체포영장은 정치보복"이라는 제목으로 윤석열 측 주장, 무비판적 인용**

이 문장은 단순한 정보 전달처럼 보이지만, 실제로는 윤석열 측의 프레임을 언론이 그대로 받아들이고 증폭하는 역할을 했다. 기사 내용에서는 해당 주장의 진위나 사실관계에 대한 어떠한 검증도 이뤄지지 않고, 다른 해석이나 반론 역시 등장하지 않았다.

오히려 이 발언은 기사 제목에 전면 배치되어 독자의 인식을 선점하며, 해당 사건을 정치적 논란이 아닌 정치 보복의 일환으로 인식하게 만드는 효과를 유도했다. 이는 기계적 중립을 가장한 대표적인 기만적 보도의 예로, 결과적으로 독자의 비판적 사고를 차단하고 편향된 인상을 남기게 된다.

• **불법 비상계엄에 대해 "질서 회복 조치"라는 주장만 보도, 사실상 내란 정당화 프레임 유통**

해당 보도는 언론이 보도자료 수준의 정보를 무비판적으로 반복하며, 그 발언이 지닌 헌정질서 위반의 위험성을 설명하거나 반대되는 시각을 병치하지 않았다.

특히 방송 뉴스에서는 윤석열 측 입장을 반복적으로 인용하면서도, 헌법학자들의 분석이나 당시 계엄령 발동의 절차적 위헌성을 짚는 시도는 없었다. 오히려 "질서 회복"이라는 단어 자체가 안정과 평화를 연상시키며, 계엄의 본질적 위험을 시민에게 충분히 경고하지 못하는 결과를 낳았다. 이와 같은 보도는 단어의 선택과 문맥의 생략을 통해 '내란'이라는 사태를 평이한 행정 조치처럼 탈정치화하고, 국민의 인식을 왜곡하는 프레임 조정의 전형이라 할 수 있다.

• 민주노총 조합원의 폭행으로 경찰이 의식불명됐다는 허위 정보 기사화

해당 보도는 출처의 신뢰성을 충분히 검토하지 않은 채 급박한 이슈를 선점하려는 방식으로 작성되었으며, 사실 확인 이전에 기사화가 이루어졌다는 점에서 언론의 검증 책임이 방기된 사례였다.

이 보도는 빠르게 확산하여 여론에 영향을 주었고, 민주노총 전체를 폭력 집단으로 인식하게 만드는 프레임으로 이어졌다. 이후 사실이 아님이 드러났음에도, 이를 반박하거나 정정한 보도는 극히 일부에 그쳤으며, 최초 보도만큼의 주목을 받지 못했다. 이는 허위 정보가 진실보다 멀리, 그리고 빠르게 퍼질 수 있다는 점을 언론 스스로 입증한 셈이다.

• '윤석열 지지율 반등' 보도에서 여론조사 문항이나 방식 비판 생략한 채 결과만 강조

이러한 보도는 마치 '지지율 반등'이라는 숫자 자체에 객관성이 있는 것처럼 포장하지만, 그 수치가 만들어진 방식에 대한 설명은 철저히 배제됐다. 실제로 해당 여론조사에서 사용된 질문 문항은 응답자에게 특정 이미지를 유도하는 방식으로 설계되었거나 표본의 지역적/정치적 편향성이 존재했다는 지적이 뒤따랐다.

그러나 언론은 이러한 지점을 분석하지 않고, 오히려 수치를 부각하며 '국민 여론이 바뀌었다'는 식의 해석을 덧붙였다. 이는 독자의 올바른 판단을 방해하는 행위로서, 편향된 여론조사에 정치적 정당성이 있는 것처럼 착각하게 하는 기만적 중립의 또 다른 방식이다.

이러한 보도들은 단순한 실수가 아닌, 기만적 중립이라는 언론의 구조적 문제를 반영한다. 기만적 중립은 언론의 본질을 가리는 베일이며, 정보 전달의 책임을 흐리는 수사적 장치다. 보도에서 사실의 맥락을 제거하거나, 사건의 중심을 주변화하는 방식은 단순히 편집의 문제가 아니다. 그것은 언론이 권력의 시선에 동화되었음을 보여주는 상징적 장면이다.

특히 언론이 침묵하거나 편향된 프레임을 조성하는 순간, 그들은 이미 권력의 입장을 정당화하는 기제가 되어버린다. 침묵은 선택이 아니라 방조이고, 프레임은 단순한 보도 전략이 아니라 여론 조작의 기술이 된다. 기만적 중립은 권력에 책임을 묻지 않고, 시민에게 진실을 맡기지 않으며, 결국 언론 스스로 존재 이유를 부정하는 길이다.

나는 이를 두고 "중립의 탈을 쓴 공모"라고 표현했다. 언론이 자신이 놓인 자리를 성찰하지 않고, 그 자리를 '중립'이라고 이름 붙이는 순간, 언론은 민주주의의 감시자가 아니라 방관자가 된다. 따라서 이러한 기만은 결코 기술의 문제가 아니라 윤리의 문제이며, 사소한 실수가 아니라 구조적 타락의 증거다.

뉴미디어의 각성: 기만적 중립에 맞선 디지털 시민들의 저널리즘

뉴미디어는 단순한 플랫폼이 아니라 시대정신의 발현이다. 언론이 침묵할 때, 시민은 직접 말했고, 기록했고, 공유했다. 유튜브 영상 한 편, 트위터의 스레드 하나, 댓글창 속의 사실 확인은 새로운 저널리즘의 씨앗이 되었다. 이들은 단순한 수용자가 아니라, 콘텐츠의 공동 기획자이자 사실의 감시자이며, 새로운 공론장의 창조자였다.

특히 팩트 체크 전문 계정과 독립언론 플랫폼은 기존 언론이 간과하거나 외면한 허위 정보, 왜곡된 프레임을 정면으로 비판하며 집단 지성의 힘을 현실로 증명해냈다. 시민이 직접 뉴스의 진위를 판단하고 공유하는 일상적 실천은 뉴스 소비자가 아니라 '언론적 시민'으로 진화했음을 보여주는 증거였다. 이것은 단순한 기술 혁신의 결과가 아니라 침묵에 맞선 시민의 윤리적 반응이었다.

물론 뉴미디어도 완전하지 않다. 필터버블(filter bubble), 확증 편향(confirmation bias), 알고리즘의 감정 유도는 또 다른 정보 왜곡을 낳는다.

필터버블이란 사용자가 온라인에서 자주 클릭하고 반응한 정보의 유형에 따라 알고리즘이 유사한 정보만을 반복적으로 제공함으로써 다양한 시각을 차단하고 사용자 개인을 일종의 '의견 방'에 가두는 현상이다. 사용자는 자신이 이미 동의하는 콘텐츠만을 보게 되며, 점차 반대 의견에 노출될 기회를 잃는다.

확증 편향은 인간이 자신의 기존 신념과 일치하는 정보는 쉽게 받아들이고, 반대되는 정보는 무시하거나 왜곡하여 해석하는 인지적 경향을 말한다. 이는 미디어 수용자가 정보를 선별적으로 소비하게 만들며, 갈등 사안에 있어 비판적 사고보다 감정적 반응을 강화한다.

알고리즘의 감정 유도는 소셜미디어 플랫폼이 사용자의 반응을 극대화하기 위해 자극적인 콘텐츠, 특히 분노, 공포, 흥분 같은 감정을 유발하는 정보를 우선 노출하는 방식이다. 이는 클릭 수나 체류 시간은 늘릴 수 있지만, 정보의 질적 균형을 해치고 사회적 분열을 조장할 수 있다.

결과적으로 수용자는 자신의 정치적 성향과 일치하는 콘텐츠만을 선택적으로 소비하고, 알고리즘은 그 선호를 강화하는 방식으로 정보의 다양성을 차단한다. 그렇게 일부 시민은 자신만의 '사실 세계'에 갇힌 채, 다른 의견을 접할 기회 없이 고립된다. 사회 전체의 공론장은 점차 단절된 인식의 파편으로 분절되며, 공동체적 합의와 상호 이해의 기반은 약해진다. 이처럼 뉴미디어는 강력한 도구인 동시에 잘못 설계된 구조 속에서는 민주주의를 해치는 양날의 검이 될 수 있다.

그러나 그 안에서도 성찰과 수정, 협업과 저항이 끊임없이 일어나고 있다는 점이 중요하다. 수많은 시민 저널리스트와 독립 미디어는 알고리즘의 제한 속에서도 새로운 네트워크를 형성하며 진실을 다시 연결하고 있다.

필터버블을 의식적으로 깨려는 '상호참조 뉴스 그룹', 허위 정보를 추적하는 시민형 팩트 체크 모임, 댓글창에서 벌어지는 자발적 토론과 정정 활동. 이 모든 것이 디지털 공간에서 벌어지는 새로운 저항의 양상이다.

시민은 이제 질문하는 존재를 넘어 응답하는 존재가 되었고, 때로는 사회적 해석자로, 때로는 공익적 증언자로 기능한다. 뉴미디어는 이러한 시민성을 담는 그릇이 되었고, 동시에 확대하는 증폭 장치가 되었다.

그 과정에서 뉴미디어는 언론이 외면한 정의와 상식을 복원해 간다. 정보의 물리적 전달보다 더 중요한 것은 '누가 그 정보를 해석하고, 누구와 함께 공유하는가'이다. 그 해석의 공간에 시민이 존재할 때, 비로소 우리는 다시 진실을 회복할 수 있다.

이제 뉴미디어는 단순한 '대안'이 아니라 언론의 본질을 다시 묻는 '주체'로서, 기만적 중립을 보완할 새로운 언론 질서의 출현이다. 뉴미디어를 통해 시민은 단순히 클릭하고 시청하는 차원을 넘어 해석하고 문제 제기하며 대안을 생산하는 구조로 진입한다.

또한 뉴미디어는 '거울'이 아니라 '광장'이다. 즉, 현실을 반사하는 수동적 미디어가 아니라 새로운 현실을 발화하고 조직하는 주체적 미디어다. 검찰과 언론의 유착, 보도자료 복붙, 출입처 중심의 폐쇄 구조 속에서 뉴미디어는 '감시받지 않던 감시자'를 시민의 눈으로 다시 감시하게 했다. 이 구조는 단지 기술의 산물이 아닌, 언론이 저버린 윤리적 책임을 회복하려는 시민의 응답이다.

따라서 기만적 중립을 넘어서는 유일한 힘은 시민이며, 뉴미디어는 그 힘이 흐르는 통로다. 이 글이 말하고자 하는 바도 결국 그것이다. 언론의 위기를 진단하고 넘어서는 해답은 기술도, 제도도 아닌 '시민'이다. 디지털 광장의 언어로 시민은 다시 말하기 시작했고, 그 말은 언론보다 더 언론적인 역할을 한다. 침묵을 뚫고 발화한 시민, 그들이 만들어낸 콘텐츠 하나하나가 새로운 시대의 저널리즘을 써내려 가고 있다.

요약과 성찰

권력의 언어가 아니라 시민의 언어로

우리는 지금, 진실 앞에서 침묵하는 언론을 더 이상 용납할 수 없는 시대에 살고 있다. 언론이 중립이라는 이름으로 진실을 방기하고, 기계적 균형이라는 명분 아래 기만적 중립을 지속할 때, 그 피해는 고스란히 시민에게 돌아온다. 허위 정보가 여론을 흔들고, 왜곡된 프레임이 사회를 분열시키며, 민주주의는 내부로부터 붕괴한다.

엘리 위젤은 말했다. "중립은 가해자에게 힘이 된다. 침묵은 괴물들을 돕는다." 지금, 이 땅의 시민은 더 이상 괴물들의 시대를 허용하지 않겠다는 결연한 의지로 뉴미디어를 통해 말하고 있다. 그리고 그 말은 단순한 여론이 아니라, 민주주의를 지켜내는 저항의 언어다.

진실은 언론이 아니라 우리 모두의 손끝에서 다시 시작된다. 그것은 오랫동안 권력과 언론, 그리고 시민 사이에서 갈등과 균열을 목격한 박영식 전 앵커의 절박한 고백이며, 동시에 우리 모두를 향한 촉구다.

그는 말한다. 언론이란 단지 뉴스를 말하는 기관이 아니라, 공동체의 상식을 구성하고 그것을 지켜야 하는 기관이라고. 따라서 언론의 언어는 더 이상 권력의 문장이 아니라, 시민의 문장이 되어야 한다.

언론은 누구의 언어로 말할 것인가? 더 나아가, 우리는 누구의 언어로 이 시대를 기록할 것인가? 기성 언론이 외면한 진실을 우리가 지켜야 한다. 언론의 게이트를 시민이 열고, 언론의 책임을 시민이 묻고, 언론의 미래를 시민이 설계해야 한다.(편집자)

PART
04

정치 개혁
신인규

1장
탄핵 이후 한국 정치가 나아갈 길

2장
기회다원주의 시대, 대한민국을 다시 설계하다

3장
AI 거버넌스와 인간 중심의 새로운 사회계약

1장 탄핵 이후 한국 정치가 나아갈 길

반정치의 시대, 무엇이 정치를 망가뜨렸는가?

윤석열 정부의 몰락은 정치의 실패 그 자체였다. 단순히 국정 운영의 실책이나 인사 실패를 넘어서, 정치의 본질을 무너뜨리고 민주주의의 기초를 부정한 통치 방식이 원인이었다. 그 핵심은 바로 '반정치(anti-politics)'로 귀결된다.

정치는 본래 다양한 이해관계를 조정하고, 타협을 통해 공동체의 해법을 찾아가는 과정이다. 그러나 윤석열 정부는 이러한 정치의 핵심 기능을 외면한 채 정치 공간을 권력의 충돌과 배제, 처벌의 장으로 전락시켰다.

정치는 상대와의 대화와 공존을 전제로 한다. 하지만 이 정부는 정치의 무대에 검찰적 사고방식을 이식하고 적대적 구도로 모든 사안을 바라보았다. 합의와 설득 대신 강제와 단죄, 협치 대신 배제와 고립이 일상이 되었고, 국민을 대리해 문제를 풀어가야 할 정치가 오히려 갈등과 혼란을 증폭하는 구조로 작동하였다.

윤석열 정부의 정치는 일방성과 독선으로 귀결되었다. 비판은 곧 적대시되었고, 다른 의견은 처벌 대상으로 간주했다. 정치의 본질적 기능인 소통과 공론은 사라지고, 공권력을 중심으로 한 일방적 통치가 지배했다. 그 결과, 정치는 공공의 신뢰를 상실하고, 국가는 민주적 정당성을 빠르게 소진하였다.

결국 반정치는 국가 공동체 내부에서 일어나는 내적 붕괴의 시작이었으며, 권력을 감시하고 견제해야 할 민주주의 구조 자체를 훼손한 주범이었다. 이러한 정치의 구조적 해체는 단순히 대통령 개인의 문제에 그치지 않고, 우리 사회의 모든 공공 시스템을 왜곡하는 연쇄 반응을 낳았다. 따라서 윤석열 정부의 몰락은 예견된 것이었고, 그 몰락은 다시금 정치의 복원과 재구성을 촉구하는 출발점이 되어야 한다.

반정치 3대 폐해: 검찰/언론/셀럽 정치

첫 번째 반정치의 유형은 '검찰 정치'다. 윤석열 대통령은 정치인이 아니었다. 그는 정치 공간에 들어온 검찰 권력의 정점이었으며, 그로 인해 국가 권력의 핵심축 중 하나인 검찰은 정의를 실현하는 기관이 아니라 권력을 확보하고 행사하는 정치 주체로 전환되었다. 검찰은 법과 정의의 이름으로 국민을 수사하고 기소하는 절차를 정치적 수단으로 이용했고, 그것이 어떻게 정치 전체를 왜곡할 수 있는지를 여실히 보여주었다.

검찰 정치는 권력기관 간의 견제와 균형을 무력화하는 데 큰 역할을 했다. 입법부, 행정부, 사법부 어느 곳에서도 검찰권력의 자의적 행사를 제어할 수 없었고, 결국 이들은 정치권력의 중심이 되어 언론을 통제하고 정당을 와해하며 국민의 정치적 선택을 조종했다. 법률과 형사 사법 체계를 정권의 방패로 사용하고 반대 세력을 제거하는 도구로 삼았다는 점에서 이는 매우 위험한 권력 남용이었다.

가장 상징적인 사례는 김건희 여사와 관련된 일련의 사건들이다. 수차례 불거진 의혹과 혐의에 대해 검찰은 번번이 불기소 처분을 내렸다. 이는 단순히 수사 결과로 보기 어렵다. 동일한 기준이 일반 국민에게는 엄격히 적용되는 반면, 권력자 가족에게는 면죄부처럼 적용되는 이중잣대는 사법 정의를 심각하게 훼손했다. 이는 국민의 법감정을 짓밟은 행위이자, 검찰이 더는 중립적인 국가기관이 아님을 상징적으로 드러낸 사건이었다.

검찰 정치의 문제는 이념의 문제가 아니다. 이는 권력의 기능과 구조, 그 행사의 방식이 왜곡된 결과이며, 권력 분립이라는 헌정의 기본 원칙을 흔드는 중대한 위기다. 검찰이 독립성을 빌미로 정치적 중립을 위장하고, 실상은 권력과 결탁하거나 정치를 지배하려고 시도한다면 이는 민주주의를 좀먹는 중대한 병폐가 아닐 수 없다.

정치는 조율과 설득, 합의의 예술이지만, 검찰 정치는 일방과 단죄, 복종의 논리만을 따른다. 정치가 정당성을 획득하려면 사법은 공정해야 하고, 검찰은 권력에 종속되지 않아야 한다.

그러나 윤석열 정부하에서 검찰은 사법적 중립성을 포기하고 정치의 행위자로 자처했으며, 결과적으로 정치 공간 전체를 오염시켰다. 이런 점에서 검찰 정치는 반정치의 정점이자 민주주의 퇴행의 핵심 기제로 작동했다.

두 번째는 '언론 정치'다. 언론은 본래 권력을 감시하고 시민에게 진실을 전달하는 것이 존재 이유이며, 민주주의 사회에서 필수적인 공기와 같은 역할을 해야 한다. 그러나 오늘날의 언론은 이 역할에서 벗어나 권력과 결탁하여 여론을 조작하고 왜곡된 현실을 전달하는 데 집중하고 있다. 이는 단순히 편향이나 실수의 문제가 아니라, 구조적으로 정치와 이익공동체를 형성해 버린 언론의 본질적 타락을 뜻한다.

언론은 더 이상 시민을 위한 중립적 중계자가 아니다. 기득권 정당과 이해를 나누고, 재벌과 정부로부터 광고 수익을 유지하기 위해 보도 방향을 조율한다. 특히 레거시 미디어는 오보에 대한 책임도 지지 않고, 스스로 자정하려는 의지도 없다. 한국 사회는 '사과하지 않는 언론', '망하지 않는 언론'이라는 기형적 생명 연장의 구조 속에서 오히려 사이비 언론이 증가하는 현상을 마주하고 있다.

언론의 권력화는 시민의 판단력을 마비시키고, 진실에 대한 접근을 방해하며, 정치적 왜곡을 일상화한다. 국민의 알 권리는 언론이 제공하는 정보의 질에 따라 좌우되는데, 지금의 언론은 검증되지 않은 주장과 의혹을 무책임하게 확산하고 공공의 신뢰를 파괴한다. 언론사가 보도한 내용이 시민의 생명을 위협하거나 사회적 낙인을 만들어도 책임지는 주체는 없다. 반대로 피해자는 여론의 공격 속에서 목숨을 잃기도 한다.

이와 같은 언론 정치는 단순히 잘못된 보도의 문제가 아니다. 언론이 정치와 결탁하여 정치적 이익을 위한 도구로 전락하는 현상이며, 언론사가 하나의 정치 행위자로서 기능한다는 점에서 심각하다. 정파성과 허위, 자극성과 무책임이 뒤섞인 현재의 언론 구조는 민주주의 공론장을 파괴하고, 여론 형성을 기계적으로 조작하는 수준에 이르렀다.

검찰이 정치를 대신하고 언론이 여론을 지배하는 사회는 민주주의가 기능할 수 없다. 언론은 권력 감시자가 아닌 권력 구성원이 되었고, 그로 인해 언론이 국민을 위한 기관이 아니라 통제의 수단으로 변질되었다. 언론은 더 이상 시민의 목소리를 대변하지 않으며, 국민의 눈과 귀를 가리고 통제하는 시스템의 일원이 되었다.

따라서 언론 개혁은 단순히 언론의 책임을 강조하는 수준에 그쳐선 안 된다. 제도적, 법적 장치를 통해 가짜뉴스에 대한 징벌적 손해배상제 도입, 허가 및 등록 기준 강화, 기자실 개방 등 구조 개혁이 병행되어야 한다. 동시에 시민의 미디어 리터러시(media literacy · 미디어 정보 해독력)를 높이는 교육이 병행되지 않으면 언론의 권력화는 지속될 것이다. 언론 자유를 지키기 위해선 그만큼의 책임도 동일한 무게로 요구된다. 진실과 정직을 중심에 두는 언론 생태계 재건이 시급하다.

세 번째는 '셀럽 정치'다. 정치 본연의 기능을 수행하기보다는 정치인이 자신의 이미지와 인지도를 중심으로 활동하며 대중의 인기를 끌기 위해 정치 무대를 활용하는 현상이다. 정치가 정책과 철학, 비전 중심의 토론을 기반으로 해야 함에도 셀럽 정치는 정치인을 연예인처럼 소비하게 만든다. 언론과 SNS, 유튜브를 통해 정치인의 발언 하나, 옷차림 하나, 표정 하나가 콘텐츠화되고, 본질보다는 외형에 집중하는 방식이 확산된다.

셀럽 정치의 문제는 정치의 중심축이 공익이 아니라 사익으로 옮겨진다는 점에 있다. 정치인은 공적 책임을 지고 공동체의 미래를 설계해야 하는 자리임에도, 일부 정치인은 팬덤 정치, 감성 자극, 갈등 조장과 같은 방식으로 대중을 조직하고 이슈를 소비한다. 이로 인해 정치는 본질을 상실하고, 공론장은 마케팅 공간으로 전락한다. 유권자는 정책이 아니라 '캐릭터'를 선택하게 되고, 정치는 점차 연예산업의 하위 영역으로 흡수된다.

정치인의 말이 무거운 공적 메시지가 아닌 유행어처럼 소비되고, 책임 있는 입법 활동보다는 라이브 방송과 쇼츠 콘텐츠가 중심이 되는 정치문화는 결국 민주주의 품격을 떨어뜨리고 신뢰를 무너뜨린다. 셀럽 정치인은 자기 이미지를 위협할 만한 주제는 회피하고, 분열을 조장하여 이익을 얻는다. 이 과정에서 시민은 정치의 수동적 소비자로 전락하며, 비판적 사고 대신 감정에 의존하는 태도를 보이게 된다.

이러한 셀럽 정치는 단순한 정치 기술의 변화가 아니라 정치의 본질을 왜곡하는 구조적 위기다. 민주주의는 성숙한 유권자의 판단과 정책 중심의 공론을 통해 발전한다. 그러나 셀럽 정치는 이를 방해하고 정치인을 미디어 스타로 만들며, 그들에게 책임보다는 인기를 관리하게 만든다. 정치는 정책으로 평가받아야 하며, 말의 무게가 생명을 좌우하고 삶을 결정짓는 영역임을 망각해서는 안 된다.

정치인이 스타가 되는 것이 문제가 아니다. 문제는 스타가 정치인이 되는 과정에서 정치의 내용이 사라지고 형식만 남는다는 것이다. 정치의 가벼움은 국민의 삶을 가볍게 만들고, 그 결과는 공동체 위기로 이어진다. 정치의 본질은 연설보다 실천에 있고, 홍보보다 책임에 있으며, 인기보다 공동선에 있다. 셀럽 정치를 넘어 정책 중심 정치, 실력 중심 정치로 나아가기 위한 근본적 전환이 필요하다.

정당 개혁: 정치 회복의 출발점

정치 회복의 출발점은 정당 개혁이다. 정당은 정치인의 집합체일 뿐만 아니라 민주주의를 실현하는 중심 기관이며, 국가의 방향성과 의제를 조율하는 엔진이다.

하지만 오늘날 대한민국의 정당은 그 본질적 기능을 상실하고 폐쇄적이며 비민주적인 구조에 갇혔다. 정당은 이념과 비전, 정책을 중심으로 조직되어야 함에도 현실에서는 계파와 파벌 중심의 줄세우기 정치가 일상화됐다. 정책의 정당이 아닌 인맥의 정당, 국민의 대리자가 아닌 특정 권력의 도구로 전락한 현실은 정당 개혁이 선택이 아닌 필수임을 말해준다.

지금의 정당은 정강 정책을 중심으로 토론하고, 사회적 의제를 발굴하기보다는 사익 추구의 플랫폼이 되어버렸다. 공천권을 독점한 일부 세력은 그것을 권력화하고, 당원은 형식적인 들러리로 남아 있다. 정치권에 진입하려는 사람은 가치와 소신이 아니라 줄서기와 충성 경쟁으로 평가받는다. 이러한 정당 구조는 민주주의를 위태롭게 만들며, 국민이 정치를 혐오하게 만드는 근본 원인 중 하나다.

정당은 지금 '정치 비즈니스 모델'로 작동한다. 국고보조금을 배분받고, 정치 후원금을 끌어모으며, 선거 때마다 공천권을 빌미로 정치 생태계를 독점한다. 정당 내부에서조차 민주적 의사결정은 실종되고, 밀실 공천과 깜깜이 선거가 상시화되었다. 정당의 목표는 공공을 위한 정책 경쟁이 아니라 의석 확보와 권력 배분에만 초점이 맞춰졌다.

이처럼 정당이 사적 이익의 도구로 전락하면 정치는 국민과 괴리되고, 정당은 국민 위에 군림하게 된다. 국민은 선거 때만 호출되고, 평소에는 철저히 배제된다. 정치가 국민을 대리하지 않고 국민의 정치참여를 제한하는 기제로 변질될 때 정당은 더 이상 민주주의의 전달자가 아니라 장애물이다. 정당 개혁은 단지 당헌/당규를 고치는 문제가 아니라 정치를 국민에게 돌려주는 구조적 혁신이다.

정당 개혁의 핵심, ETIV 시스템

정당 개혁의 핵심은 'ETIV 시스템'의 도입이다. 이는 Education(교육), Training(훈련), Incubation(양성), Verification(검증)이라는 네

단계를 통해 정치인을 양성하고 선발하는 체계적인 구조를 의미한다.

지금까지의 정당은 정치인을 '길러내는' 조직이 아니라 '끌어모으는' 조직이었다. 누구든 유명세나 자산, 관계망만 있으면 정당 안에서 자리를 차지할 수 있었고, 이에 따라 정치의 수질은 점점 더 오염되어 왔다.

Education은 정치의 철학과 헌법정신, 공동체 윤리와 정책 기초를 체계적으로 교육하는 과정이다. 대부분의 정치인은 공직자의 역할과 책임, 헌법과 법률에 대한 이해가 부족한 상태로 정치에 입문하고, 그 결과 정책보다는 구호, 책임보다는 공격에 익숙한 정치 문화가 고착되었다.

Training은 실제 정치 현장에서 정책 기획, 공청회 운영, 언론 대응, 유권자 소통 등 실무역량을 쌓는 과정이다. 이는 단순히 TV 토론에 나오는 말솜씨가 아닌, 공공영역에서의 실제 정치 행위를 연습하는 것이다.

Incubation은 정당 내에서 장기적으로 인재를 육성하는 시스템이다. 정치 신인을 단기 선거용으로 소모하지 않고, 일정 기간 보호하고 지도하며 조직과 철학에 뿌리내릴 수 있도록 하는 지원체계가 필요하다. 각 정당은 '정치 학교'의 기능을 회복해야 하며, 청년 정치인을 단순히 선거용 얼굴마담이 아니라 정책 파트너로 대우해야 한다.

마지막 Verification은 정치인이 실제로 국민 앞에서 정치적 윤리성과 실천력을 입증하는 핵심적인 단계다. 이 과정은 단순히 여론조사 수치나 미디어 노출 빈도를 근거로 삼는 것이 아니라, 정치인의 말과 행동, 과거의 정책 실천 경험, 시민사회 및 지역사회와의 관계, 그리고 위기 대응 능력까지를 포괄적으로 들여다보는 종합적인 검증 과정이어야 한다.

지금의 정당은 인기와 이미지에 의존해 공천을 남발한다. 여론조사 수치만으로 후보를 선정하고, 공정성과 책임성을 갖춘 정치인은 도리어 밀려나기 일쑤다. 그 결과 정치권에는 자격 없는 인물들이 넘쳐나고, 공천은 사적 인맥과 계파의 권력 도구로 전락했다.

국민이 체감하는 정치 수질이 4급수, 7급수로까지 전락한 이유가 여기에 있다. 정당은 이제 정수기와 같은 역할을 해야 한다. 오염된 인물을 걸러내고, 깨끗한 물, 즉 준비된 정치인을 국민에게 공급하는 구조가 구축되어야 한다.

ETIV 시스템은 단순한 제도 개선이 아니다. 이는 정당이 정치인을 양성하고 검증하는 '국민 위탁 교육 기관'으로서 책임을 되찾는 길이다. 정치의 수질을 개선하지 않는다면 그 어떤 개혁도 효과를 볼 수 없다. 제도의 형식보다 중요한 것은 제도를 운영할 사람이며, 정당은 바로 그 사람을 준비시키는 곳이어야 한다.

정치신인에 대한 기회 평등의 구조화

정당은 청년을 단순한 선거용 포장지나 상징적 존재로 활용하는 것에 그쳐서는 안 된다. 청년 정치인은 장식물이 아니라 동등한 정치 주체이며, 미래 정치의 책임을 지고 이끌어 나가야 할 동반자다. 청년을 진정한 정치 세력으로 성장시키기 위해서는 제도적/조직적 뒷받침이 필요하며, 무엇보다 정당 내부에서 청년이 주체적으로 활동할 수 있는 자율성과 보호 장치가 병존해야 한다.

청년 정치인은 단순히 젊다는 이유만으로 특별대우를 받아야 하는 존재가 아니라, 기존 정치 시스템에 도전하고 혁신을 주도할 수 있는 에너지를 가진 주체로서 다뤄져야 한다. 이를 위해 정당은 청년 정치인에게 기회를 주는 것을 넘어, 그 기회가 실질적인 역량 강화와 리더십 발현으로 이어지도록 교육과 훈련 체계를 갖춰야 한다. 형식적인 교육이 아니라 실제 정치를 수행할 수 있는 실무 중심의 정치교육이 필요하고, 정당 내에서 역할과 책임을 부여받으며 성장할 수 있는 인큐베이팅 구조가 마련되어야 한다.

아울러 청년 정치의 기반이 되는 것은 공정한 경쟁 환경이다. 정당은 청년에게 '한 번 써먹고 버리는 정치 실습의 장'이 아니라 지속적으로 성장하고 훈련할 수 있는 생태계를 조성해야 한다.

이를 위해서는 세대 간 수직적 위계 문화를 해체하고, 청년의 목소리를 반영할 수 있는 구조적 통로를 만들어야 한다. 당직 배분, 정책 개발, 의제 선정 과정에 청년이 실질적인 영향력을 행사할 수 있도록 시스템을 설계하고, 정치적 실패의 경험조차도 성장을 위한 자산으로 축적될 수 있는 구조로 전환해야 한다.

당내 민주주의는 청년의 정치 성장과 직결된다. 민주주의가 작동하지 않는 정당에서 청년이 정치 역량을 키울 수 없고, 기성 정치인들의 그림자 안에서 반복되는 통제와 견제 속에서는 새로운 정치 세력이 자라날 수 없다.

따라서 당원 교육의 내실화는 청년뿐 아니라 정당 전체의 미래를 위해 필수적인 과제다. 교육은 단지 전달이 아닌 소통이어야 하며, 당원 간의 정치적 토론과 학습이 정례화된 구조로 이어질 때 청년 정치는 기획이 아닌 현실이 될 수 있다.

제도 개혁: 3대 개헌 과제

결선투표제 도입

현행 대통령 선거제도는 단 한 번의 투표로 당선자를 결정하는 방식이기 때문에 다자 구도에서 특정 후보가 30%대의 지지율만으로도 대통령에 당선되는 경우가 발생할 수 있다. 이는 당선자의 대표성과 정당성에 본질적인 문제를 제기하며, 대통령제의 근간인 국민통합과 정책적 안정성을 심각하게 훼손하는 결과를 낳는다.

국민 다수의 지지를 받지 못한 채 당선된 대통령은 그 자체로 정치적 분열의 원인이 되고, 임기 초반부터 정국은 정당성과 효능감 논란으로 얼룩지게 된다. 대통령제는 막대한 권한이 집중되는 제도인 만큼 선출 과정에서 최소한 과반의 국민 동의를 거치는 장치가 필요하다. 결선투표제는 그 해법이다. 다자간 경쟁 이후 상위 2인의 결선 투표를 통해 진정한 의미의 국민 선택을 받는 과정을 마련해야 한다.

결선투표제를 도입하면 단지 선출 방식이 바뀌는 것에 그치지 않는다. 후보들은 1차 투표에서 자신의 핵심 지지층만을 바라보는 전략이 아니라, 결선 투표를 염두에 두고 다양한 계층과 지역, 세대의 지지를 고려하는 '연합 정치'를 펼치게 된다. 이는 정치문화 자체를 양극화에서 협치와 연대의 방향으로 전환할 수 있는 계기가 된다.

결선투표는 프랑스, 핀란드, 브라질 등 전 세계 여러 민주국가에서 채택한 방식으로 유권자 만족도와 제도적 안정성이 검증된 사례다. 특히 사회적 갈등이 깊은 대한민국 정치 지형에서는 결선투표제를 통해 분열이 아닌 통합의 리더십을 만들 수 있는 토대를 마련해야 한다. 결선투표제 도입은 더 이상 선택이 아닌 필수의 개혁 과제다.

대통령 피선거권 연령 제한 폐지

헌법상 대통령 피선거권이 만 40세 이상으로 제한된 현행 규정은 시대정신과 민주주의 원칙에 부합하지 않는다. 이는 젊은 세대의 정치 참여를 구조적으로 차단하는 제도적 장벽이며, 정치적 다양성과 대표성을 심각하게 저해하는 요소다. 청년이 사회에서 다양한 역할을 하고 있음에도 대통령 후보로 출마할 수 없다는 것은 명백한 정치적 차별이며, 헌법이 보장하는 평등권과 참정권에도 모순된다.

오늘날 대한민국의 정치가 안고 있는 큰 문제 중 하나는 정치의 폐쇄성과 기득권화다. 이는 특정 연령대, 특정 집단에 권력이 집중되고 새로운 세대의 진입이 제도적으로 봉쇄되는 구조에서 비롯된다. 피선거권 연령 제한은 바로 그러한 구조의 상징적인 사례다. 청년은 정치적 판단 능력이 부족하다는 전제는 편견에 불과하며, 실제로 국내외 여러 사례를 보면 30대 이하 지도자들이 국가를 이끌며 성과를 내는 경우가 적지 않다.

만 40세라는 기준은 어떤 객관적인 기준이나 과학적 타당성 없이 설정된 장벽에 불과하다. 이미 국회의원이나 지방자치단체장은 만 18세 이상의 피선거권이 부여됐고, 유권자 판단을 통해 당선 여부가 결정된다. 대통령 후보만을 유독 제한하는 것은, 정치적 기회 균등 원칙에도 반하는 행위다. 이제는 대통령 피선거권도 만 18세 이상으로 하향 조정하여 국민의 참정권을 전면적으로 보장해야 한다.

정치의 신뢰를 회복하고 미래세대의 참여를 이끌기 위해서는 기회 자체를 열어주는 것이 출발점이다. 진입 문턱을 낮추고 경쟁의 장을 평평하게 만드는 것만이 청년의 정치 진출을 의미 있게 만들 수 있다. 누가 대통령이 될 수 있는지는 국민이 결정할 일이며, 그것이야말로 민주주의의 본령이다.

대통령 4년 중임제

현행 5년 단임제는 대통령이 책임 있는 정치를 수행하기 어렵게 한다. 임기 초반부터 레임덕을 우려해야 하고, 정권 말기에는 권력 공백과 무책임한 행정이 구조화된다.

한 번의 선거로 최고 권력을 위임받은 대통령은 그 권한에 비례하는 책임을 지지 않으며, 정책 성과에 대한 국민적 평가 없이 퇴임하게 된다. 이러한 구조에서는 장기적 국가 전략이나 구조 개혁이 실행되기 어렵고, 표면적인 단기성과에만 집중하는 정치를 유도하게 된다.

대통령의 권한은 막강하지만, 단임제는 그 권력을 제어할 기제도 부족하다. 재선이라는 심판 기회를 배제한 채 오직 한 번의 당선만으로 5년의 국정을 맡기는 구조는 오히려 무책임한 권력을 양산하는 제도적 결함을 안고 있다. 특히 대한민국처럼 강한 행정부 중심의 권력 구조에서는 단임제의 폐해가 더욱 치명적으로 드러난다. 책임 정치란 유권자 앞에서 지속적으로 평가받고, 그 평가를 통해 권력을 재위임받는 과정을 전제로 해야 한다.

4년 중임제는 대통령에게 정치적 책임성과 연속성을 부여하는 제도다. 1기의 임기를 통해 정책을 실험하고 기반을 닦은 후 유권자에게 재신임을 받아 2기의 국정 운영을 통해 완결성을 확보할 수 있는 구조다.

이는 단순히 임기를 늘리는 문제가 아니라, 성과 중심의 정치 구조를 정착시키는 핵심적 장치다. 대통령은 재선을 의식해 국민과의 소통에 더욱 적극적으로 나서고, 정치적 부담 속에서도 결과를 만들어 내려는 노력을 지속하게 된다.

동시에 4년 중임제는 국정의 안정성과 정책의 지속성을 보장할 수 있는 제도적 기틀이 된다. 단임제에서는 중장기 과제가 임기 말에 흐지부지되거나 후임 정부에 의해 폐기될 때가 많다. 4년 중임제는 이와 같은 정책의 단절을 최소화하고 국정의 일관성을 유지할 수 있는 여지를 제공한다. 이 제도는 대통령제의 책임성과 효율성을 동시에 제고할 수 있는 개헌 과제로 더 이상 미룰 수 없는 시대적 요청이다.

평면 정치에서 입체 정치로

현재의 한국 정치는 좌우 진영 간 대결 구도가 굳어진 평면 정치(flat politics)에 머물러 있다. 정치적 의제는 곧 진영의 도구로 전락하고, 국민의 삶을 위한 정책 논의는 사라진 채 이념적 프레임 싸움만이 반복된다.

여야의 모든 메시지는 상대 진영에 대한 혐오를 강화하고, 정당은 자기 진영을 수성하는 데만 몰두하며 확장성은 포기하고 있다. 이러한 정치 구조는 갈등을 증폭하고, 협치와 연대를 낡은 말처럼 여기는 상황으로 치닫게 한다.

민주주의는 본래 다양한 이해관계와 관점을 조율하고 공공선을 위한 공론장을 형성하는 과정이다. 그러나 평면 정치는 정파 간 적대만 남기고, 다양한 목소리는 소외되며, 중간지대는 철저히 사라진다. 지금 한국 정치에 필요한 것은 단순한 정권 교체나 인물의 변화가 아니라 정치 시스템의 근본적 전환이다. 그 방향은 바로 입체 정치(multilayered politics)다. 입체 정치는 좌우, 보수와 진보의 단선적 구도를 넘어 세대, 지역, 계층, 성별, 이념을 아우르는 복합적 시선과 조정을 요구한다.

입체 정치는 갈등을 관리하고 해소하는 정치를 가능하게 하며, 정치 주체들이 서로의 차이를 인정하고 함께 공존하는 문화를 조성한다. 이를 가능케 하는 유일한 출발점은 시민이다. 시민이 단순히 투표에 참여하는 수동적 유권자를 넘어, 정치 의제를 제기하고 감시하며,

참여하는 능동적 주체로 자리잡아야 한다. 결국 입체 정치란 시민이 중심이 되는 정치문화이며, 이 문화가 제도와 구조를 이끌어야 한다.

한국 정치가 입체성으로 나아가려면 모든 정당과 정치인은 중간지대를 포기하지 말아야 한다. 다양한 국민의 삶을 대변하기 위해선 극단보다 연결이, 대결보다 공감이 필요하다. 그 기반은 생활정치이며, 그 주체는 시민이다. 평면 정치를 넘어서야 대한민국 민주주의는 진짜 회복의 길로 들어설 수 있다.

이 입체 정치는 좌우의 이념 구도를 넘어서야 한다. 정치가 포괄해야 할 것은 세대 간 연대, 지역 간 균형 발전, 계층 간 격차 해소, 성별과 세대, 직업과 문화적 배경 등 다양한 정체성을 가진 구성원 간 소통이다. 대한민국은 더 이상 단일한 경험과 시선으로 정치적 요구를 수렴할 수 있는 사회가 아니다. 지금 필요한 정치는 다층적 현실을 반영할 수 있는 유연성과 포용력을 갖춘 정치다.

입체 정치가 작동하려면 시민을 단순히 정당 지지자로 호명하는 것을 넘어서야 한다. 시민은 특정 진영의 병사가 아니라 사회의 다양한 삶을 살아가는 주체로서 각자의 현실에서 정치가 영향을 미친다는 것을 체감할 수 있을 때 정치에 참여한다. 정치가 각자의 삶을 대변할 수 있을 때 그 정치는 신뢰를 얻는다. 따라서 입체 정치는 정치가 복잡한 사회 현실에 책임 있게 반응할 수 있도록 만드는 기초이자 새로운 정치 질서의 시작점이다.

민주주의는 타협과 관용, 다양성의 인정 속에서만 생존한다. 다양한 배경과 입장을 가진 사람들이 충돌하더라도 정치가 이들의 갈등을 조율하고 공통의 해법을 모색할 수 있어야 한다.

적을 만드는 정치는 결국 민주주의를 파괴한다. '내 편이 아니면 적'이라는 프레임은 결국 모두를 고립시킨다. 정치란 공동체의 방향을 함께 결정하는 과정이며, 그 핵심은 공공선 추구다. 입체 정치는 이 공공선의 가능성을 넓히는 통로이자 정치 회복의 실천적 방법이다.

요약과 성찰

국민이 주인 되는 정치로의 전환

정치는 이제 국민의 권한을 위임받은 수탁 행위일 뿐 아니라 그 권한의 행사에 대해 상시 평가받고 응답해야 하는 책무로 전환해야 한다. 정당은 변화하지 않으면 도태될 것이고, 정치인은 더 이상 이미지로 살아남을 수 없다. 이 새로운 질서는 국민이 권력을 감시하고 교체할 수 있다는 실증적 경험을 통해 더욱 공고해질 것이다.

따라서 진정한 민주공화국은 주권자가 깨어 있을 때 완성된다. 그리고 그 주권자의 연대와 실천이야말로 정치 개혁의 실질적 시작이며, 2025년의 탄핵은 그 출발점이다. 앞으로 이 변화가 일시적 분출이 아니라 지속가능한 정치문화로 뿌리내리기 위해선 국민 개개인의 관심과 감시, 참여가 무엇보다 중요하다. 대한민국은 이제 '시민이 나라를 움직이는' 시대에 접어들었다.

신인규 대표는 정치개혁이란 단순히 제도를 고치는 차원을 넘어선, 정치 전반의 문화와 인식 구조를 바꾸는 '전환의 과제'임을 강조한다. 단순한 입법적 개선이 아닌, 정치인과 정당, 시민 모두가 참여하고 책임지는 집단적 변화의 흐름이 필요하다는 것이다. 그가 말하는 '국민이 주인 되는 정치'란 정치인이 대중의 머리 위에 군림하는 존재가 아니라, 철저히 봉사자 구실을 하며 시민의 판단과 감시, 결정권을 일상적으로 존중하는 구조다. 시민은 더 이상 투표만 하는 존재가 아니라, 지속적으로 정치적 책임을 물을 수 있는 권한을 가진 감시자이자 결정자라는 점을 다시 확인해야 한다.

이런 구조적 전환을 가능하게 하는 유일한 원동력은 바로 시민의 연대와 행동이다. 정당이 자발적으로 바뀌지 않는다면 시민이 압력을 가하고 대안을 만들어야 한다. 정치인이 자각하지 않는다면 시민이 더 나은 인물을 발굴하고 검증해야 한다. 정치개혁은 위로부터 오는 것이 아니라, 아래로부터의 의지와 연대가 쌓일 때 비로소 실현될 수 있다.

2025년의 탄핵은 이 같은 가능성을 실증한 사례. 검찰도 언론도 아닌 시민이 중심이 되어 만들어낸 정치적 변화는 더 이상 과거로 돌아갈 수 없음을 보여준다.

신 대표는 바로 이 점에서 탄핵 이후의 정치개혁이 단발적인 사건이 아니라 '지속가능한 정치문화'로 자리잡아야 한다고 강조한다. 그것이야말로 우리 시대 시민주권의 가장 값진 성과이자 다음 세대를 위한 유산이 될 것이다.(편집자)

2장 기회다원주의 시대, 대한민국을 다시 설계하다

기득권 공화국에서 기회 폐쇄주의로

대한민국은 지금 정치, 경제, 교육 등 사회 전반에 걸쳐 구조적 기득권 체제가 깊숙이 뿌리내리고 있다. 정치권은 정파 중심의 이익 배분 구조 속에서 공공의 이익보다는 정당의 존립과 재선을 우선하는 양당 구도에 머물러 있으며, 이로 인해 국민의 목소리가 정책 결정 과정에서 배제되고 있다.

대기업 중심의 경제 구조는 소수 재벌과 관련된 산업 생태계를 더욱 강화하는 방식으로 작동하며, 혁신적 아이디어나 신생 기업의 성장은 철저히 억제된다. 경쟁의 공정한 장이 사라진 이 환경에서는 자본과 인맥이라는 진입 장벽을 넘기란 거의 불가능에 가깝다.

노동시장 구조 역시 비효율성을 내포한다. 연공서열을 기준으로 한 보상 체계는 생산성과 성과를 무시한 채 연차와 조직 내 생존 능력에 기반한 생애 경로를 강요한다. 능력 중심의 평가와 보상은 유명무실하며, 이는 젊은 세대의 이탈과 이직률 증가로 이어진다. 특히 청년층은 성과를 입증할 기회조차 부여받지 못한 채 '열정페이'와 '인턴 착취'의 구조 속에서 미래에 대한 희망을 잃는다.

한편 교육 제도는 공정한 기회의 보장을 목표로 한다고 말하지만 실제로는 계층 간 대물림을 더욱 공고히 하는 시스템으로 작동한다. 부동산 자산을 통한 교육자본의 집중은 특정 지역, 특정 학군에만 교육 기회가 몰리는 결과를 초래하며, 이는 곧 수도권 집중과 지방 소멸로 연결된다. 과도한 사교육과 입시 위주의 교육 현실은 학생을 창의적인 시민이 아닌 시험기계로 전락시키며, 이러한 구조 속에서 '부의 세습'은 교육을 매개로 제도화된다.

과도한 규제는 한국 사회의 창의성과 혁신 에너지를 심각하게 저해하는 요소로 작용한다. 혁신이라는 것은 본질적으로 예측 불가능성과 실험성을 전제로 하며, 일정한 리스크를 감수하지 않으면 진보는 없다. 그러나 현재 대한민국의 규제 체계는 새로운 시도에 대한 유연한 수용보다는 기존 질서 유지에 더 집중되어 있으며, 이로 인해 민간의 창조적 발상은 초기 단계에서부터 차단되기 일쑤다.

행정 절차는 지나치게 복잡하고 비효율적이며, 부처마다 상충하는 규제들이 공존하면서 일관된 정책 방향을 기대하기 어렵다. 이러한 비효율은 기업가 정신을 위축하고, 특히 스타트업이나 중소기업처럼 자본과 인력이 제한적인 주체들에게는 치명적인 진입장벽으로 작용한다. 혁신 기술을 활용한 새로운 비즈니스 모델이 기존 법제도의 울타리를 넘지 못하고 좌절되거나 심지어는 불법으로 간주되는 사례도 빈번하다.

규제의 형식주의는 공공기관 전반에 만연하다. 창의적 해석이나 유연한 집행보다는 전례와 관행에 의존하는 결정 구조는 현장 적응력을 떨어뜨리고 정책 집행 과정에서의 책임 회피 문화까지 조장한다. 이러한 관료주의적 태도는 결국 국민의 실생활에 밀접한 서비스 영역에서마저 혁신을 어렵게 한다.

창업가와 혁신 기업들은 생존 자체가 기적일 정도의 환경 속에서 고군분투하고 있다. 규제 샌드박스나 특례 적용 제도들이 도입되었지만, 실질적인 규제 완화로 이어지는 경우는 드물고, 오히려 형식적인 심사만 반복되거나 정치적 목적에 따라 선택적으로 운용된다. 규제 혁신이 실제 현장에서 체감되려면 단순히 제도적 신설을 넘어 기존 관행의 전면적 재검토와 법제도 전반의 유기적 재설계가 필요하다.

궁극적으로 규제 시스템은 사회 전체의 위험을 최소화하면서도 개인과 기업이 새로운 가치를 창출할 수 있도록 일정한 실험과 실패를 감내할 수 있는 안전한 실험장을 제공해야 한다. 그러나 현재의 대한민국은 실험의 공간은커녕 실수에 대한 관용도 부족하고, 변화에 대한 적대감만 넘쳐나는 사회로 굳어지고 있다. 이 상태로는 글로벌 기술 패권 경쟁에서 뒤처질 수밖에 없으며, 무엇보다 청년 세대에게 새로운 미래를 설계할 수 있는 상상력과 동기를 줄 수 없다. 따라서 규제 혁신은 선택이 아닌 생존의 문제다.

사회 전반의 역동성이 점차 사라진다. 다양한 분야에서 생동감 있는 변화와 혁신이 실종되고, 정체된 시스템 속에서 국민은 점점 무기력해진다. 특히 청년층은 사회에 진입할 수 있는 합리적이고 공정한 출발선을 찾지 못한 채 각종 제약과 벽에 가로막혀 있다. 능력이나 노력보다는 출신 지역, 부모의 재력, 기존 네트워크와 같은 '태어난 조건'이 미래를 결정짓는 사회에서 청년이 느끼는 상실감은 점점 커진다.

공정한 경쟁이 사라지자, 신뢰의 기반도 무너지고 있다. 사회는 더 이상 성실함이나 노력으로 성취를 거둘 수 있는 곳이 아니며, '운 좋게 태어난 사람만이 승리할 수 있는 게임'이라는 인식이 확산한다.

이는 단지 개인의 좌절감으로 끝나는 것이 아니라 국가 전체의 사회적 자본과 통합 역량을 근본적으로 침식한다. 개인의 도전은 '실패 시 회복이 불가능한 선택'이 되었고, 생존을 위한 눈치 보기와 기회 탐색이 삶의 핵심 전략으로 자리 잡았다.

이와 같은 구조는 사회 전반의 활력을 저하시키며, 창의적 도전이나 새로운 시도를 억제하는 방향으로 작동한다. 위험을 감수하며 새로운 분야에 뛰어들 용기를 갖기보다는 현재의 불안정한 생존을 유지하기 위해 적응에 집중하게 된다. 혁신은 실험과 실패가 전제되어야 하지만, 지금의 시스템은 실패에 대한 최소한의 안전망조차 제공하지 못한다.

이것은 단순한 경제적 정체가 아니라, 민주주의의 본질인 참여와 표현의 자유, 공동체적 연대의 기반마저 무너뜨리는 위기다. 사회는 분절되고, 공통의 미래에 대한 상상은 사라지며, 공동체가 아닌 개인의 생존에 몰두하는 파편화된 경쟁사회로 퇴행한다.

이러한 흐름을 멈추지 않는다면 민주주의의 껍데기는 유지되더라도 실질적 내용은 점차 소멸하게 될 것이다. 대한민국은 지금 '기회 폐쇄주의 모델'이라는 절벽 앞에 서 있으며, 이를 넘어서지 못한다면 국가의 지속가능성은 장담할 수 없다.

더불어 민주주의의 후퇴 현상은 단순히 정치체계의 문제를 넘어 사회 전반에 영향을 미치는 중대한 이슈다. 한국은 압축 성장이라는 기적적 경제발전을 통해 산업화와 현대화를 달성했지만, 그 과정에서 민주주의의 내실을 강화하는 데는 실패한 측면이 있다.

성장의 성공 경험은 결국 정책 결정 권한의 중앙 집중을 초래했고, 권력은 특정 엘리트 계층에게 과도하게 몰리게 되었다. 이로 인해 일반 시민의 정치 참여는 형식적 수준에 머무르게 되었으며, 실질적 의사결정 과정에서의 영향력은 극히 제한적이었다.

행정은 점차 관료화되고 폐쇄적인 구조로 변화하였으며, 정책의 수립과 집행이 공정한 절차와 숙의 과정을 거치기보다는 소수 기득권의 이해관계에 따라 작동하는 경우가 많았다. 공공성보다 정치적 효율성과 정권 유지가 우선시되었고, 이는 민주주의의 핵심 가치인 시민 주권과 참여의 원칙을 훼손하는 결과를 낳았다.

이와 동시에 경제 구조는 점점 세습적 속성을 강화하였다. 자산과 교육의 대물림을 통해 특정 계층은 기회를 독점하게 되었고, 이는 명문대 진학률, 대기업 취업률, 그리고 정치권 진입률 등 모든 분야에서 통계적으로 드러난다. 교육은 능력을 바탕으로 한 기회 제공의 수단이 아니라 부모의 재력과 정보력에 따라 성패가 갈리는 불공정한 경쟁의 장으로 전락했다.

이러한 현실 속에서 시민은 더 이상 국가 시스템이 자신들을 위한 것이라 믿지 못하고, 참여하지 않아도 달라지는 것이 없다는 체념이 광범위하게 퍼지고 있다. 이는 민주주의의 존립 기반 자체를 약화하고, 정치적 냉소주의와 제도 불신, 나아가 사회 갈등의 극단화를 초래한다.

결과적으로 대한민국은 지금 '기회 폐쇄주의 모델'이라는 커다란 구조적 벽 앞에 놓여 있다. 이는 단지 한 시대의 우연한 현상이 아니라 제도와 관행, 문화가 복합적으로 축적되어 만들어낸 결과다. 지금 이 벽을 넘지 못한다면 앞으로의 미래세대는 점점 더 위축된 민주주의와 경직된 사회 구조 속에 갇혀 살아갈 수밖에 없다.

기회다원주의: 실질적 기회의 재설계

기회다원주의는 기회의 표면적 평등에 그치는 것이 아니라, 현실적으로 체감할 수 있는 접근성과 제도적으로 보장되는 안전장치를 갖춘 실질적 공정성을 지향한다. 이는 누구나 자신의 능력과 열정에 따라 도전하고 실패하더라도 다시 일어설 수 있는 사회 구조를 만들자는 제안이다.

지금까지의 대한민국은 기회의 언어만 존재하고 실제 제도는 이를 따라가지 못했다. 기회의 평등을 말하면서도 제도는 특정 계층에 유리하게 설계되었고, 경쟁의 출발선은 이미 불균형하게 주어져 있었다.

기회다원주의는 이러한 구조를 정면으로 전환하는 새로운 사회 설계 철학이며, 다음의 세 가지 핵심 영역에서 구체화한다.

첫째, 교육은 계층 이동의 가장 중요한 수단이므로 공정한 교육 기회의 재편이 필요하다. 둘째, 경제는 공정한 경쟁 환경을 보장해야 하며, 이를 위해 혁신과 진입 기회를 확장해야 한다. 셋째, 정치와 정책 과정은 특정 엘리트의 전유물이 아니라 국민 전체가 참여할 수 있는 개방성과 투명성을 갖추어야 한다.

이 세 가지 축을 통해 단순한 선언이 아닌 실행 가능한 기회 구조를 만들어가는 것이 기회다원주의의 핵심이며, 이는 곧 한국 사회가 직면한 양극화와 불평등의 구조적 병폐를 타파하는 출발점이다.

교육 개혁의 기회다원주의 모델

공교육의 강화를 국가적 핵심 과제로 삼아야 한다. 교육은 단순한 지식 전달을 넘어 사회 이동성과 계층 간 공정성을 회복하는 핵심 수단이다. 현재 대한민국의 교육 구조는 부모의 재력과 지역에 따라 그 기회의 질이 극명하게 갈리는 상황이다.

이를 해결하기 위해 국가 차원의 교육재정 투입을 확대하고, 지역 간 교육 인프라 격차를 해소하는 데 집중해야 한다. 특히 교육청 단위의 자율권을 확대하면서도, 중앙정부는 교육의 기본권으로서의 접근성을 보장하는 방향으로 제도적 재설계를 추진해야 한다.

지역 간 불균형을 해소하기 위한 대표적 제도로 '지역비례선발제'를 제안한다. 이는 수도권 중심의 입시 경쟁 구조가 만들어낸 명문대 진학 기회의 편중 현상을 해소하는 방안으로, 학령인구 비율을 기준으로 각 지역에 대학 입학 정원(TO)을 분산 배정하는 방식이다.

이를 통해 수도권 고교 출신에게 과도하게 집중된 상위권 대학 진학률을 완화하고, 지방 학생들에게도 공정한 기회를 제공할 수 있다. 장기적으로는 지역 대학의 질적 성장과 지역 내 고급 인재의 잔류를 유도함으로써, 지역 균형 발전에도 기여하게 된다.

공교육의 질적 혁신 또한 병행되어야 한다. 디지털 교육 플랫폼의 전국적 보급을 통해 모든 학생이 동등한 학습 콘텐츠에 접근할 수 있도록 하고, 맞춤형 학습 시스템을 도입하여 개별 학생의 역량과 수준에 맞는 교육을 제공해야 한다. 고등교육과 직업교육 간 연계를 강화하여 단순한 대학 진학 중심의 교육에서 벗어나, 다양한 경로의 사회 진출을 가능케 하는 체계를 구축한다. 저소득층과 교육 취약계층에 대해서는 장학금 및 생활 지원 제도를 대폭 확대하여 경제적 이유로 학습 기회를 잃지 않도록 해야 한다.

이러한 다층적 접근을 통해 교육은 단순히 개인의 성취나 경쟁력을 높이는 도구로 머물지 않고, 사회 전체의 지속가능한 발전과 통합을 이끄는 핵심축이 되어야 한다. 교육은 한 사람의 일생을 바꾸는 힘이자, 공동체 전체의 진로를 재설정하는 기능을 가진 제도다. 이 제도가 특정 계층의 특권 유지에 봉사하는 방식으로 작동해서는 안 되며, 모두에게 공정한 출발선을 보장하는 구조로 재설계되어야 한다.

기회다원주의 사회에서 교육은 모든 개혁의 출발점이 되어야 한다. 실질적인 계층 이동의 사다리를 회복하고, 지역, 계층, 가정환경과 관계없이 누구나 자신이 가진 잠재력을 발휘할 수 있는 환경을 제공해야 한다. 이를 위해서는 교육 정책이 사회안전망, 노동시장, 산업정책과 유기적으로 연결되어야 하며 전 생애에 걸친 교육권이 보장되어야 한다.

공정하고 다양한 기회의 분배는 교육을 통해 가장 먼저 실현될 수 있다. 진정한 의미의 기회다원주의는 학력, 지위, 재력 등 외적 지표가 아닌 개개인의 잠재력과 의지가 존중받는 사회를 지향한다. 이러한 철학이 교육 현장에 뿌리내릴 때 대한민국은 기존의 경쟁 일변도 사회에서 벗어나 협력과 상생의 혁신국가로 탈바꿈할 수 있다. 교육은 곧 미래이며, 그 미래를 다시 설계하는 것이 바로 기회다원주의의 실천이다.

경제 시스템 개편과 기회다원주의 모델

혁신 기업과 스타트업의 성장을 실질적으로 견인하기 위해서는 제도적 장벽을 과감히 제거하고, 자금, 기술, 시장 접근성을 통합적으로 보장하는 체계를 마련해야 한다. 이를 위해 우선 창업 초기 단계에서 자본 확보 문제를 해결하기 위한 국가 주도의 창업 펀드를 조성하고, 민간과의 매칭 방식으로 투자 생태계를 활성화하는 전략이 필요하다. 이 펀드는 단순한 재정 지원을 넘어 성장 가능성이 높은 기업에 대한 전략적 투자와 후속 성장을 유도하는 구조로 설계되어야 한다.

또한 대기업과 스타트업 간 기술 협력을 촉진하는 오픈 이노베이션 플랫폼을 구축하여 혁신 생태계 내 협업 기반을 확대해야 한다. 이 플랫폼은 기술 공유, 공동 연구개발, 테스트 베드 제공 등 다양한 협력 메커니즘을 포함하고 대기업이 단순한 하청 구조가 아닌 상생적 파트너십으로서 스타트업을 수용할 수 있도록 유도해야 한다.

특히 인공지능(AI), 바이오, 반도체, 친환경 에너지 등 미래 산업은 국가의 지속가능한 성장을 좌우할 핵심 분야이므로 이에 대한 R&D 투자는 단기성과가 아닌 장기 전략의 일환으로 접근해야 한다. 정부는 이들 분야에 대해 세제 인센티브, 기술 보호를 위한 제도 개선, 지식재산권 활용 지원 등 종합적인 지원 정책을 마련하고 연구 인프라와 인재 양성 체계 역시 병행해서 강화해야 한다.

수도권 집중 현상은 대한민국의 사회경제적 불균형을 가장 극명하게 드러내는 구조적 문제이며, 이를 해소하기 위해서는 지역별 창업 생태계 구축과 맞춤형 산업 전략이 반드시 병행되어야 한다. 지역 창업 클러스터는 단순한 기업 유치 공간을 넘어 지역 특성에 맞는 기술과 인재를 결집하는 복합적 플랫폼으로 기능해야 하며, 이를 통해 수도권에 집중된 자본과 기술을 분산하고 지역 경제에 새로운 활력을 불어넣을 수 있다.

각 지역이 보유한 자원, 인프라, 산업기반 등을 기반으로 차별화된 전략을 수립해야 한다. 예컨대 조선업 중심의 거제, ICT 기반의 대구, 바이오헬스 중심의 충북, 반도체 특화의 이천·청주 등의 지역 특성을 고려한 맞춤형 산업 육성 모델이 필요하다. 단순히 인프라만 구축하는 것이 아니라, 산·학·연 협력체계를 기반으로 기술 인큐베이팅, 창업 지원, 기술 상용화, 고용 연계 프로그램을 연계함으로써 지속 가능한 지역산업 생태계를 조성해야 한다.

이러한 산업 육성은 청년들의 지역 정착을 유도하고, 지역 사회 내에서 자립적인 일자리 생태계를 형성하는 데 이바지할 수 있다. 지역 청년들에게 수도권으로의 이동이 아니라 고향에서 안정된 미래 설계가 가능하다는 확신을 심어주는 것이야말로 지역 균형 발전의 가장 강력한 기반이다. 이를 위해 지역 맞춤형 인재 양성 프로그램과 취/창업 연계 시스템을 구축하고, 지방대학과 지역 산업 간의 유기적인 협력 구조를 강화해야 한다.

이와 같은 경제 시스템의 개편은 단순히 경제적 효율성이나 성장률을 높이기 위한 수단이 아니다. 이는 공정한 경쟁이 가능한 토대를 회복하고, 지역 간 기회의 불균형을 해소하며, 기술 중심 사회에서의 새로운 계층 이동 경로를 창출하는 구조적 개혁이다. 수도권 일극 체제를 다핵 구조로 전환하는 일은 결코 정치적 구호로 끝날 일이 아니며 국가 존립의 지속가능성을 확보하기 위한 전략적 결정이어야 한다.

정치 개혁의 기회다원주의 모델

청년을 포함한 다양한 사회 계층이 정치 과정에 실질적으로 참여할 수 있도록 하기 위해서는 정치 시스템 전반에 걸친 대대적인 개혁이 필요하다. 공천 제도는 특정 기득권 세력에 유리하게 설계되어 있었으며, 이는 정치권의 폐쇄성과 계파 중심 정치를 고착하는 주요 원인이 됐다. 따라서 공천의 투명성과 공정성을 높이기 위한 제도 개편이 필요하며, 이를 위해 당내 민주주의 절차를 제도화하고 외부 검증 시스템을 도입해야 한다.

또한, 디지털 플랫폼 기반의 시민 의견 수렴 체계를 구축하여 정책 결정 과정에서 국민의 다양한 목소리가 실질적으로 반영될 수 있도록 해야 한다. 이는 일회성 설문조사가 아니라 상시적/참여형 구조로 설계되어야 하며, 국민참여포털, 온라인 공론장, 전자투표 등 디지털 기술을 적극 활용하는 방식이 요구된다. 이러한 구조는 시민의 정치적 효능감을 높이고, 정치의 투명성과 책임성을 확보하는 데 이바지할 수 있다.

지방 분권도 정치 개혁의 핵심 축이다. 현재 중앙정부 중심의 의사결정 구조는 지역의 자율성과 창의성을 억제하고 있으며, 이는 지역 정치의 활력을 저해하는 요인으로 작용한다. 지방정부에 더욱 많은 재정 권한과 정책 결정 권한을 이양하고, 지역 주민이 스스로 지역의 미래를 설계할 수 있도록 제도적 기반을 확충해야 한다.

정치 자금의 투명성 확보 역시 불가결한 과제다. 선거 자금 및 정치 후원의 흐름을 디지털화하고 실시간으로 공개하는 시스템을 통해 불법 로비와 은밀한 금권정치를 근절해야 한다. 더불어 정치인과 정당의 자금 운용 내역에 대한 외부 감사 시스템을 강화하고, 위반 시에는 실질적인 처벌이 가능하도록 법적 장치를 정비해야 한다.

이러한 전방위적인 정치 개혁 없이는 대한민국의 민주주의는 형식만 남은 껍데기로 전락할 수밖에 없다. 진정한 민주주의는 단순히 선거를 치르고 권력을 위임하는 절차에 그치지 않는다. 그것은 국민 개개인이 국가 운영의 주체로서 참여하고 자신을 대표할 인물과 정책을 능동적으로 선택하며, 그 선택의 결과를 지속적으로 피드백하고 견제할 수 있는 정치적 역량과 공간을 보장받는 체계에서 비로소 완성된다.

정치는 특정 엘리트나 계파가 독점하는 폐쇄적 시스템이 되어서는 안 된다. 다양한 계층과 세대, 지역과 가치관이 정치 공간에 동등하게 진입하고 논의할 수 있어야 하며, 이를 위해 제도적 설계 전반이 철저히 재구조화되어야 한다. 정당은 공공재 역할을 해야 하며, 내부 민주주의의 작동 없이 구성원 위에 군림하는 카르텔 형태의 운영에서 벗어나야 한다.

국민 누구나 참여하고 대표될 수 있는 정치는 이론이 아니라 실천의 문제다. 실제로 청년이 정당에 진입할 수 있는 구조인지, 노동자가 자신의 이해를 대변할 수 있는 시스템이 마련되어 있는지, 지역 유권자의 목소리가 중앙의 의사결정 구조에 얼마나 반영되는지를 따져야 한다. 참여는 투표만이 아니라 정책 형성과 집행, 감시와 평가 과정에서 주체적 개입을 의미하며, 이는 플랫폼 기술과 디지털 민주주의의 결합을 통해 보다 실질화될 수 있다.

결국 정치 개혁은 민주주의를 공허한 절차가 아니라 살아 숨 쉬는 제도로 만들기 위한 전제 조건이다. 모든 국민이 자신이 속한 공동체의 미래를 설계하는 데 동등한 권한과 책무를 가진 주체로 인정받을 때 대한민국은 진정한 의미에서 성숙한 민주공화국으로 나아갈 수 있다. 이러한 구조적 개편은 더 이상 미룰 수 없는 과제다.

AI 거버넌스: 국가의 새로운 인프라

AI는 단순히 산업기술이나 정보처리 수단을 넘어 앞으로 국가 경쟁력을 좌우할 핵심 인프라이자 공공정책 전반에 걸쳐 적용할 수 있는 구조적 혁신 도구다. 4차 산업혁명의 본질은 AI를 중심으로 한 기술 기반 사회 전환이며, 이는 곧 행정, 복지, 교육, 의료, 도시계획 등 모든 공공영역의 운영 패러다임을 근본적으로 바꾸는 흐름이다.

그러나 대한민국은 AI를 국가 거버넌스의 중심축으로 받아들이는 데에 있어 여전히 낡은 이념 프레임과 정쟁적 해석에 갇혀 있다. 정파적 이익이나 진영 논리에 따라 AI 관련 정책이 왜곡되고 있으며, 이로 인해 기술 혁신의 흐름과 정책적 뒷받침 간의 괴리는 점점 심화하고 있다. 이는 단순한 정책 미비가 아니라, 대한민국이 글로벌 기술 패권 경쟁에서 구조적으로 뒤처질 수 있는 중대한 리스크다.

이에 비해 일본은 이미 2016년부터 '소사이어티 5.0'이라는 국가 전략을 수립하여 인공지능을 기반으로 한 초스마트 사회 구현을 목표로 정책과 법제, 교육, 산업 생태계 전반을 정비해 왔다. '소사이어티 5.0'은 단순히 산업 혁신을 넘어 사회 전체의 삶의 방식, 행정 운영, 경제 생태계를 AI와 데이터 중심으로 전면 개편하겠다는 비전을 담고 있다. 이를 위해 일본 정부는 AI 윤리 기준 수립, 관련 법령 개정, 초중등 및 고등 교육과정에서의 디지털 리터러시 강화 등을 병행하고, 기업과 학계, 시민사회가 유기적으로 연결된 거버넌스 체계까지 마련했다.

뉴욕시 역시 2020년대 초반부터 AI 기반의 공공 행정 시스템을 선제적으로 도입하였다. 특히 알고리즘의 공정성과 투명성을 확보하기 위한 법적 장치를 마련하고, 시민의 권리 보호를 위한 가이드라인과 데이터 사용에 관한 공개 시스템을 구축했다.

행정 절차의 효율성을 높이는 데 그치지 않고, 기술로 인해 발생할 수 있는 불평등과 인권 침해 가능성에 대한 사전 예방적 접근이 특징이다. 이러한 사례들은 기술 혁신이 단지 산업적 효율성을 넘어 공공성과 민주주의 원칙에 부합하도록 설계될 수 있음을 보여준다.

대한민국이 이들과 같은 수준의 정책적 진화와 철학적 전환을 이루지 못한다면, AI 기술 자체의 발전과는 무관하게 사회 전체가 변화에 대응하지 못하는 시스템 리스크에 직면하게 될 것이다. 따라서 AI는 단지 선택적 정책이 아니라, 사회 운영의 전반적 체계를 다시 짜는 헌정 수준의 논의로 승화되어야 한다.

대한민국도 이와 같은 흐름에 뒤처지지 않으려면 AI 기술을 국정 운영 전반에 통합하는 과감한 행정 혁신이 요구된다. 단순히 기술을 활용하는 수준을 넘어 국가 시스템 자체를 AI 기반으로 재구성하는 것이 핵심이다.

먼저, 행정 자동화는 공무원의 반복적 업무를 대체하고, 국민에게 더욱 빠르고 정확한 행정 서비스를 제공하기 위한 기초가 되어야 한다. 민원 처리, 예산 배정, 복지 자격 판별, 재난 대응 등 다양한 분야에 AI를 적용해 공공서비스의 효율성과 접근성을 동시에 높여야 한다.

공공 데이터의 전면적 개방과 표준화는 AI 기반 정책 설계의 전제 조건이다. 정부가 보유한 행정, 통계, 건강, 환경, 교통 등 다양한 데이터를 민간과 공유할 수 있도록 오픈 API 체계를 구축하고, 이를 통해 민간 기술의 실험과 응용이 가능하게 해야 한다. 데이터 품질을 높이고, 개인정보 보호를 위한 보안 체계도 동시에 마련함으로써 신뢰 기반의 데이터 활용 생태계를 조성할 필요가 있다.

AI 기반 위기 대응 시스템은 자연재해, 감염병, 사이버 위협 등 복합 위험에 실시간으로 대응할 수 있는 체계로, AI의 예측성과 대응 시뮬레이션 능력을 적극 활용해야 한다. 스마트 시티 구축 역시 교통, 치안, 에너지, 주거 등 도시 인프라 전반에 AI를 접목해 시민 삶의 질을 향상하는 정책으로 추진되어야 한다. 이러한 기술 기반의 도시는 고령화와 인구 감소, 기후 변화 등 구조적 문제를 해결할 수 있는 해법이 될 수 있다.

무엇보다 중요한 것은 AI의 윤리적 활용과 기술 남용 방지를 위한 제도화다. 알고리즘의 투명성 확보, 설명 가능한 AI 도입, 차별 방지와 개인정보 보호 등 윤리 가이드라인을 정부 차원에서 명문화하고, 이를 기반으로 민간과의 협력체계를 구축해야 한다. 정부 주도의 AI 연구개발 지원은 단순한 예산 투입이 아닌, 국가 전략산업으로서 체계적 육성을 의미해야 하며, 이 과정에서 산업계, 학계, 시민사회와의 거버넌스가 중요하다.

    이러한 정책 전환이 이뤄질 때 비로소 AI는 기회다원주의를 기술적으로 뒷받침할 수 있는 핵심축으로 자리 잡게 된다. 기술은 도구일 뿐이지만, 그 도구를 공공성과 민주주의의 가치를 실현하는 방향으로 운용할 수 있을 때 비로소 기회의 평등과 사회적 이동성이 가능한 구조가 완성된다.

완전한 사회안전망: 다시 도전할 수 있는 안전 그물망

    사회 구성원 누구나 안전망 없이 외줄타기를 하듯 위태롭게 살아가는 구조에서는 아무리 노력해도 공정한 기회의 실현은 요원하다. 사회가 개인에게 도전의 자유를 요구하려면 실패해도 다시 일어설 수 있는 제도적 기반을 먼저 보장해야 한다. 이 기반이 바로 사회안전망이다.

    기회다원주의 모델은 단순히 '도전할 수 있는 기회'를 제공하는 데 그치지 않고, 그 기회를 실현할 수 있도록 받쳐주는 구조적 안전망이 필수적이라고 본다. 이는 특정 계층이나 직업군에 한정된 복지가 아니라, 전 생애주기에 걸쳐 누구나 기본적 생존과 사회참여가 가능하도록 설계된 포괄적 시스템이어야 한다. 소득, 고용, 주거, 의료, 교육 등 삶의 전 영역에서 최소한의 안전 기반이 제공되어야 비로소 개인의 도전이 실질적인 선택지가 될 수 있다.

    사회안전망은 단순히 빈곤층을 보호하려는 복지정책 차원이 아니라 지속가능성을 가진 자유롭고 역동적인 사회를 유지하기 위한 국가 운영의 핵심 인프라다. 시장의 불완전성과 경쟁의 불균형을 교정하는 최소한의 장치이자 개인이 자신의 삶을 스스로 설계할 수 있도록 뒷받침하는 필수 기반이기도 하다. 단순한 소득 보장이나 의료 지원을 넘어 불확실성과 위험을 감수할 수 있는 용기를 개인에게 부여하는 것이 진정한 사회안전망의 존재 이유다.

기회다원주의는 바로 이러한 사회안전망을 전제로 하지 않으면 성립할 수 없다. 누군가는 실패하고, 누군가는 우회하며, 또 누군가는 새로운 전환점을 찾아가야 하는 사회에서, 이 모든 과정은 실패 이후의 회복 가능성을 보장할 수 있을 때 비로소 의미가 있다. 공정한 도전은 공정한 회복의 가능성을 수반할 때만 유효하다. 따라서 사회안전망은 선택이 아닌 필수이고, 특정 계층만이 아니라 모든 시민을 위한 공통 인프라로 설계되어야 한다. 도전을 위한 기반이자 재기를 위한 그물망, 이것이 곧 완전한 사회안전망이다.

구체적 제안: 동행소득제 도입

서울시에서 시범 도입된 안심소득 제도를 토대로 제안하는 '동행소득제'는 기존의 획일적 복지 모델에서 벗어나 더욱 정교하고 지속가능한 소득 보장 체계를 지향한다. 이 제도는 저소득층과 노동시장 내 취약계층을 주요 대상으로 하며, 선별적으로 지원하되 그 설계에 있어 구조적 불평등 완화와 계층 이동성 촉진이라는 이중 목표를 내포하고 있다.

동행소득제의 핵심은 단순한 생계 보장이 아닌, 근로 유인을 내포한 '인센티브형 복지 시스템'이다. 이는 단순히 일정 수준 이하의 근로소득을 보전해 주는 구조를 넘어 수급자가 일정 기간 내 자발적으로 소득을 증가시킬 경우 이에 비례해 지원 수준도 점진적으로 조정되는 방식으로 설계된다.

예를 들어 일정 기준선 이하의 월 소득을 가진 근로자가 다음 분기 내 추가 소득을 발생시켰다면 해당 증분을 감안해 소득 보전액이 일부 감액되되 일정 수준까지는 오히려 추가 보너스성 지원이 주어지는 방식이다. 이를 통해 근로 의지를 고취하고, 복지 수급자가 장기 의존 대신 자립 가능성을 갖도록 유도하는 것이 목표다.

이 제도는 기존 복지 시스템에서 반복된 역 인센티브 문제, 즉 일을 하면 할수록 수급 자격이 박탈되는 구조를 해소하고자 한다. 동시에 근로빈곤층이 처한 이중고, 즉 열심히 일해도 가난에서 벗어나지 못하고, 지원을 받자니 노동 의욕이 꺾이는 현실을 구조적으로 해결할 수 있다. 소득 보전의 기본 틀을 유지하되 자립 유도형 구조로 설계함으로써 기존 복지제도의 수동성과 반복적 의존성을 혁신하는 전환점이 될 것이다.

또한 이 소득 지원은 단절된 형태가 아니라 주거비 보조, 의료보장 확대, 교육비 지원 등과 연계된 통합 복지 시스템의 일부로 운영되어야 하며, 수급자 맞춤형 정책 설계와 지역 중심의 행정 협업이 동반되어야 한다. 이를 위해 중앙정부와 지방정부 간 역할을 재정립하고, 데이터 기반 평가 체계를 도입하여 예산의 효율성과 정책 효과를 동시에 확보할 수 있도록 해야 한다. 동행소득제는 복지제도의 한 축을 넘어 기회다원주의 모델의 사회경제적 기초로 기능하게 될 것이다.

고용 및 의료, 교육 안전망 강화

전 국민 고용보험 체계는 이제 더 이상 선택이 아닌 필수적인 제도이며, 기존의 전통적 고용 형태 중심의 보험 구조를 넘어 플랫폼 노동자, 프리랜서, 특수고용직까지 포괄하는 방향으로 확장되어야 한다. 고용의 형태가 다양화되는 현실에서 실질적 보호를 받지 못하는 사각지대는 계속 증가하고, 이들을 제도권 안으로 포용하지 않는 한 사회 안전망의 완결성은 담보될 수 없다. 이를 위해 고용보험 적용 대상을 점진적으로 확대하는 한편, 플랫폼 사업자와 정부, 노동자의 삼자 협의 구조를 통해 보험료 분담 및 자격 요건을 유연하게 설계할 필요가 있다.

실업급여의 실질적 보장 또한 중요하다. 단순한 급여 지급을 넘어서 생계 보장과 재취업 유도를 병행할 수 있도록 제도를 개선해야 하며, 급여 수준과 기간의 현실화와 더불어 직업훈련과 연계한 '역량 강화형 실업급여' 모델을 정착시켜야 한다. 특히 AI 기반의 일자리 매칭 시스템을 활용하여 구직자의 이력과 희망 조건, 기업 수요를 정밀하게 연결하는 플랫폼을 구축함으로써 단순 구직 지원 수준을 넘어 실질적 재취업 성과로 이어질 수 있도록 해야 한다.

이와 함께 지역 간 교육 격차 해소는 공정한 사회의 전제 조건이다. 저소득 지역에 대한 교육 인프라 확충, 교사 자원 재배치, 지역 중심의 혁신 교육 프로그램 개발 등을 통해 국가 차원의 균형 발전 정책과 연계되어야 하며, 교육 분야의 디지털 전환 역시 보편적 학습권 보장의 핵심 도구로 작동해야 한다. 모든 학생이 양질의 콘텐츠와 지원을 받을 수 있도록 디지털 교육 플랫폼과 AI 튜터링 시스템을 공교육에 접목해야 한다.

보건 영역에서는 예방 중심의 의료체계로 전환이 요구된다. 단기적 치료 중심에서 벗어나 만성질환 관리, 생활습관 개선, 정신건강 지원 등 예방적 개입이 가능한 1차 의료 강화를 바탕으로 지역의료 네트워크 확충이 필요하다. 필요한 경우 지역 단위 공공병원 설립과 의료 인프라 분산은 의료 접근성의 형평성을 확보하는 데 핵심적이며, 감염병 대응과 기후위기 시대의 보건 재난 대응 능력 또한 국가적 차원에서 제도화되어야 한다.

이러한 고용, 교육, 의료 분야의 사회안전망 강화는 기회다원주의가 작동하기 위한 최소한의 제도 기반이며, 시민 개개인의 자율성과 도전 의지를 촉진하는 사회적 인프라다. 제도적 공정성과 실제 체감의 신뢰가 결합할 때, 진정한 사회 이동성과 혁신이 가능해진다.

이러한 사회안전망은 단순히 최저 생계를 보장하는 복지의 기능을 넘어 국민 누구나 새로운 도전과 전환을 시도할 수 있는 기반을 마련해주는 '사회적 안전 그물망'으로 작동해야 한다. 이는 실패를 허용하고 회복을 가능케 하는 사회의 구조적 여유이며, 도전과 혁신이 반복적으로 일어나는 역동적 사회로 나아가는 데 필수적인 요소다. 실업, 질병, 교육의 단절, 돌봄 공백 등 예기치 않은 위기 상황 속에서도 국민이 무너지지 않고 재도전할 수 있도록 제도적으로 설계된 보호 장치는 곧 국가의 지속가능성과 직결된다.

이와 같은 사회안전망은 곧 개인의 생존만이 아니라, 자유로운 삶의 설계와 적극적인 사회참여를 가능하게 한다. 그것은 사회 구성원이 자신의 삶을 주도적으로 결정할 수 있도록 돕는 최소한의 제도적 안전선이며, 누구나 한 번쯤 실패를 경험하더라도 다시 일어설 수 있는 조건을 국가가 보장하는 장치이기도 하다. 기회다원주의가 단지 선언적 가치를 넘어 제도로 구현되기 위해서는 바로 이와 같은 '사회적 그물망'이 반드시 전제되어야 한다. 이것이 바로 기회다원주의를 사회적으로 실현할 두 번째 축이다.

지역별 비례선발제

기회다원주의 모델이 구체적이고 제도적으로 구현될 수 있는 가장 선도적인 사례는 바로 '지역별 비례선발제'다. 이 제도는 단순한 교육 정책의 개편을 넘어 수도권 중심의 교육 자원 편중과 계층 간 기회의 비대칭 문제를 동시에 해소할 수 있는 구조적 해법이다.

지역 학령인구 비례에 따라 대학 입학 정원을 합리적으로 배분함으로써 현재 서울 및 수도권 고교 출신 학생에게 집중된 상위권 대학 진학 기회의 편중 현상을 완화하고, 지방 학생들에게도 실질적이고 공정한 경쟁 환경을 제공하는 제도적 장치를 마련하자는 것이다.

입시제도가 오랜 시간 수도권 중심으로 작동해 온 결과 지역 간 교육 격차는 점점 심화하고, 이는 지역 소멸 위기와 맞물리며 국가 단위의 사회경제적 불균형을 가속했다. 지역별 비례선발제는 이러한 악순환을 끊는 정책적 전환점으로 작동할 수 있으며, 교육을 통한 기회 평준화, 지역 간 인재 분산, 수도권 과밀 해소, 지역 대학의 경쟁력 강화 등 다층적 효과를 유도할 수 있다.

교육은 국가 성장의 뿌리이자 시민 역량의 출발점이며, 그 기회가 지역과 계층에 따라 불균형하게 주어질 경우 기회의 사다리는 무의미해지고 계층 이동성은 구조적으로 차단된다. 지역비례선발제는 바로 이 구조적 폐쇄성을 타개하기 위한 제도 개혁의 핵심 축이다.

지금까지 대한민국의 대학 입시는 수도권 중심으로 구조화되어 왔으며, 이로 인해 지방 학생들은 실질적인 기회를 박탈당하고, 결과적으로 지역 사회는 점점 소멸의 길을 걷게 되었다. 이는 단지 입시 성과의 차이를 넘어 교육 자원의 배분, 정보 접근성, 사교육 여건, 학교 인프라 등 복합적 요인이 결합한 구조적 불균형의 결과다.

이러한 편중은 지방의 교육 경쟁력을 지속적으로 약화한다. 상위권 학생들이 수도권으로 유출되면서 지역 내 고등교육기관은 우수 인재 확보에 어려움을 겪고 있으며, 이는 곧 지역 대학의 위기와도 직결된다.

지역 대학이 경쟁력을 상실하게 되면 지역 산업과의 연계 기반도 약해지고, 지역사회 내 혁신의 동력 또한 고갈된다. 인재는 수도권으로 몰리고, 지역은 노동력 부족과 청년 유출로 인한 공동화 현상에 직면한다.

결국 이는 국가 전체의 혁신 역량 저하로 이어진다. 지역의 다양성과 자생적 발전 가능성이 사라지고, 국가 차원의 지속가능성마저 위협받는 결과를 초래한다. 수도권 과밀 문제는 계속 심화하고, 주거, 교통, 환경 등의 비용은 증가하며, 이는 사회 전체의 비효율성을 낳는다. 따라서 지역별 비례선발제는 교육의 공정성 회복을 넘어 대한민국의 공간적/사회적 균형을 바로잡는 핵심 전략으로 기능해야 한다.

지역비례선발제가 시행되면 지금까지 수도권 중심으로 편중되었던 상위권 대학 진학 기회가 지방 학생들에게도 평등하게 제공될 수 있다.

이는 단순히 지방 출신 학생들의 입시 경쟁력 향상이라는 1차 효과에 그치지 않고, 해당 지역 고등교육기관의 경쟁력 제고, 지역 대학에 대한 신뢰 회복, 인재의 지역 잔류라는 연쇄적 효과로 이어진다. 고등교육의 질이 향상되면 지역 내 산업과 연구개발 생태계도 활력을 얻게 되고, 결과적으로 청년 인구 유출을 막고 지역 정주 인구를 유지하는 데에도 기여할 수 있다.

교육의 기회가 특정 지역에 독점되는 구조를 타파한다는 점에서 지역비례선발제는 교육의 공정성 회복에 결정적인 제도적 돌파구가 된다. 더불어 지역별 교육 인프라와 학문 생태계를 균형 있게 발전시키는 정책의 시발점이 될 수 있으며, 이는 단순히 입시제도의 변화를 넘어서 국가 구조의 체질 자체를 바꾸는 대개혁의 기폭제가 된다.

교육을 매개로 한 기회의 재분배는 곧 계층 이동의 회복과 직결되며, 이는 기회다원주의 모델이 지향하는 사회 구조와도 정확히 맞닿아 있다. 따라서 지역비례선발제는 공정한 사회를 설계하는 데 필수불가결한 제도적 구성 요소다.

요약과 성찰

이제는 전 국가적 패러다임을 바꿔야 할 때

신인규 대표는 대한민국은 외줄타기 같은 경쟁사회에서 벗어나, 든든한 그물망 위에서 누구나 안전하게 도전하고 실패를 감내할 수 있는 '기회 사회'로의 전환이 필요함을 역설한다.

더 이상 모든 위험을 개인이 감당하는 구조 속에서 생존 경쟁만을 강요받아서는 안 된다. 기회의 평등은 선언으로만 존재할 것이 아니라, 실질적으로 설계되어야 하며, 이를 가능하게 하는 제도적 기반이 바로 '기회다원주의 모델'이라고 강조한다.

기회다원주의는 이제 선택이 아닌, 국가 생존을 위한 필수 전략이다. 그리고 그 중심에는 두 개의 커다란 축이 있다.

첫째는 'AI 거버넌스'로, 기술과 데이터가 지배하는 미래 사회에서 국민의 삶을 효율적으로 보호하고 지원하기 위한 새로운 운영 시스템이다. 둘째는 '완전한 사회안전망'으로, 실패와 위기를 감내할 수 있게 국가가 개인의 삶에 최소한의 안전 기반을 제공하는 제도적 장치다. 이 두 축은 단순한 기술 정책이나 복지제도를 넘어 사회 운영 철학과 국가 시스템의 구조 자체를 재설계하는 새로운 사회계약의 틀이다.

이제는 논쟁의 시간이 아니라 실천의 시간이다. 대한민국도 실질이고 구조적인 패러다임 전환을 통해 이 시대정신에 응답해야 한다.

기회다원주의는 이를 위한 철학적 나침반이자 정책적 로드맵이며, AI 거버넌스와 완전한 사회안전망, 지역균형 교육 모델과 같은 구체적 정책들은 이를 실현하기 위한 현실적인 도구들이다. 이 비전은 정치인을 위한 권력 설계가 아닌, 국민을 위한 삶의 설계다.(편집자)

3장 AI 거버넌스와 인간 중심의 새로운 사회계약

1. 기술은 민주주의를 앞서간다

AI 기술은 놀라운 속도로 발전한다. 스탠포드 HAI가 발표한 『2025 AI Index Report』에 따르면, 2024년 한 해 동안 GPT-4, Claude 3, Gemini 1.5 등 주요 모델은 자연어 처리, 추론, 코드 생성 등의 영역에서 거의 모든 주요 벤치마크를 인간 전문가 수준으로 상회하거나 대등한 성능을 보였다.

특히 SWE-bench(코딩), GPQA(과학 지식), MMMU(종합추론) 등의 지표에서 모델의 정답률은 전년도 대비 20~70%p 향상된 것으로 나타났다. 이는 단순한 기능 향상을 넘어서 AI가 실질적으로 사람을 '대체할 수 있는' 기술 영역이 점점 늘고 있음을 시사한다.

이와 동시에 추론 비용의 하락은 AI 활용의 진입장벽을 낮추고 있다. AI Index에 따르면, GPT-3 수준의 모델을 실행하는 데 필요한

GPU 사용량 기준 비용은 지난 2년 사이 약 50배 이상 절감되었으며, 이는 고성능 AI를 보다 저렴한 비용으로 서비스할 수 있음을 의미한다.

더 나아가 소형 고성능 모델(LoRA, Phi-3, Mistral 등)의 확산은 AI 활용의 주체를 대기업 중심에서 스타트업과 중소기업, 공공 부문, 심지어 개인 크리에이터에까지 확장하는 계기가 되었다. 실제로 2024년 기준, 미국 내 기업의 AI 도입률은 전체의 75% 이상이며, 그중 절반 이상이 50인 이하 중소기업이라는 점은 기술 민주화의 방향성을 보여주는 중요한 통계다.

그러나 기술의 민주화는 동시에 위험의 확산을 의미하기도 한다. 2024년 보고된 AI 관련 사회적 사건은 총 233건으로, 전년 대비 56.4% 증가했으며, 이 중에는 십대 자살 사건과 연관된 챗봇, 가짜 정치광고 제작에 사용된 생성형 AI, 법률 해석 오류로 인한 행정 착오 등이 포함되었다.

기술은 단지 빨라지는 것만이 아니다. 그것은 점점 더 '결정하는 기술'로 진화한다. 따라서 AI는 단순한 도구가 아닌, 권력의 구조로 작동하기 시작했으며, 이를 어떻게 통제하고 협치 구조 안에 통합할 것인지가 AI 거버넌스의 핵심 과제로 부상했다.

그러나 이러한 기술 진보는 민주적 통제 장치보다 빠르게 진화한다. 『2025 HAI AI Index』에 따르면, 2024년에는 총 233건의 AI 관련 사고가 보고되었고, 이는 전년도 대비 56.4% 증가한 수치다. 특히 이 중에는 십대 자살에 연루된 챗봇 사례, 딥페이크 성 착취물의 대량 유포, 가짜뉴스 및 정치광고에 생성형 AI가 악용된 사건이 다수 포함되어 있으며, 이는 단순한 기술 실수가 아니라 사회적 안정성과 민주적 질서를 위협하는 고도의 리스크로 간주된다.

예컨대 특정 국가의 지방선거에서 AI로 생성된 후보자 가짜 인터뷰 영상이 SNS를 통해 수백만 조회수를 올리며 여론을 왜곡한 사례는 알고리즘이 사실과 허구의 경계를 모호하게 만드는 실질적 위험을 드러냈다. 또한 일본과 유럽에서는 고객 응대 챗봇이 정신건강에 취약한 사용자에게 자살을 부추긴 사례가 보도되며 AI의 비의도적 개입이 생명권을 침해할 수 있다는 충격을 안겼다.

이러한 사고들은 공통적으로 '책임의 주체가 불분명하고, 통제 메커니즘이 없는 상태에서 기술이 자율적으로 확산한다'는 점을 특징으로 한다. 문제는 AI가 인간의 의사결정을 보조하는 단계를 넘어, 실제로 결정을 '내리는' 존재가 되어간다는 데 있다. 채용, 복지, 교육, 보험, 수사 등 인간 삶의 결정적 국면에서 AI는 점점 더 판단 권한을 부여받고 있다. 이는 기술이 단순한 지원 시스템이 아닌, 정책/행정/법률 판단의 대행자 노릇을 한다는 것을 의미한다.

따라서 AI는 더 이상 윤리적 검토 이후에 부가적으로 채택되는 '기술 옵션'이 아니다. 그것은 통제되지 않으면 곧장 사회 구조와 공공질서에 돌이킬 수 없는 해악을 끼칠 수 있는 '정치적 변수'이자 새로운 시대의 제도적 리스크다. 이러한 현실은 우리가 기술 규범과 민주적 거버넌스 구조를 병렬적으로 재설계해야 함을 명확히 시사한다.

2. 글로벌 거버넌스의 현주소: 다중 경로, 단절된 연결

세계 각국은 AI 확산에 대해 다양한 거버넌스 방안을 모색한다. 유럽연합(EU)은 AI Act를 통해 전 세계 최초로 포괄적인 AI 규제 체계를 마련하고 시스템의 위험 수준에 따라 고위험, 중위험, 저위험으로 분류한다.

고위험 시스템에는 엄격한 데이터 품질 요구, 투명성 확보, 인간 개입의 가능성, 책임 주체 명시 등의 요건을 적용하고, 일부 '금지된 AI' 유형은 아예 시장 진입 자체를 차단한다. 이 법은 2025년 중순부터 단계적으로 시행될 예정이며, 전 세계적으로 AI 산업 표준의 기준점이 될 가능성이 높다.

미국은 연방 차원의 입법에는 제한이 있으나, 콜로라도 주가 2024년 5월 SB 24-205를 통과시키며 최초의 주 단위 포괄적 AI 법률을 제정하였다. 해당 법은 고위험 AI에 대해 알고리즘 편향 감시, 영향 평가, 사용자 알림 등을 의무화하였으며, 주 검찰총장에게 광범위한 감독권을 부여하였다. 그 밖에도 캘리포니아, 일리노이, 뉴욕주 등은 개인정보 보호 및 공공분야 자동화 시스템 감시에 초점을 둔 다양한 법안을 발의하고 있어 미국은 사실상 '주 단위 분산형 거버넌스' 구조로 AI 규제 실험을 진행 중이다.

한편, 중국은 국가 전략 중심의 중앙집중형 행정 규제를 채택했다. 중국 정부는 생성형 AI 서비스 제공자에게 실명 등록, 검열 가능한 데이터 사용, 알고리즘 심사 보고서 제출 등의 의무를 부과하며, 2023년부터 시행된 '생성형 AI 서비스 잠정 조치'를 통해 인터넷 생태계 전반에 대한 국가 통제를 강화한다. 동시에 AI 기술을 산업 정책의 핵심적인 축으로 삼고 대규모 정부 투자와 국영기업 중심의 생태계를 조성함으로써 '혁신과 통제의 병행'이라는 독특한 규제 철학을 실현하고 있다.

이처럼 각국의 접근 방식은 문화적 가치관, 정치체제, 산업 전략에 따라 매우 다르며, AI 거버넌스의 글로벌 표준이 단일화되기 어려운 복합성과 다층성을 보여준다. 기술 규제라는 동일한 목표를 두고도, 어떤 가치를 중심에 둘 것인지, 누가 통제권을 가질 것인지, 어느 수준까지 개입할 것인지에 따라 완전히 다른 정책 체계가 형성되는 것이다. 따라서 각국 제도를 단순히 수평 비교하는 것은 한계가 있으며, 자국의 정치/사회 문화에 맞는 독자적 모델 설계가 필수적이다.

단순히 외국 모델을 모방하거나 받아들이는 방식으로는 결코 한국 사회에 적합한 AI 거버넌스를 설계할 수 없다. 한국에는 법치주의라는 제도적 기반과 전 세계적으로도 드문 수준의 시민사회 참여 역량, 그리고 코로나19 이후 급속히 진전된 디지털 행정 경험이 축적되어 있다. 이러한 자산을 바탕으로 한국형 혼합 거버넌스 모델을 설계해야 한다.

특히 AI 기술을 통제하면서도 동시에 활용 가능한 '협치 기반의 AI 거버넌스'를 구축할 수 있다. 여기서 협치는 정부와 기업 간의 협력에 그치는 것이 아니라, 시민이 거버넌스에 실질적으로 참여하고, 알고리즘 감시와 정책 결정에 영향력을 행사할 수 있는 구조를 의미한다.

기술에 대한 무조건적 수용이나 수입은 민주주의 후퇴를 초래할 수 있다. 따라서 지금은 한국 사회의 정치적/문화적 맥락에 맞는 실험적이고 주권적인 제도 설계를 시작해야 할 시점이다. 이것이 바로 '국민 중심 AI 거버넌스'의 지향점이다.

그러나 이러한 접근은 대부분 기술 주체(기업), 규제 주체(정부), 정책 설계자(전문가) 중심으로 구성되어 있어 일반 시민과 지역사회의 참여는 극히 제한된다. 필자는 이 구조를 '권력 중심형 기술 거버넌스'라고 지적하며, 정보 접근권, 해석 가능성, 정책 영향권에서 시민이 소외된다는 점을 강조한다.

3. 시민 중심 AI 거버넌스를 위한 핵심 과제

알고리즘 투명성과 설명 가능성

대부분의 상용 AI 모델은 작동 방식, 훈련 데이터, 의사결정 알고리즘이 불투명한 상태로 운용된다. 특히 공공 행정에 이들 시스템이 도입되는 경우 시민의 권리에 대한 위협은 기술적 차원을 넘어 정치적 차원으로 전이된다.

행정기관의 결정이 인간 공무원이 아닌 비공개 알고리즘에 의해 이루어질 때, 그 결정에 대한 설명 요청이나 이의 제기는 사실상 봉쇄된다. 결정의 이면을 시민이 이해하거나 검증할 수 없다면, 이는 명백히 민주적 통제권의 침해다.

AI 기반 행정 시스템은 판단 기준을 학습 데이터에 의존하고 있으며, 이 데이터는 과거의 정책 결과, 행정 절차, 사회적 통념 등으로 구성된다. 그러나 이 과거 정보는 반드시 공정하거나 균형 잡힌 것은 아니며, 시스템이 그것을 필터링 없이 학습하고 적용할 경우 기존의 불균형과 차별이 반복된다.

결국 시민은 어떤 기준으로 결정이 내려졌는지를 이해하지 못한 채 결과만을 통보받고, 그 결정이 자산 형성, 교육 기회, 복지 혜택에 직결될 수 있음에도 항의하거나 정정할 수 없는 상황에 놓인다. 이는 단순한 기술적 결함이 아니라, 법적/행정적 권한 분배의 근간을 흔드는 문제다.

따라서 '설명 가능성'과 '알고리즘의 투명성'은 단순한 윤리적 미덕이 아닌, 시민 권리의 일부로 보장되어야 한다. 공공 AI 시스템은 최소한의 설명 요구에 응답할 수 있어야 하며, 의사결정 과정의 주요 기준은 '시민이 이해 가능한 언어'로 해석되어야 한다.

AI에 의한 결정이 이뤄졌을 경우 시민은 해당 결정이 어떤 데이터에 근거했으며, 어떤 알고리즘 구조를 통해 도출되었는지를 요구하고 검토할 수 있는 권리를 가져야 한다. 이는 AI 거버넌스의 기본값이 되어야 한다.

모든 공공 AI 시스템에는 시민이 결정에 관해 설명을 요구할 수 있는 권리가 전제되어야 한다. 설명 청구권은 단순한 정보 접근권이 아니라, 민주주의의 작동 원리를 기술 환경에서도 구현하는 핵심적인 권리로 봐야 한다. 알고리즘 기반 행정이 확대될수록 시민의 권리는 시스템 내부로부터 점점 멀어지며, 행정 책임은 점점 더 비가시화된다.

　이에 따라 각 기관은 공공 AI의 설계 및 운영 과정에서 설명서 작성을 의무화해야 한다. 이 설명서는 단순한 기술 매뉴얼이 아니라, 시민이 의사결정 기준과 구조를 이해할 수 있도록 정리된 문서여야 하며, 행정처분의 이해 가능성을 높이는 도구로 기능해야 한다. 또한 이 설명서는 평등하게 접근 가능해야 하며, 시각장애인, 비전문가, 디지털 소외계층도 이해할 수 있는 수준에서 제공되어야 한다.

　공공 알고리즘이 공공 권한을 행사하는 만큼 그 기준 역시 '공공 언어'로 번역돼야 한다. 설명 청구권과 설명 공개 의무는 함께 작동해야 하며, 이는 행정 투명성의 기초이자 기술 민주주의의 실질적 기반이 되어야 한다.

사회적 책임의 주체 설정

　AI로 인한 피해가 발생했을 때 책임 소재가 명확하지 않은 구조는 현재 AI 생태계의 가장 심각한 제도적 공백 중 하나다. 기술 개발자, 시스템 배포자, 플랫폼 운영자, 최종 사용자 등 다양한 주체가 AI 시스템의 구성과 운영에 관여하고 있으나, 정작 피해 발생 시에는 서로 책임을 전가하거나 면책을 주장하는 사례가 빈번하게 나타난다. 이는 AI 기술이 의사결정과 자동화의 핵심 도구로 자리잡는 만큼, 그 결과에 대한 법적/사회적 책임 체계도 함께 진화해야 함을 시사한다.

　2024년에 발생한 AI 챗봇 관련 자살 사건은 이 문제를 집약적으로 보여준 사례다. 해당 사건에서 피해자와의 상호작용 과정에서 자살 유도를 방조하거나 방치한 챗봇의 설계 및 응답 패턴에 대해 명백한 오류가 발견되었음에도, 플랫폼 운영사와 개발사는 서로 책임이 없다고 주장했다. 결국 유족은 법적 책임을 묻기도 전에 AI의 설계 구조와 운영 권한이 어디에 귀속되는지를 파악조차 하지 못한 채 문제 제기 자체에 한계를 느껴야 했다.

이러한 상황은 기술 시스템의 복잡성과 분산 구조를 빌미로 실질적인 책임 회피가 제도화되는 현상을 낳는다. 특히 고위험 영역(정신건강, 법률 자문, 채용 추천 등)에 적용되는 AI일수록 그 피해는 개인의 생명, 직업, 권리에 직접 영향을 미치기에 책임 체계의 부재는 단지 기술의 결함을 넘어선 사회적 위기로 이어진다.

따라서 AI 시스템에 대한 법적 책임 주체를 명확히 규정하는 것이 시급하다. 이는 개발 단계에서부터 최종 서비스 단계까지 책임의 분절을 허용하지 않고, 전체 시스템을 감당할 수 있는 '최종 책임 주체'를 지정하는 법제화를 통해 구현될 수 있다.

계약서와 이용약관이 아니라 국가 차원의 법률이 책임의 실질적 기준을 설정해야 하며, 그 책임 주체는 단순히 고지 의무를 넘어 실제 피해 회복과 구조 개선에 대한 이행 책임을 지는 구조여야 한다. 이것이 기술을 인간 사회 속에 안전하게 통합하기 위한 최소한의 사회적 조건이다.

기술 책임의 공동체화를 막기 위해 AI 시스템에 대한 최종 책임 주체는 법률에 의해 명확하게 지정되어야 한다. 누구도 책임지지 않는 구조에서는 반복적인 피해와 사회적 불신만 축적될 뿐이다. 법적 기준이 부재한 상태에서 기술의 피해가 발생할 경우 가장 취약한 시민들이 가장 먼저 무력해질 수밖에 없다.

따라서 모든 고위험 AI 시스템에는 기술 전개 단계에서부터 서비스 운영 단계에 이르기까지 책임을 부담할 수 있는 단일한 법적 주체가 지정돼야 하며, 그 주체는 피해 회복과 제도 개선에 실질적 의무를 지는 구조로 제도화되어야 한다. 계약이나 약관이 아닌, 법률이 이 책임을 분명히 정해야 한다. 이것이 기술 민주주의의 기본 원칙이자 AI를 인간 중심 질서 안에 통합하기 위한 필수 조건이다.

데이터 편향과 사회적 재생산

AI 모델은 인간 사회에 내재한 편견과 차별 구조를 고스란히 반영하고 있으며, 더 나아가 이를 알고리즘 차원에서 반복적이고 체계적으로 재생산한다. 이는 단순히 기술적 한계가 아니라 편향된 데이터셋과 비검증된 모델 학습 구조에서 기인한 구조적 문제다.

예를 들어 여성은 인문학 계열 직업군에 주로 연결되고, 남성은 과학기술(STEM) 분야로 자동 분류된다. 이러한 결과는 과거 고용 및 교육 데이터의 성차별 구조가 필터링 없이 입력된 결과이며, 그 편향성이 알고리즘 결과로 정당화되는 방식으로 작동한다.

흑인, 이민자, 장애인 등 사회적으로 취약한 집단에 대해서는 더욱 심각한 문제들이 발생한다. 실제로 미국의 한 모델 실험에서는 흑인 남성이 범죄 연루 확률이 높다는 판단을 반복적으로 내렸으며, 같은 조건의 백인과 비교해 부정적인 판단을 내릴 확률이 3배 이상 높게 나타났다. 이는 AI가 '중립적'이라는 환상 아래, 사회적 낙인을 기술적으로 자동화하는 구조가 형성됐음을 보여준다.

편향 문제는 단지 공정성 문제를 넘어 기회 접근성과 인간 존엄성 문제로 직결된다. 채용, 학자금 대출, 보험 심사, 교육 추천 시스템 등 일상적인 의사결정 과정에 편향된 AI가 개입할 경우 특정 집단은 구조적으로 불리한 결과를 반복해서 경험하게 된다. 이것은 통계적 오류가 아니라 제도화된 차별의 형태다.

데이터 편향을 감지하고 수정하는 것은 기술적 윤리 문제가 아니라 사회 정의 실현을 위한 기본 전제여야 한다. 모든 AI 개발 단계에서 편향 테스트와 감수 절차를 제도화하고, 편향 발견 시 즉각적 수정을 의무화하는 'AI 데이터 윤리법' 제정이 시급하다.

이 법은 단순히 자율적 권고 수준에 머물러서는 안 되며, 민간 플랫폼과 공공 시스템 모두에 법적 책임을 부여하는 방식으로 설계돼야 한다. AI 시대의 정의는 알고리즘 이전에 데이터 정의로부터 출발해야 한다.

알고리즘 편향은 단순한 기술 오류가 아니라, 사회적 불평등을 구조화하는 과정이다. 데이터 수집부터 전처리, 학습, 배포, 적용까지 전 단계에서 인간 사회의 권력 구조와 통념이 투사되며, AI는 그것을 수치화된 정당성으로 고착하는 역할을 하게 된다. 특정 계층과 집단이 반복적으로 부정적 평가를 받고, 특정 속성이 고정된 행동 패턴으로 연결될 때 AI는 사실상 차별을 자동화하는 셈이다.

이러한 편향은 발견 이후 수정이 가능한 문제가 아니라 처음부터 감지하고 제거해야 할 우선 과제다. 모든 AI 시스템은 배포 이전에 편향 진단과 투명성 테스트를 의무적으로 거쳐야 하며, 고위험 분야에 사용되는 알고리즘은 외부 전문가 및 시민이 참여하는 독립 감사기구를 통해 평가받아야 한다.

이를 위해 'AI 데이터 윤리법' 제정을 추진해야 하며, 법률에는 편향 감지 절차, 정기 감사, 알고리즘 폐기 기준, 사용자 고지 의무 등을 포함해야 한다. 민간과 공공을 가리지 않고 동일한 윤리 기준을 적용함으로써 기술은 사람 위에 있지 않다는 원칙을 제도화할 수 있다.

AI 시대의 평등은 데이터 정의에서 시작되고, 사회 정의는 알고리즘 설계에서 증명된다. 단순한 수치 기반의 정확도 향상이 아닌, 인간의 존엄성과 권리 보장을 중심에 두는 설계 철학이 AI 시대 기술 민주주의의 핵심 과제가 되어야 한다. 데이터를 어떻게 수집하고, 어떤 방식으로 전처리하며, 어떤 지표로 학습을 평가할 것인가에 따라 알고리즘은 완전히 다른 윤리적 태도를 지닌 채 사회에 투입된다.

AI가 사회적 권력의 구조로 기능하는 오늘날, 공정성과 정의는 기술적 미덕이 아니라 정치적 책무다. 알고리즘은 가치 중립적이지 않으며, 데이터와 설계 과정에 반영된 세계관과 통념은 그대로 사회적 결과로 이어진다. 불평등을 고착하는 기술이 아니라 불평등을 해체하는 기술이 작동하려면, 데이터 수집 단계에서부터 사회적 약자에 대한 감수성이 반영되어야 하며, 알고리즘의 판단 기준에는 권력 균형과 인간 중심 가치가 기본값으로 설정되어야 한다.

그 출발점은 법과 제도가 사람의 존엄을 기준 삼는 것이다. 기술을 통제하는 구조가 뒤따르지 않으면 공공성은 시장의 이익 논리에 잠식되고, 정의는 최적화 알고리즘에 종속된다. 알고리즘 편향, 책임 회피, 결정 불투명성이라는 문제는 모두 거버넌스의 부재에서 기인한 결과이며, 이들 문제는 기술로 고칠 수 없다. 정책과 제도로만 해소할 수 있다. 기술은 도구이고, 공정성과 정의는 제도에 의해 만들어지는 것이다. 이 원칙이 명확히 선언되지 않는 한 AI 시대의 사회는 결코 인간 중심으로 작동할 수 없다.

4. 대한민국형 AI 거버넌스 모델의 제안

AI 시대에 걸맞은 사회 시스템을 정비하기 위해서는 단편적인 기술 규제나 윤리 권고를 넘어 근본적인 사회계약 구조의 전환이 필요하다. 알고리즘이 정책을 대행하고 데이터가 권력의 분배를 결정하는 시대에 민주주의는 전통적인 제도와 절차만으로는 작동할 수 없다. 디지털 기반의 행정, 자동화된 복지 시스템, 알고리즘 기반의 재판 보조 도구 등이 확산하는 현실을 감안할 때, 기술의 책임성과 인간 중심 가치에 대한 헌법적 수준의 접근이 요구된다.

이를 바탕으로 '대한민국형 AI 거버넌스 3원칙'을 다음과 같이 제안한다. 첫째, 책임 주체의 명확화다. 모든 공공 및 고위험 AI 시스템에는 최종 책임자가 명시돼야 하며, 피해 발생 시 책임 소재에 대해 시민이 명확히 접근할 수 있어야 한다. 둘째, 시민의 알고리즘 참여권 보장이다. 알고리즘 설계와 운용, 평가의 전 과정에 시민이 실질적으로 개입할 수 있는 구조를 마련해야 하며, 이를 위해 알고리즘 감시단, 시민 권리감시위 등의 제도화가 필요하다. 셋째, 공공 AI의 윤리 우선주의다. 의료, 복지, 교육, 치안 등 시민 삶의 핵심 서비스 영역에서는 기술적 효율성보다 인간의 존엄, 평등, 접근 가능성이 우선되어야 하며, 이를 국가 기준으로 제시하고 법제화해야 한다.

이 세 가지 원칙은 기술을 단순히 통제해야 할 대상이 아니라, 공공성과 정의를 실현하는 핵심 수단으로 바라보는 시각에서 출발한다. AI가 인간의 삶을 보조하고 확장하는 도구로 기능하기 위해서는 인간의 존엄과 공동체의 안전을 보장하는 법적/제도적 장치가 먼저 구축되어야 한다. 책임성, 참여성, 윤리성이라는 원칙은 단순한 선언이 아니라, 기술이 사회 질서 안에서 작동하도록 하기 위한 최소한의 민주적 안전망이다.

기술이 사회를 재편하는 도구라면, 그 기술을 설계하고 운영하는 기준은 인간 중심이어야 한다. AI는 수단이고, 공공성은 목적이다. 이 원칙은 기술 효율성의 극대화보다 공동체의 신뢰와 평등을 우선시하는 가치관 위에서 작동해야 하며, 국가의 거버넌스 체계는 이러한 가치를 제도적으로 구현하는 방향으로 나아가야 한다. 이 원칙들은 기술을 통제의 대상에서 공존의 파트너로 전환하는 전략적 기초이며, 인간이 기술 위에 서는 사회 질서를 구축하기 위한 실질적인 출발점이다.

책임 주체 명확화

AI가 공공의사결정과 사회 행정에 도입될 경우, 시스템의 모든 단계에서 책임의 귀속 주체가 분명히 지정돼야 한다. 책임이 분산되거나 불분명할 경우, 피해 발생 시 누구도 책임지지 않는 구조가 굳어지며 이는 시민의 권리 침해로 직결한다.

따라서 모든 공공 및 고위험 민간 AI 시스템에는 운영 주체, 설계 주체, 감독 주체가 법적 책임을 분담하는 체계가 마련되어야 하며, 이 구조는 시민이 명확히 열람하고 이해할 수 있도록 투명하게 공개돼야 한다. 행정, 복지, 의료, 채용 등 결정적 공공서비스를 포함한 모든 분야에서 책임의 이력 추적 가능성과 응답 책임성(accountability)이 제도적으로 확보돼야 하며, 분쟁 발생 시에는 빠른 권리 회복 절차와 책임 이행 강제 수단이 함께 작동하는 구조를 구축해야 한다.

시민의 알고리즘 참여권 보장

알고리즘은 사회적 결정을 자동화하는 시스템인 만큼 그 설계와 운용 과정에서 시민의 참여는 선택이 아닌 필수다. 기술이 공공성을 대체하거나 왜곡하지 않기 위해서는 시민의 감시와 개입이 제도화돼야 하며, 이를 위한 실질적 참여 구조가 필요하다. 알고리즘이 사람 위에 군림하지 않게 하려면, 사람의 손길과 판단이 처음부터 끝까지 포함돼 있어야 한다.

이를 위해 알고리즘 설계 단계에서는 시민 패널, 사용자 집단, 지역사회 대표 등 다양한 이해당사자의 의견을 반영하는 다층적 자문기구가 상시 운영돼야 하며, 시스템 출시 전 단계에서 영향 평가 보고서를 통해 그 의견이 실제 반영되었는지 투명하게 검증받아야 한다. 알고리즘이 배포된 이후에는 시민이 결과에 이의를 제기하거나 오류를 발견했을 경우 이를 공식적으로 신고하고 조정할 수 있는 제도적 창구가 마련돼야 한다.

또한 주기적인 알고리즘 감사 제도를 도입해 전문가 집단뿐만 아니라 시민이 직접 참여하는 감사단이 특정 분야의 알고리즘을 독립적으로 검토하고 권고할 수 있는 구조를 구축해야 한다. 교육, 복지, 의료, 노동 등 시민의 삶과 밀접한 분야에서 운용되는 알고리즘일수록 이러한 참여권은 더욱 중요해진다. 알고리즘은 기술이 아니라 제도이며, 제도는 시민에 의해 감시되고 조정되어야 한다. 이 원칙은 AI 시대 민주주의의 기본 조건이다.

공공 AI의 윤리 우선주의

공공서비스 영역에서 AI를 도입할 경우 단순한 기술 성능이나 효율성 지표만으로 시스템 도입 여부를 판단해서는 안 된다. 특히 의료, 복지, 교육, 치안과 같은 분야는 시민의 삶의 질과 직결되는 만큼 시스템 도입 초기부터 인간 존엄성, 공정성, 접근 가능성이라는 가치 기반 원칙이 제도적으로 우선되어야 한다. 효율성은 결과의 문제지만, 윤리는 조건의 문제다. 기술이 인간을 향해야 한다는 전제는 단지 선언이 아니라 정책의 구조가 되어야 한다.

이를 위해 첫째, 공공 AI 시스템은 모든 단계에서 인간 중심 설계 원칙을 적용해야 한다. 이에는 알고리즘 설계 시 인종, 성별, 계층, 지역 등에 대한 차별 최소화 조치가 포함되어야 하며, 결과에 대한 정당성 확보를 위해 윤리 자문 절차를 거치는 것이 필수다.

둘째, 공공 AI의 운영 주체는 시스템이 초래할 수 있는 부정적 사회 영향을 사전에 분석하고, 이를 방지하기 위한 사회적 영향 평가(Social Impact Assessment)를 의무적으로 시행해야 한다.

셋째, AI가 행정 및 공공서비스 현장에서 인간과 상호 작용하는 구조를 전면적으로 재설계해야 한다. 시민이 시스템의 결과에 무조건 복종하는 것이 아니라 이의를 제기하거나 대안을 요청할 수 있어야 하며, 인간 상담자 또는 담당 공무원이 최종 결정을 제어하는 '인간 보완 프레임(Human-in-the-Loop)' 구조가 제도화돼야 한다. 기술은 시민을 위한 것이지, 시민 위에 군림해서는 안 된다.

이러한 기준은 단순히 공공영역에 대한 제한 규정이 아니라, 기술 전반에 대한 윤리적 기준점을 설정하는 시작점이다. 공공영역이 모범을 보일 때 민간 영역도 그 기준을 따르게 되며, 이는 기술 전반의 윤리적 방향성을 유도하는 동력이 된다. 공공이 기술을 정의하고, 윤리가 효율성을 제어하는 질서가 정착될 때 비로소 AI는 인간 중심 사회의 기반이 될 수 있다.

> 요약과 성찰

기술이 아닌 사람이 중심인 AI 사회를 위하여

신인규 대표는 기술이 빠르게 진화하는 현실 속에서 민주주의의 기본 원리가 무력화되지 않도록 시민이 중심에 서는 새로운 AI 거버넌스 체계의 필요성을 일관되게 강조한다. 이는 AI 기술을 단순한 혁신의 수단이 아니라 공적 권한이 이양되는 정치적 구조로 인식하고, 이에 대응하는 헌정적 제도 설계의 방향을 제시하는 실천적 제안이다.

AI 기술이 사회 전반에 침투하는 시대에서 정치는 더 이상 기존의 제도와 절차에 머물 수 없다. 인공지능이 정책 설계, 행정 결정, 여론 형성까지 실질적으로 개입하는 현실에서 정치의 역할은 기술을 견제하고 균형을 회복하는 구조를 재편하는 데 있다. 권한이 기술과 플랫폼에 집중되는 현상에 맞서 정치의 임무는 그 권한을 해체하고 시민에게 분산하는 데 있다.

데이터는 곧 권력이다. 데이터를 어떻게 수집하고, 누가 분석하며, 어떤 방식으로 정책에 반영하는지에 따라 그 사회의 권력 지형이 바뀐다. 따라서 시민이 자신의 데이터를 통제할 수 있고, 알고리즘에 질문을 던질 수 있으며, 정책 결정 과정에 실질적으로 참여할 수 있어야 한다. 단순한 정보 제공이나 형식적 청문이 아니라, 알고리즘 설계와 공공 AI 도입, 규제 기준 수립 과정 전반에 시민이 '정책 행위자'로 참여할 수 있는 구조가 만들어져야 한다.

이것이 바로 '대한민국형 AI 거버넌스'의 밑그림이 되어야 한다고 신 대표는 역설한다. 기술은 중립적이지 않으며, 그 통제 구조 또한 정치적이다. 정치가 기술보다 뒤처진다면 민주주의는 기술의 도구가 되고, 이에 따른 원치 않는 피해는 바로 국민이 감당해야 한다.

따라서 정치는 기술보다 먼저 움직여야 하며, 그 방식은 시민 중심 구조의 제도 설계에 있다. 기술이 빠르게 앞서가는 만큼 정치는 이보다 더 빠르고 넓게 대응해야만 한다.(편집자)

PART
05

저자 토크 Q&A

사회/정리 이용승

《대망론-대한민국 새로고침 프로젝트》는 암흑의 시기를 지나 새로운 희망을 쏘아 올리기 위한 우리 시대 지식인 4명의 열정과 노력의 산물이다. 출간을 앞둔 2025년 4월 27일, 공동 저자인 김용남, 김종대, 박영식,

저자 토크 Q&A

출간을 앞둔 2025년 4월 27일, 서울 서초동 스튜디오에 모여 책 내용과 집필 과정에 대해 이야기를 나눈 저자들. 왼쪽부터 신인규, 박영식, 김용남, 김종대.

사진 강재창

신인규(가나다 순) 네 사람이 한자리에 모여 토크를 진행했다. 가정의학과 전문의 이용승의 사회로 진행된 이날 토크에서 오간 핵심 질문과 답변을 재구성하여 이 책에 담긴 문제의식과 비전을 간략히 소개한다.

이 프로젝트는 어떻게 시작되었고, 당시 한국 사회의 분위기는 어떠했습니까?

 이 프로젝트는 12.3 불법 비상계엄 사태를 겪은 이후 가동되었습니다. 마치 벼락이 치고 바람이 부는 험악한 시기, 암흑의 시기 같았습니다. 박근혜 전 대통령 탄핵 때 국민이 촛불을 들고 나왔지만, 결국에는 특검 검사들과 레거시 언론이 주도권을 갖게 되면서 국민의 사회 변화를 열망하던 에너지는 사장되어 버렸습니다.

이번에도 국민이 직접 나라를 구하러 나왔는데, 이 에너지가 또 한 번 8년 전처럼 소멸해서는 안 된다고 걱정했습니다. 그러려면 누군가는 나라가 어느 방향으로 가야 할지에 대한 좌표와 지도를 만들어 남겨야 한다는 문제의식에서 출발했습니다(신인규).

처음에는 쑥스럽게 시작되었지만, 의외로 호응이 좋았습니다. 토론회에 오신 청중이나 온라인 시청자들의 절박성을 느꼈습니다.

세 번의 오프라인 행사와 온라인 생중계를 통해 익숙한 얼굴들을 자주 뵙고 재방문율이 높다는 것을 확인하면서 우리의 메시지가 다수의 청중에게 공감을 주고 있음을 분명히 느꼈습니다. 지겹도록 서로 싸우는 정치 대신 해결책에 목말라 있던 국민이 기대하는 부분들을 우리가 채워줄 수 있지 않을까 생각했습니다(모두).

 토크 콘서트 논의를 책으로 엮게 된 구체적인 계기는 무엇입니까?

사실 처음에는 책 출판까지는 생각하지 않았습니다. 헌법재판소의 탄핵 선고가 예상보다 늦어지면서 처음 2월에 한 번 하기로 계획했던 토론회가 3월, 4월까지 이어졌습니다. 세 번째 토론회를 마치고 보니 논의된 내용이 꽤 많았고, 다들 이를 기록으로 남기자는 데 공감했습니다.

만약 대통령 파면 결정이 일찍 나왔다면 이런 기회는 없었을 것입니다. 토론회에 참석한 분들의 열렬한 호응과 절박한 수요를 보며 책임감을 느꼈고, 우리가 쌓아놓은 내용이 앞으로 한국 사회가 발전하는 데 하나의 이정표쯤은 될 수 있겠다고 생각했습니다. 결국 저희가 원한 것이라기보다는 많은 시민의 염원으로 이 책을 엮게 되었습니다(모두).

 한국 정치에서 '혁신', '미래', '젊음' 같은 단어가 오염되었다는 문제의식을 언급하셨는데, 이 책은 한국 사회의 문제를 해결하기 위해 어떤 관점과 해결책을 제시하나요?

한국 정치에서 '혁신', '미래', '젊음' 같은 단어는 유감스럽게도 상당히 오염되어 있다고 생각합니다. 그동안 오염시킨 정치인들만 탓하고 있을 수는 없습니다. '구조개혁', '사회개혁', '재설계' 같은 말이 난무하지만, 누구에게도 제대로 개혁할 자세나 책임 의식은 보이지 않습니다. 답답하면 직접 뛰어야 한다는 생각으로, 우리는 단순한 비판을 넘어 구체적인 해결책을 제시하는 '지혜의 검'을 만들고자 했습니다.

세상을 바꾸려면 Why, How, What의 3단계 접근법이 필요하며, 우리는 토론회를 통해 Why와 How를 보여주고 이 책을 통해 What, 즉 아젠다를 제시합니다. 무엇을 먼저 할 것인지 우선순위를 정하는 이 작업은 힘들지만, 누군가는 해야 합니다(모두).

우리는 구호뿐인 정치에 경종을 울리고, 이기적 인간이자 경제하는 동물로서 인간 본성을 솔직하게 인정하며, 주식, 부동산, 펀드 등 실용적인 문제를 누가 제대로 챙기느냐가 중요하다고 봅니다(김용남). 또한, 정파적 논리가 언론을 지배하는 상황에서 휩쓸리지 않으려는 내적 동기와 성역 없이 자유롭게 이야기하는 힘을 바탕으로 합니다.(박영식)

혼란스러운 정보 속에서 무엇이 필요하겠느냐는 질문에 우리는 '신계몽주의'가 필요하다고 봅니다(김종대).

정당이나 유튜브, 인공지능은 전부 흉기가 될 수 있으며, 이를 넘어서는 새로운 담론, 철학에 대한 요구에 부응해야 합니다. 단순히 젊음만 파는 세대교체가 아니라 시대 비전, 시민 행동, 그리고 세대 통합을 보여주는 정치를 지향합니다(신인규).

프로젝트를 진행하는 동안 소속 정당이나 주변에서 불편해하거나 반발하지는 않았습니까?

사실 완전히 찍혔죠. 지난해 9월 이른바 명태균 게이트가 터지면서, 김영선 전 의원이 대통령 부부에 대한 폭로 기자회견 대가로 개혁신당의 비례대표를 요구했는지, 당에서 그런 논의를 깊이 했는지가 초반 쟁점이었습니다. 저는 경험한 대로 이야기했는데, 이것이 당내 주류 세력의 스탠스와 맞지 않았습니다.

그들은 논의를 거의 안 했거나 지나가는 이야기였다는 입장이었지만, 저는 심각하게 이야기했다고 봤습니다. 이 부분에서 약간 어긋나기 시작했고, 그쪽에서 보기엔 '신인규하고 어울려?' 하며 더 불편하게 생각한 것 같습니다.

이런 솔직한 이야기는 트래픽을 위한 것이기도 하지만, 당내 주류의 입장과 다를 때 힘든 점이 분명히 있었습니다. 사실은 그런 에너지를 다 모아서 당 안에서 갖고 갈 수 있어야 하는데, 그런 그릇을 만들어내지 못하는 것이 지금의 개혁신당의 한계라고 생각합니다(김용남).

다가올 새 정부에 대해 어떤 점을 기대하며, 어떤 정책 방향이 중요하다고 보십니까?

 다음 대통령 취임사의 첫 문장은 '대한민국 민주주의는 회복되었습니다'가 되어야 한다고 봅니다. 그리고 국민에게 한없는 위로와 존경을 표해야 합니다.

카리스마에 극도로 집착했던 지난 리더십과 달리, 국민을 섬기고 봉사하며 겸손한 '서번트 리더십'으로 차별화하는 것이 국민에게 가장 다가가는 방법일 것입니다. 새 정부는 너무 서두르지 않으면 좋겠습니다.

윤석열의 파면 이후 우리가 되찾은 시민 주권을 반영하여 시민의 목소리를 담는 그릇을 지금보다 더 세밀하게 만들고 이를 정책에 잘 반영해야 합니다. 김대중 전 대통령이 "국민보다 반보만 앞서가라"고 했듯이, 새 정부도 시원적 근원인 국민을 잊지 말고, 자기 성찰과 개혁 노력을 지속하며, 경청하고 소통하며 열어놓는 노력을 5년 내내 해야 성공할 수 있습니다(김종대).

경제적으로는 '주주 민주주의'의 기본을 닦는 바탕을 꼭 마련해야 합니다. 회장님의 한 주나 개미 투자자의 한 주나 똑같이 취급받는 것이 당연하지만 아직 안 되고 있습니다. 이를 통해 우리나라 자본 시장, 특히 금융업 발전의 토대를 만들어야 합니다. 제조업 중 중국과의 경쟁에서 도태될 한계 산업을 대체할 산업 분야를 키우는 것은 다음 정부의 마지막 기회일 수 있습니다(김용남).

또한, 인구 문제는 '인구 재앙' 수준이므로, 인구 집중 문제를 풀고, 구호가 아닌 실질적인 AI 시대를 준비하는 역할을 정부가 해야 합니다. AI 역시 기술 변화가 너무 빨라 지금이 마지막 기회일 수 있습니다. AI 거버넌스 구축을 통해 세계 글로벌 스탠더드에 뒤처지지 않고 앞서나가야 합니다(신인규).

이러한 변화와 개혁 과정에서 시민의 역할은 무엇이라고 보십니까?

가장 중요한 것은 '행동주의' 입니다. 행동해야 대접받고 권리를 누릴 수 있습니다. 투표장에 가서 한 표를 행사하든, 주주총회에 전자투표로 참여하든, 행동하지 않으면 아무도 신경 쓰지 않습니다. 언론 환경을 바꾸는 것도 우리가 행동하고 목소리 내고 손가락을 움직여야 바꿀 수 있습니다(김용남).

이 책을 사고 읽는 것, 온라인에서 '좋아요'를 누르는 것과 같은 행동이 이 프로젝트를 시즌 2, 3으로 이끄는 원동력이자 자양분입니다. 저희가 근거를 가지고 활동하기 위해서도 여러

분의 성원이 행동으로 나타나야 합니다(김종대).

지금은 절망의 시기이지만, 절망을 노래로 바꾸는 모멘텀을 만드는 데 여러분 각자의 행동이 필요합니다. 여러분 한 분 한 분이 소중하며, 한 분 한 분이 행동하실 때 대한민국이 바뀔 것이라고 믿습니다. 저희 네 명이 그 마중물이 되고 자양분이 되어 대한민국을 새로고침하는 데 기여하고 싶습니다(박영식).

Q 시즌 2 등 앞으로 이 프로젝트를 이어 나간다면 어떤 형식의 새로운 시도를 해볼 수 있을까요?

이미 세 번의 토론회를 진행했는데, 만약 시즌 2를 준비한다면 형식을 바꿔볼 필요도 있을 것 같습니다. 새로운 시도를 좀 해보는 건 어떨까 생각합니다.

예를 들어, 저희는 자유롭게 이야기하는 사람들이므로 오히려 더 창의적인 결과물이 나올 수 있고, 그 창의적인 결과물이 청중에게 더 소구될 것이라고 봅니다.

지금은 진영 정치가 대한민국을 지배하고 국회가 증오의 정치로 가는 상황이지만, 내란을 동조하거나 옹호하는 세력을 제외한 나머지 영역에서는 조금 더 다양하고 자유로운 의견들이 존중받는 쪽으로 가는 것이 맞다고 생각합니다. 저희처럼 특정 진영을 대변하기보다는 평범한 시대의 정신과 상식을 자유롭게 말할 수 있는 장을 계속 마련한다면, 그것 자체로 국민께는 하나의 서비스가 될 수 있습니다.

　해외 로케이션까지 가는 것을 최종 목표로 할 수도 있고요. K-유튜브의 힘을 믿고 우리가 자유롭게 노는 만큼 모르는 영역에서 피드백이 나타납니다. 이런 활동이 단순히 국내 정당정치만 바라보는 것이 아니라 좀 더 넓게 바라보고 도전할 기회를 줄 것이라 봅니다.

　무모한 도전으로 시작했지만, '무'가 빠지고 '무한도전'이 된 것처럼, 저희도 여러 가지를 더 해낼 수 있으리라는 희망이 보입니다. 편의점처럼 늘 그 자리에 존재하며, 항상 100% 만족을 못 드리더라도 필요한 주제와 시대 담론을 논의하는 장을 마련하는 것이 중요하다고 생각합니다(모두).

Q 토크 콘서트와 책을 준비하는 과정에서 참여자들은 서로에게서 무엇을 느끼고 배웠습니까? 특히 워커홀릭인 신인규 변호사께서는 일을 좀 줄일 계획이 있으신가요?

A 서로에게서 무언가를 '배웠다'기보다는 '깨우쳤다'는 표현이 더 정확할 것 같습니다. 저는 김종대 전 의원님의 국방/외교 전문가로서의 지식뿐만 아니라 인문학적 소양과 깊이에 놀랐고, '무지하게 먹물이다'라는 표현이 떠올랐습니다(김용남).

김용남 전 의원님은 내용도 좋지만 준비 속도가 가장 빠르다는 점이 인상 깊었습니다. 박영식 앵커는 정의감이 여과 없이 드러나는 올바르고 정의로운 분임을 느꼈습니다(신인규).

신인규 변호사는 때로 저희를 힘들게 했지만, 추진력 덕분에 결과물을 만들 수 있었습니다(김종대, 박영식).

서로에 대한 생각을 추측하기도 했지만, 방향성은 대체로 맞았습니다. 개인보다는 집단이 강하다는 것을 느끼며 앞으로 더 소통하고 생각을 하나로 모으는 자리가 보강되면 좋겠다고 생각했습니다.

또한, 늘 제 자신이 개혁되고 성찰되어 오류를 교정해야 더 올바른 길로 갈 수 있다는, '나는 날마다 개혁돼야 한다'는 신념을 되새겼습니다. 때로는 분노와 상실감이 깔려 말이 길어지기도 했지만, 기계적 중립에 대한 거부감과 저항 의식을 생산적 분노로 잘 써먹으면 보석 같은 결과가 나올 것이라 생각합니다(모두).

개인적으로는, 제가 준비 총무 역할을 맡다 보니 독촉을 많이 해서 다른 분들을 힘들게 한 점 죄송하게 생각합니다(신인규).

특히 신인규 변호사는 결혼 전날과 다음 날도 방송하고 신혼여행도 안 가는 등 워커홀릭으로 활동했습니다. 주변에서도 결혼 준비나 워라밸에 대해 걱정하기도 했습니다(김종대).

김종대 전 의원님께서 일을 좀 줄이라고 말씀하셨습니다. 하지만 현재로서는 당분간 현 상태를 유지할 계획이며, 이미 3년 계약이 되었기 때문에 3년은 좀 가보고 그 이후에 판단해 보겠습니다. 물론 나중에 큰 후폭풍이 올 수 있다는 점도 명심하겠습니다. 그래도 사랑하면서 열심히 나라에 이바지하는 일도 하고 가정도 잘 꾸리겠습니다(신인규).

이 책이 대한민국을 새로고침하고, 더 커진 민주주의 속에서 우리가 누려야 할 행복을 이야기할 새로운 기회의 창문을 여는 데 이바지하길 바랍니다(저자 일동).

나 가 는 글

국민이 주체가 되는 시장

2025년 6월 3일, 대한민국은 또 한 번 중대한 선택을 앞두고 있다. 이번 대통령 선거는 단순한 정권 교체 이상의 의미가 있다. 우리 사회가 직면한 구조적 문제들—자본시장 왜곡, 부동산 시장의 양극화, 금융 자본에 대한 오해와 제도 미비—을 근본적으로 바로잡을 수 있는 역사적 전환점이 될 것이기 때문이다. 이 책은 바로 그러한 시대적 요구에 응답하고자 집필되었다.

2025년 2월 첫 번째 정책토론회에서는 대한민국 자본시장의 뿌리 깊은 문제를 다루었다. 1987년 대통령 직선제 개헌 이후 정치 민주주의는 꾸준히 성숙해 왔지만(물론 2024년 연말에 위기도 있었지만), 경제 민주주의는 여전히 갈 길이 멀다.

특히 자본시장에서는 '주주 민주주의'가 제대로 구현되지 못해 '회장님의 1주'와 '개미의 1주'가 완전히 다른 주식처럼 취급받고 있고, 자본시장을 통한 국민의 자산 증식 기회가 구조적으로 가로막혀 있다. 낮은 주식 투자수익률과 PBR(주가순자산비율), 지배구조의 왜곡,

소액주주의 권리 침해 등은 모두 이 같은 현실을 방증한다.

　이러한 문제의식을 바탕으로, 모든 주주에 대한 이사의 충실의무 확인, 자사주 소각 의무화, 상장회사의 전자투표제 의무화와 같은 자본시장 10대 제도 개혁 과제를 제시했다. 이는 단순한 제도 개선을 넘어, 대한민국 자본시장을 장기 투자를 위한 신뢰의 대상으로 재편하려는 근본적 청사진이다. 국민이 경제적 주권자로서 자산 형성의 기회를 온전히 누릴 수 있는 사회를 만드는 것, 그것이 이 개혁안의 궁극적 목표다.

　두 번째 글은 부동산 정책에 대한 구조적 성찰을 담았다. '똘똘한 한 채'라는 현상은 단순한 시장 트렌드가 아니다. 다주택 규제, 취득세·보유세·양도세의 누적적 중과, 금융 규제 등 다층적 억압이 만들어 낸 필연적 결과물이다. 다주택 보유 자체를 악마화하며 제도적으로 봉쇄되자, 국민은 가장 입지 좋은 단 한 채에 모든 자산을 몰아넣을 수밖에 없었다.

이는 부동산 시장의 유동성을 급격히 위축시키고 지역 간 격차를 심화하며, 부의 세습을 구조화하는 결과로 이어지고 있다. 거의 전 국민이 각자 전문가일 수밖에 없는 부동산, 특히 주택 정책과 관련하여 이런 왜곡을 바로잡기 위해 부동산 규제 체계 전반을 재검토하고, 시장의 자연스러운 흐름과 자율적 선택권을 존중하는 정책 전환이 필요하다고 강조했다.

마지막으로, 세 번째 글은 사모펀드에 대한 오해와 진실을 다뤘다. 최근 MBK 파트너스의 홈플러스 기업회생신청과 고려아연의 경영권 분쟁을 계기로 사모펀드는 투기와 탐욕의 상징처럼 여겨진다. 그러나 사모펀드를 균형 잡힌 시각으로 재조명하고 싶었다. 사모펀드는 단지 고수익을 노리는 투기 자본이 아니라, 구조조정과 산업 재편을 가능케 하는 '위험 감수형 자본'이다.

물론 일부 부작용과 도덕성 논란이 존재하지만, 이러한 문제는 제도적 보완과 신뢰 구축을 통해 충분히 극복할 수 있다. 사모펀드가 한국 자본시장의 역동성과 글로벌 경쟁력을 높이는 데 기여할 수 있도록, 선입견을 넘어 제도 개선과 합리적 규율이 절실하다는 것이 나의 주장이다.

3번에 걸친 정책 토론회의 경제 분야에서 다룬 세 가지 주제—주주민주주의 실현, 부동산 시장 정상화, 사모펀드의 활성화—는 서로 다른 분야를 다루는 듯하지만, 결국 하나의 질문으로 수렴된다.
"국민이 주체가 되는 시장을 만들 수 있는가?"

정치가 국민으로부터 위임받은 권력을 행사하듯, 경제 역시 국민을 위한 시스템으로 작동해야 한다. 시장은 공정해야 하며, 제도는 신뢰를 담보해야 한다. 불투명한 지배구조, 과잉 규제, 선입견에 갇힌 금융 체계는 결국 국민의 기회를 앗아가는 폭력이 된다.

따라서 다가오는 2025년 6월 3일, 대한민국은 새로운 출발선에 서야 한다. 정치적 교체만으로는 부족하다. 새로운 정부는 경제 개혁 의지를 분명히 하고, 이 책에서 제안된 과제들을 실질적인 정책으로 반영했으면 한다. 특히 자본시장 구조개혁, 부동산 규제 정상화, 사모펀드에 대한 합리적 제도 설계를 일관되게 추진해야 한다.

   지금 필요한 것은 땜질식 처방이 아니다.
   시장과 국민 사이의 신뢰를 회복하고, 장기적 성장의 토대를 구축하는 '거대한 리셋'이다. 2025년 대한민국은 다시 설계되어야 한다. 그리고 그 시작은, '국민이 주체가 되는 경제'를 향한 용기 있는 선택으로부터 비롯되어야 한다. 이 책이 대한민국의 새로운 시작에 작은 불꽃이 되기를, 그리고 다음 정부가 이 정신을 정책으로 구현하기를 진심으로 기원한다.

김용남

나 가 는 글

이제는 공부가 필요한 순간

자고 일어나면 모든 게 바뀌는 세상이다. 국제 정세로부터 국내 정치까지 모든 게 요동을 친다. 미국발 관세 전쟁, 우크라이나와 가자 지구에서 기약이 없는 전쟁, 세계적인 인플레이션과 장기 불황, 지구촌 각지에서 확산하는 내전과 폭동, 외국인 혐오와 소수자 차별 속에서 심화하는 갈등 등.

지난 30여 년간 우리 삶을 지탱해 온 자유주의와 민주주의마저 흔들리는 상황이다. 정보화 시대를 넘어 지능화 시대를 이끄는 기술 혁명은 인간 존재에 심각한 질문을 던진다.

2500년 전의 혼탁한 춘추시대에 공자(孔子)가 나타나 "무엇이 인간다운 것인가"라고 질문하며 인의예(仁義禮)를 제시했다면 같은 시기에 나타난 노자(老子)는 "인간은 어떤 존재인가"라고 질문하며 도(道)와 무위(無爲)를 제시했다.

만일 길 한 가운데 누군가가 배설한 오물이 발견되었을 때, 공자라면 "인간의 예(禮)가 무너졌구나"라고 한탄할 것이다. 노자라면 뭐라고 했겠는가. "얼마나 급했으면 여기에 쌌을까"라고 할 것이다. 공자가 인간의 관계와 현상을 중시했다면 노자는 인간 속의 이치에 주목했다.

지금과 같은 혼란의 시대에 필요한 질문들이다. 한쪽에서는 "대한민국을 국가답게 만드는 것은 무엇인가"라는 질문을 통해 합리적 질서 만들어 나가는 공자식 질문이 있고, 다른 쪽에서는 "국가는 어떤 존재인가"라는 질문을 통해 국가의 구성원인 인간을 탐구하는 노자식 질문이 있다.

공자가 언젠가는 올 '대동(大同)'을 꿈꿨다면, 그 언젠가가 바로 지금이 아닐까. 공저자들의 지난 3차례 세미나는 앞의 두 개의 질문을 던지는 자리였다. 모든 게 혼란스러우면 생각의 손잡이를 꽉 잡아야 한다. 그 손잡이를 놓치면 바로 넘어지므로 우리는 변하지 않고 고정된 그 무엇을 찾아내 꽉 움켜쥐어야 할 것이다. 사람들은 이를 신념이라고 부른다.

  가장 찬란한 빛은 가장 깊은 어둠에서 탄생하는 법이다. 세상이 혼란스러울수록 신념은 더욱 강해지며 빛을 발한다. 지난 계엄과 탄핵으로 이어진 혼란 속에서 사람들은 절박해졌고, 타인의 말에 귀를 기울이기 시작했다. 세미나 장소에 모인 분들은 더없이 진지했다.

  동시 접속자가 예상보다 훨씬 더 많았다. 세상의 혼탁함을 넘어 맑은 생각을 유지하기 위해서는 더 풍부한 사상이 필요하다. 복잡한 실타래처럼 얽힌 시대의 난마를 풀고 통합을 이루기 위해서는 열정과 논리가 준비되어야 한다. 그것이 주말의 국회 세미나를 찾아주신 분들의 마음이 아니겠는가? 이제는 공부가 필요한 순간이다.

김종대

나가는글

내란 세력의 목소리를 대변해 준 언론

영화 시나리오를 쓰는 작가 친구가 있다. 이 친구의 말에 따르면, 작가들의 카카오톡 단체방에는 "이제 시나리오 집필을 그만두자"는 이야기가 심심찮게 올라온다고 한다. 특히 정치를 주제로 한 시나리오, 전문직들의 범죄를 그리는 시나리오는 현실에서 흥행하기가 더 어렵지 않겠냐는 이야기를 들었을 때 고개를 끄덕이고 말았다.

대한민국 국민 대부분이 예상할 수 있듯이 우리가 겪었던 윤석열 정부의 탄생과 종말은 이미 픽션을 뛰어넘었다. 우리가 언제부터인가 범죄물이나 정치물에 큰 재미를 느끼지 못하는 이유는 현실로부터의 충격이 영화에서 느끼는 것보다 훨씬 더 크기 때문 아닌가.

윤석열 정부와 관련된 의혹보도가 사실로 드러나고, 이윽고 진실을 마주하게 되었을 때의 충격은 여전히 가시지 않았다. 그리고 지금까지 드러난 윤 정부의 비리들은 조족지혈(鳥足之血) 아니겠나.

그런데 시간을 되돌려보면 기시감이 든다. 이 익숙한 감정은 2017년 박근혜 국정농단 때에도 느껴보았던 것이다. 비선 실세와 간신들이 대통령 주변에 득실거리고, 그 대통령은 비선에 홀려버렸고 간신들에게 자신의 눈과 귀를 내주지 않았는가. 그런 국정농단을 적폐 청산이라는 이름으로 처벌하는 데 수년의 세월이 걸렸다.

아이러니하게도 국정농단의 종지부를 찍었던 윤석열의 경우는 어떨까. 대통령 윤석열은 비선에만 취한 것이 아니었다. 권력에 취했다. 국민이 맡긴 권력을 자신의 것이라고 착각하여 권력에 취한 제왕이 되었다.

스스로를 무오류의 존재로 인식하니 국민의 목소리가 들릴 리가 없었다. 그는 술에 취하기도 했다. 소화제로 반주를 즐길 정도로 술을 가까이 두었으니 그의 주변에 남는 것은 숙취였다. 술기운을 빌려 결정했을지 모를 국가의 대소사는 그래서 감정적이었고 즉흥적이었다.

도무지 이유를 알 수 없는 장면들이 2년 넘도록 켜켜이 쌓여갈 때도 '비상계엄'을 가정해 본 사람은 많지 않다. 어떤 이들에게는 그저 과거의 유물같은 것이었고, 어떤 이들에게는 교과서에나 배울 법한 단어였기 때문이다.

혹은 국정농단 당시의 수사팀장이었던 윤석열이 헌법과 법률을 정면으로 위반하면서 모험하지 않을 것이라는 '안이한 믿음'이 있어서였을까. 12월 3일 밤 터진 '내란 선포'는 개개인의 삶뿐만 아니라 대한민국 전체를 송두리째 바꿔놓았다.

12월 3일에서 현 시점에 이르기까지 사회 각 분야의 문제점이 드러났지만 그 중에서 가장 심각한 것은 언론의 문제였다. 다수의 언론이 친위 쿠데타를 일으킨 세력에 대해 엄벌과 처벌을 촉구하며 앞장서기 보다 되레 그들의 목소리를 대변해주는 격이었다.

반대로 비상계엄을 몸으로 저지하고 헌법을 수호한 시민은 '탄핵 찬성'이라는 프레임에 가둬두고 '응원봉'의 의미를 축소하여 보도했다. 양쪽의 주장을 나란히 놓고 기계적 균형을 내세우는 식이었다. 언론의 고질적인 병폐가 내란 앞에서도 반복된 것이다. 언론의 따옴표 저널리즘과 중계식 보도가 거듭될수록 내란을 바로잡을 기회는 지연됐다. 시민의 좌절감과 탄식이 곳곳에서 느껴졌다.

그런 가운데 대한민국 새로고침 프로젝트가 시작됐다. 언론이라는 분야는 반드시 개혁해야 한다.

박영식

나 가 는 글

대안과 희망의 노래

길고 긴 터널을 지나온 기분이다. 대한민국 국민으로서 느끼는 자부심이 무너졌다가 다시 회복되기를 수차례 반복했다.

첫 번째 경험은 2016년 겨울부터 2017년 봄까지 이어진 박근혜 전 대통령 탄핵이었다. 대통령이 비선 실세 최순실과 함께 국정을 농단했다는 충격적인 의혹은 결국 탄핵으로 이어졌다. 시민은 촛불을 들고 거리로 나섰지만, 탄핵 이후 한국 정치는 기대와 달리 오히려 후퇴했다. 검찰과 일부 레거시 언론의 기득권이 강화되었고, 국민의 의지가 온전히 반영되지 못한 '미완성의 탄핵'으로 남게 되었다.

그리고 윤석열 정권이 등장했다. 윤석열 시대 내내 대한민국은 단 하루도 평온할 날이 없었다. 김건희 여사의 국정 개입 의혹, 검찰권 남용, 각종 권력형 비리 의혹, 그리고 2024년 12월 3일 밤 터진 불법 계엄 선포까지 이어지며 국민은 정권에 등을 돌렸다.

하지만 이번에는 달랐다. 검찰도, 레거시 언론도 아닌, 오직 시민과

야당 의원들의 힘으로 불의한 권력을 제압해냈다. 이른바 '응원봉 혁명'이라 불리는 시민의 저항은 결국 탄핵으로 이어졌고, 이 과정을 통해 대한민국은 국민주권에 기반한 '완성형 탄핵'을 이뤄냈다.

두 번의 탄핵. 보수 진영은 두 번 모두 귀책 사유를 떠안게 되었다. 문재인 정부는 첫 번째 탄핵 이후 시민사회의 요구를 담아내지 못한 채 좌초했다. 왜 실패했을까? 이번에는 과거를 반복하지 않기 위해, 명확한 시대의 비전이 필요했다.

그 고민의 결과가 바로 《대망론-대한민국 새로고침 프로젝트》이다. 평범한 보통시민의 정치 참여, 세대 간 연대, 그리고 행동하는 비전이 목표다. 우리는 단순한 항의나 분노가 아니라, 구체적인 정책 대안과 희망을 준비하기 시작했다. 이 책은 그 첫 번째 결실이다.

2017년 탄핵에는 구체적인 시대 비전이 없었지만, 다행히도 이번에는 존재한다. 그리고 시대 비전만으로는 충분하지 않다는 것도 안다. 확고하고 누적적인 시민행동이 결합할 때 비로소 우리의 삶과 대한민국의 정치는 바뀐다. 그래서 우리는 오프라인 모임을 만들고, 정책 플랫폼을 구성했으며, 세대 통합의 의지를 담아 이 책을 세상에 전격적으로 내놓았다.

특히, 이번 프로젝트는 세대 갈등이라는 새로운 뇌관을 사전에 봉합하고, 다양한 세대가 함께 미래를 논의하는 장을 만들었다는 점에서 큰 의미가 있다. 처음 기획했던 목표를 넘어서는 성과를 이뤄냈고, 이제는 새 정부가 이 비전을 수용하여 실질적인 정책으로 구현하기를 기대한다.

그러나 우리의 여정은 여기서 끝나지 않는다. 시민의 뜨거운 참여와 열정을 현장에서 느꼈기에 확신한다. 지속적으로 쌓인 노력에 근거한 힘만이 세상을 바꾼다. 대한민국 새로고침 프로젝트는 앞으로도 경제, 안보, 언론, 정치뿐만 아니라 다양한 분야에서 전문가와 시민이 함께 정책적 열매를 맺는 장으로 계속 확장될 것이다.

대통령 탄핵이라는 어려운 시기에 함께 고민하고 행동한 김용남 전 의원님, 김종대 전 의원님께 깊은 감사의 인사를 전한다. 형제 같은 인연으로 함께 방송을 진행한 박영식 앵커님께도 특별한 감사를 전하고 싶다. 그리고 이 책이 세상에 나오기까지 헌신하신 이용승 편집인께도 진심으로 감사드린다.

대한민국은 지금 새로 태어나고 있다. 《대망론-대한민국 새로고침 프로젝트》는 그 위대한 시작이다. 이제 우리는 대안과 희망을 노래하고 싶다. 그 노래의 끝에는 시민이 중심이 되어 만드는 새로운 대한민국의 찬란한 미래가 있을 것이다. 평범한 보통시민이 함께하며 우리가 포기하지만 않는다면 이 거대한 변화의 물결은 결코 멈추지 않을 것이다.

우리는 실패하지 않는다. 헌법이 국민이고 국민이 헌법이다. 헌법 수호 의지는 결코 패배하지 않는다. 굳은 믿음을 안고, 이 글을 마친다.

신인규

대망론 代望論

초판 1쇄 2025년 5월 19일

지은이 김용남 · 김종대 · 박영식 · 신인규
교 열 이혜민
편 집 이용승
감 수 조성식
디자인 장승식

펴낸 곳 해요미디어
출판등록 2019년 10월 24일 제 2019-000089호

전화 0505-043-7385
팩스 0505-043-7386
이메일 talbabo26@gmail.com

ⓒ 김용남 · 김종대 · 박영식 · 신인규 2025
ISBN 979-11-985447-4-2(03300)

정가 22,000원

※ 이 책에 실린 글과 이미지의 무단 전재나 복제를 금합니다.
※ '따뜻한 정의'를 지향하는 해요미디어는 백범 김구 선생이 염원한 대로
   우리나라가 '높은 문화의 힘'을 갖추는 데 이바지하겠습니다.